तम्बाकू मुक्ति की ओर

डॉ. राकेश गुप्ता

डॉ. राकेश गुप्ता

अध्यक्ष, राजस्थान केन्सर फ़ाउंडेशन व
मानद् चिकित्सक, तम्बाकू उपचार,
संतोकबा दुर्लभजी मेमोरियल अस्पताल,
जयपुर

बी–113, 10 बी स्कीम, गोपालपुरा बाईपास,
जयपुर (राजस्थान) भारत
पिन कोडः 302018

फोनः +91-9351624313
ई–मेलः rakesh.gupta.jaipur@gmail.com

भारतवर्ष की तम्बाकू समस्या

के समाधान हेतु

सभी तम्बाकू नियंत्रण कर्मियों को

समर्पित

प्रस्तावना

भारत में प्रतिवर्ष ~1.5 लाख मृत्युएँ तम्बाकू महामारी से होती हैं (प्रतिदिन ~4,000) क्योंकि तम्बाकू खाना-पीना एक रोग है और इसका उपभोगी एक रोगी! आप आश्चर्य करें किंतु यह एक प्रमाण-आधारित व स्थापित सत्य भी है कि इन्हें पूर्णतया रोका भी जा सकता है।

यह पुस्तक पाठकों को तम्बाकू के बोझ, उससे हर आयु में होती शारीरिक हानियाँ, छोड़ने के लाभों, उपचार प्रणालियों के विवरण व परिणामों के अतिरिक्त कार्यस्थल पर तम्बाकू-मुक्त बनने के तरीकों से परिचित करा सशक्त बनाती है।

यद्यपि इसके लेखों को मुख्य रूप से आमजन को ध्यान में रख में लिखा गया है, इनकी उपयोगिता समाज के प्रत्येक वर्ग के लिए है- विशेषकर शिक्षा- व स्वास्थ्य- प्रबंधकों के अतिरिक्त चिकित्सकों, परिचरिकाओं, परामर्शदाताओं, शिक्षकों, विद्यार्थियों, इत्यादि के साथ-साथ हर परिवार के पुरुष-महिला या युवा तम्बाकू-उपभोगी सदस्य, सम्बंधी, मित्रों और अभिभावकों के लिए भी।

तो पढ़ें इस पुस्तक को और कहें तम्बाकू को 'ना'। और, यदि आप या आपका कोई भी जानकार या अपरिचित भी इसे खाता-पीता है याने धूम्रपायी है या इसे चबाता है, तो उसे इस मारक तम्बाकू को शीघ्रतिशीघ्र छोड़ने के लिए यह पुस्तक अवश्य भेंट करें।

लेखक परिचय

डॉ. राकेश गुप्ता, राष्ट्रीय और प्रादेशिक स्तरों पर पिछले 20 वर्षों से तम्बाकू नियंत्रण के क्षेत्र में एक सक्रिय तम्बाकू-उपचार विशेषज्ञ, सहभागी, मीडिया समर्थक, स्पष्टवादी वक्ता, स्वयंसेवी और जागरूकता-कर्मी, मुख्य प्रशिक्षणकर्ता, अनुसंधानकर्ता, अनुबंधक, लेखक-अनुवादक होने के साथ-साथ वर्तमान में जयपुर के संतोकबा दुर्लभजी मेमोरीयल अस्पताल और मेडिकल रिसर्च इंस्टिट्यूट में तम्बाकू-उपचार केंद्र के मानद चिकित्सक और स्वयंसेवी संस्था राजस्थान केन्सर फ़ाउंडेशन के संस्थापक अध्यक्ष हैं।

इन दो दशकों के अंतराल में आपने धूम्रपान-रहित शहर (2007), तम्बाकू-मुक्त कार्यस्थल (2008), अस्पतालों में तम्बाकू उपचार प्रणाली (सिस्टम्ज़ अप्रोच इन टोबेको ट्रीटमेंट/ टोबेको ट्रीटमेंट प्रोटकॉल; 2012-13), प्रादेशिक मेडिकल हेल्पलाइन में 'क्विटलाइन (टेलीफ़ोन द्वारा तम्बाकू उपचार परामर्श; 2013-14 व 2015-18)' व तम्बाकू- उपचार केन्द्र (2017-19) के उपयोगी जनस्वास्थ्य मॉडल देश को सर्वप्रथम प्रदान किये हैं।

विश्व स्वास्थ्य संगठन की महानिदेशक ने इन्हें वर्ष 2013 में दक्षिण-पूर्वी एशिया में तम्बाकू नियंत्रण में व्यक्तिगत-स्तर पर विशिष्ट योगदान के लिए वार्षिक विश्व तम्बाकू निषेध दिवस पुरस्कार प्रदान किया। इसके अतिरिक्त, पूर्व में इन्हें ज़िला- व प्रादेशिक- स्तरों पर वर्ष 2007 और वर्ष 2011 में झुन्झुनू ज़िला प्रशासन और राज्य चिकित्सा एवं स्वास्थ्य विभाग द्वारा भी पुरस्कृत किया गया था।

आप 50 से अधिक वैज्ञानिक पेपर्स के अतिरिक्त 250 से अधिक व्याख्यानों के अतिरिक्त तम्बाकू नियंत्रण पर 2 पुस्तकों (तम्बाकू-मुक्ति की ओर व तम्बाकू नियंत्रण के मुद्दे) और 1 पुस्तिका (तम्बाकू की आत्महत्या) के हिंदी में लेखन- प्रकाशन के अतिरिक्त पाथ-कनाडा (वर्तमान में हेल्थ ब्रिज) की दो पुस्तिकाओं और फ़ैक्ट-शीट सेट का हिंदी में अनुवाद कर चुके हैं।

आप पिछले 45 वर्षों से मूलतः एक स्नातकोत्तर शल्य-चिकित्सक होने के साथ-साथ एक सेवानिवृत सह आचार्य- शल्य चिकित्सा, मुंबई के प्रख्यात टाटा मेमोरीयल केन्सर केंद्र से प्रशिक्षित केन्सर-शल्य-चिकित्सक और जयपुर-स्थित महावीर केन्सर हॉस्पिटल और रिसर्च सेंटर के मेडिकल कोऑर्डिनेटर के अतिरिक्त अमेरिकन केन्सर सोसाइटी के निदेशक (इंडिया) के रूप में भी कार्य कर चुके हैं।

लेखक की कलम से...

भारत में तम्बाकू नियंत्रण की मज़बूत पकड़ को अब लगभग दो दशक हो चुके हैं। किंतु, सिवाय प्रादेशिक चिकित्सा एवं स्वास्थ्य विभागों, गैर-सरकारी संगठनों और स्थानीय मीडिया को छोड़, इस विषय पर सम्पर्क, संचार, प्रशिक्षण, सशक्तिकरण, अनुसंधान, प्रकाशन, इत्यादि, का माध्यम अंग्रेज़ी भाषा में ही होता आया है।

हालाँकि यह सब उपयोगी ही रहा क्योंकि इसी कारण हम भारत में भी इस क्षेत्र में पनपी और स्थापित वैश्विक मुहिम से उपजी समझ को अपना पाये और विश्व में तम्बाकू नियंत्रण को एक मज़बूत नेतृत्व देने वाले राष्ट्र के रूप में भी उभरें हैं, परंतु प्रादेशिक स्तरों पर हम इस भाषाई सीमितता के कारण, जनमानस ही नहीं, अन्य कई समूहों, संस्थानों, सामाजिक व व्यावसायिक स्तरों पर भी, इस महत्वपूर्ण जनस्वास्थ्य के मुद्दे को एक प्रभाविक व सशक्त व्यापकता और अपेक्षित सफलता प्रदान नहीं करा पाये हैं।

परिणामस्वरूप, भारत के उन सभी प्रदेशों में जहाँ अंग्रेज़ी व्यापकता से बोली-समझी नहीं जाती है, केवल आमजन ही नहीं अपितु सरकारी व गैर-सरकारी क्षेत्रों में कार्यरत तम्बाकू नियंत्रण कर्मी भी, तम्बाकू नियंत्रण के अनेक पहलुओं से अब तक भी अनभिज्ञ ही हैं। अतः, एक हिंदी-भाषी प्रदेश में रहते मुझे यह लगा कि यदि तम्बाकू नियंत्रण सम्बंधी जानकारियाँ, जनसाधारण के साथ-साथ उन वर्गों तक भी जो कि तम्बाकू नियंत्रण में कार्यशील हैं (या स्वयं शिक्षित हो स्वयं-सेवा के भाव से अपना योगदान दे सकते हैं), उस भाषा में दी जाएँ जिसे वे प्रतिदिन अपनी बोल-चाल में काम में लाते हैं तो इससे उनके प्रदेशों में तम्बाकू के नशे से उत्पन्न महामारी की भयावहता को कुछ और कम किया जा सकेगा।

इस पुस्तक में सम्मिलित लेखों हेतु हिंदी भाषा का चयन मेरे लिए स्वाभाविक था क्योंकि न केवल मैं इसे सदैव अंग्रेज़ी से अधिक काम में लेते रहने से इसके उपयोग में अधिक आश्वस्त हूँ, बल्कि इसलिए भी कि जहाँ इन लेखों के प्रकाशन में जयपुर से हर दिन सुबह-शाम प्रकाशित हिंदी समाचार पत्र "समाचार जगत" की सौभाग्यवश एक अनूठी संरचनात्मक सहभागिता तो मिली ही, पिछले दो दशकों में तम्बाकू नियंत्रण की मज़बूती हेतु हिंदी में किये व्यापक जनजागरण से मिले प्रोत्साहन व प्रतिपुष्टि (फ़ीड्बैक) ने इसकी उपयोगिता व आवश्यकता भी बतला दी थी।

निश्चित ही, यह और भी सुखद होगा यदि भारत की अन्य क्षेत्रिय भाषाओं में भी इन लेखों का अनुवाद-उपयोग उचितता से हो। उचितता शब्द इसलिए उपयोग में ले रहा हूँ क्योंकि, मुझसे एक औपचारिक अनुमति लिए जाने के अतिरिक्त, इस अपेक्षा को पूरा करने हेतु यह अति आवश्यक होगा कि जो भी इस कार्य को करे उसमें हर आयु व सामाजिक-आर्थिक वर्ग में इस विषय को आसान समझ के साथ परोसे जाने के साथ इसकी वैज्ञानिक व तथ्यपरक समझ को भी बनाए रखने की पात्रता भी हो।

इस पुस्तक में संकलित सभी 67 लेख आमतौर से बोली-समझी वाली सरल हिंदी भाषा में तम्बाकू के बोझ, हानियों, छोड़ने के लाभ, उपचार और तम्बाकू से मुक्ति के विषयों पर लिखे गए हैं। इनके सहित तम्बाकू नियंत्रण पर लिखे अन्य 77 लेखों को, जो कि मेरी दूसरी पुस्तक "तम्बाकू नियंत्रण के मुद्दे" में संकलित हैं, तीन वर्षों से अधिक समय में समाचार जगत द्वारा उसके लोकप्रिय रविवरीय अंक में पृष्ठ 6 पर अधिकांश संस्करणों में लगभग आधे पृष्ठ में प्रकाशित किया गया। जहाँ तक मेरी जानकारी है, ऐसी सहभागिता अनूठी है और अकल्पनीय भी क्योंकि कोई भी मीडिया-तंत्र तम्बाकू उद्योग को अप्रसन्न कर उससे मिलने वाले विज्ञापन और अपने सतत् आर्थिक लाभ नहीं खोना चाहता है। पिछले बीस वर्षों में तम्बाकू नियंत्रण के क्षेत्र में कार्यरत रह मैंने, समूचे विश्व में ना सही, भारत और एशिया के किसी अन्य देश में, किसी अन्य गैर-अंग्रेज़ी भाषा में इस तरह के जनजागरण की अलख का उदाहरण नहीं देखा-पाया है।

मेरी दोनों पुस्तकों में सूचीबद्ध सम्मिलित लेखों का लिखा जाना उस विशिष्ट विषय की अंतर्राष्ट्रीय, राष्ट्रीय अथवा प्रादेशिक सामयिक उपयोगिता के आधार पर ही निर्धारित रहा हालाँकि यह अवश्य ध्यान रखा गया कि आमजन को उस विषय की समूची जानकारी भी मिल सके। अतः इनके गम्भीर पाठकों को इनमें कुछ विषयों का दोहराना उनको सरलीकृत करता प्रतीत हो, परंतु ऐसा जानबूझ कर उस समय में उचित नीतिगत निर्णयों को लेने और उन्हें ज़मीनी रूप से लागू करने हेतु किया गया।

लेखों की उपयोगिता को और अधिक बढ़ाने के लिए, समाचार जगत कार्यालय से प्राप्त उनकी छवि (जेपीजी) को अगले 1 से 3 दिनों में फेसबुक पर मेरे व्यक्तिगत पृष्ठ और वहाटसऐप के कई समूहों पर भी पोस्ट कर दिया गया था जिससे जनसाधारण में तम्बाकू नियंत्रण की शिक्षा, उपयोगिता व महत्व को अधिकता से बढ़ाया जा सके; और, ऐसा अनुभव भी हुआ जब विभिन्न हिंदी भाषी प्रदेशों के अतिरिक्त उत्तर-पूर्वी प्रदेशों में बसे तम्बाकू नियंत्रण में सहकर्मियों के अतिरिक्त चिकित्सकों व अन्य क्षेत्रों में कार्यरत मित्रों, सहकर्मियों व सहभागियों ने इन्हें न केवल सराहा बल्कि अपनी प्रोत्साहित करती टिप्पणियाँ भी लिखीं। साथ ही, इनमें से कुछ को ट्विटर पर भी पोस्ट किया ताकि इनकी पहुँच को और भी बढ़त मिल पाये। सामाजिक मीडिया में इस पहुँच का कितना लाभ वास्तव में आमजन को मिला, यह भविष्य में अनुसंधान करके ही जाना जा सकेगा।

हालाँकि इस बात का पूरा-पूरा ध्यान रखा गया कि भाषाई त्रुटियाँ लेखन अथवा छपाई में ना हों फिर भी कुछ लेखों में ये दिखाई दें। आशा करता हूँ पाठकगण मूल विषय की महत्ता पर अपना ध्यान केंद्रित कर इन्हें अनदेखा कर सकेंगे। फिर यदि आपको लगता है कि आपके विचारों से इसके अगले संस्करण को मैं और भी प्रभावी बना पाऊँगा तो इन्हें बिना हिचके मेरे ई- मेल पर लिख भेजें। आपका सदैव स्वागत रहेगा।

इस समूचे कार्यान्वयन हेतु और विशेषरूप से, मैं समाचार जगत के रेसीडेंट एडिटर, श्री तरुण रावल जी और उनके सहकर्मियों व इस समाचारपत्र के प्रबंधन- गोधा परिवार (श्री राजेंद्र गोधा व उनके पुत्र, निशान्त गोधा) का हृदय से आभारी हूँ जिन्होंने इस हेतु न केवल मुझे लगातार व भरपूर प्रोत्साहन और रचनात्मक सहयोग दिया, अपने मीडिया हाउस को लगभग 8 महीनों में औपचारिक रूप से तम्बाकू-मुक्त भी किया। साथ ही, मैं हृदय से आभारी हूँ, इस विषय के मेरे गुरुजनों के साथ, देशभर के उन सभी तम्बाकू-नियंत्रण सहकर्मियों का जिनका प्रशिक्षण, समर्थन, सुझाव व सहलेखन तो उपयोगी रहा ही, उनके एवं स्थानीय कर्मियों के शुभकामना संदेशों से इस पुस्तिका को राष्ट्रीय तम्बाकू नियंत्रण गतिविधियों में एक अनमोल विश्वसनीयता व स्थान मिल पायेगा, ऐसी मेरी आशा है और विश्वास भी।

इस कार्य को बिना पॉपुलर प्रिन्टर्स के स्वामी, श्री निर्मल गोयल और उनकी टीम (सुशील शर्मा और राजेंद्र शर्मा) के निरंतर सहयोग और अथक धैर्य के बिना पूरा नहीं किया जा सकता था। अतः उन सभी को मेरा कौटिश धन्यवाद।

अंत में, मैं उन सभी परिवारजनों, मित्रों व सहकर्मियों का आभारी हूँ, विशेषकर मेरी पत्नी और पुत्र का, जिन्होंने न केवल इस पुस्तिका को वर्तमान स्वरूप प्रदान करने में मुझे अतुलनीय प्रोत्साहन दिया और सहयोग किया, किंतु मुझे इस विषय पर दो दशकों से सशक्तता से अनवरत कार्यशील बने रहने में भी एक अमूल्य भूमिका निभाई है।

राष्ट्रीय तम्बाकू नियंत्रणकर्ताओं के संदेश

डॉ. पी. सी. गुप्ता, निदेशक, हिएलीस सेक्सरिया इंस्टिट्यूट ऑफ़ पब्लिक हेल्थ, नवी मुंबई, महाराष्ट्र- हिंदी में लिखे यह लेख ऐसी सरल भाषा में लिखे गये हैं कि आमजन भी इसे अच्छे से समझ सके हैं। प्रत्येक लेख ने तम्बाकू नियंत्रण के एक विशिष्ट मुद्दे को, उसकी सामयिकता के साथ, तथ्यों और गहनता से प्रस्तुत किया है। इन लेखों का एक पुस्तक के रूप में संकलन निश्चित ही एक महत्त्वपूर्ण और उपयोगी ज्ञान-स्त्रोत है। यह हिंदी भाषी जन समूह के लिए यह एक स्वागत योग्य जुड़ाव हैं, क्योंकि तम्बाकू नियंत्रण पर अब तक बहुत कम साहित्य हिंदी में उपलब्ध है।

डॉ. मीरा अघी, बोर्ड-सदस्या, दी इंटरनेशनल यूनियन ऑफ़ ट्यूबरक्यूलोसिस एंड चेस्ट डिज़ीज़ेज़ (दी यूनियन) और सोसायटी ऑफ़ रिसर्च एंड निकोटीन ट्रीटमेंट (एस.आर.एन.टी.)- यदि आप इन लेखों को अंग्रेज़ी में अनुवादित व विषयानुसार संकलित कर पायें तो मैं इन्हें सोसायटी फॉर रिसर्च ऑन निकोटीन एंड टोबेको (एस.आर.एन.टी.) के विश्वविद्यालय की वेबसाइट पर सम्मिलित करवाना चाहूँगी।

डॉ. राणा जुगदीप सिंह, डिप्टी रीजनल डायरेक्टर (टोबेको एण्ड एन.सी.डी.), दी यूनियन (दक्षिण-पूर्वी एशिया), नई देहली- वर्तमान में, तम्बाकू नियंत्रण में, हिंदी में लिखी- छपी सामग्री का नितांत अभाव है जब कि यह भारत की सबसे अधिकता से बोलचाल की भाषा है। अतः डॉ. राकेश गुप्ता द्वारा तम्बाकू नियंत्रण और उपचार पर लिखे-संकलित-छपे लेखों वाली इस पुस्तिका का प्रकाशन सामयिक है और सराहनीय भी। डॉ. राकेश गुप्ता की तम्बाकू नियंत्रण के विभिन्न पहलुओं पर गहन जानकारी और पकड़ के साथ भारत को तम्बाकू-मुक्त बनाने के सतत प्रयास उतने ही प्रशंसनीय हैं, जितनी कि उनके द्वारा इस पुस्तिका में तम्बाकू नियंत्रण के मुद्दों पर लिखे गए लेखों की स्पष्टता और समझ। मैं सोचता हूँ कि उनके इस लेखन से भारत के हिंदी-भाषी क्षेत्रों में कार्यरत हमारे तम्बाकू नियंत्रण के सहकर्मी निश्चित ही और अधिक सशक्त व लाभान्वित होंगे। अतः उन सभी द्वारा इस पुस्तक को सम्पूर्णता से पढ़ने हेतु प्रोत्साहित-प्रेरित करने की मुझे प्रसन्नता है। साथ ही, इस कार्य की अपेक्षित सफलता के लिए शुभेच्छा और हार्दिक समर्थन के साथ, मैं इस पुस्तिका के दोनों अंकों का देश-प्रदेशों के स्वास्थ्य- व शिक्षा- तंत्रों द्वारा हर स्तर पर भरपूर उपयोग की अनुशंसा भी करता हूँ।

डॉ. सोनू गोयल, आचार्य, कम्यूनिटी मेडिसिन, स्कूल ऑफ़ पब्लिक हेल्थ, पोस्ट ग्रैजूएट इंस्टिट्यूट, चंडीगढ़-हार्दिक बधाईयाँ। यह बड़ा कार्य (सम्पन्न किया गया) है। जैसा कि पहले भी कहा गया था, हम इसे अपने रिर्सोस सेंटर (नेशनल रिर्सोस सेन्टर ऑन टोबेको कन्ट्रोल- आर.सी.टी.सी.) में सम्मिलित करने का स्वागत करेंगे।

डॉ. मोनिका अरोरा, स्वस्थता प्रमोशन संभाग और अतिरिक्त आचार्य, पब्लिक हेल्थ फ़ाउंडेशन ऑफ़ इंडिया (पी.एच.एफ.आई.), गुरुग्राम, हरियाणा- इन लेखों को एक पुस्तक के रुप में नियोजित करने हेतु बधाई। यह एक अति विस्तृत सूची और एक अनूठा स्रोत है। पी.एच.एफ.आई. में हमें इसे अपने तम्बाकू नियंत्रण पर ई-कोर्स करने वाले छात्रों में वितरित करने में प्रसन्नता होगी।

राष्ट्रीय तम्बाकू नियंत्रणकर्ताओं के संदेश

डॉ. उपेन्द्र भोजानी, निदेशक, इंस्टिट्यूट ऑफ़ पब्लिक हेल्थ, बेंगलूरू, कर्नाटक- यह अभूतपूर्व है। यह आपको पता है कि मुझे एक कार्य ना कर पाने का दुःख है- और, ये मेरा विश्वास है कि तम्बाकू नियंत्रण समुदाय ने भी इस हेतु पर्याप्त (कार्य) नहीं किया है- वह है जनता व नागरिकों को तम्बाकू नियंत्रण के मुद्दों से जोड़ना। तम्बाकू नियंत्रण अब तक अधिकांश रूप से प्रभावकारी स्वास्थ्य समर्थकों, नीति निर्धारकों और तम्बाकू उद्योग के बीच की लड़ाई ही रही है। अतः मैं सोचता हूँ कि आपका यह कार्य इस कारण से अपवाद है कि आपने समाचार पढ़ने वालों को भी, ना केवल तम्बाकू की हानियों से अवगत कराने किंतु उन्हें इसके नियमन और कई अन्य विषयों से भी जोड़ा है। और, वह भी हिंदी के माध्यम से- जो कि भारत के उत्तर-मध्य के जनसंख्या बहुल वर्ग द्वारा लिखी-पढ़ी व बोली जाती है। मैं वास्तव में आपकी प्रशंसा करता हूँ कि आप ऐसा कर पाये और अब इसे इन लेखों को एक पुस्तक के रूप में भी प्रस्तुत कर रहे हैं। इन लेखों को उचित तरह से सूचीबद्ध किया गया है- इससे इन्हें आमजन को भी पाठक की तरह से सम्बोधित किया जा सकेगा।

डॉ. राकेश गुप्ता, सेवानिवृत्त निदेशक, पंजाब स्वास्थ्य सेवाएँ व निदेशक, स्ट्रेटजिक इंस्टीट्यूट ऑफ पब्लिक हेल्थ एंड एजूकेशन, चंडीगढ़, पंजाब- इन सभी लेखों को सूचीबद्ध करने से इन्हें (आवश्यकतानुसार) पढ़ना और संदर्भित कर पाना आसान हो सकेगा।

प्रणय लाल, तकनीकी परामर्शदाता, दी इंटनेशनल यूनियन ऑफ़ ट्यूबरक्यूलोसिस एण्ड चेस्ट डिज़ीज़ेज (दी यूनियन), दक्षिण-पूर्वी एशिया ऑफ़िस, नई दिल्ली, भारत- ये अद्भुत है।

मुकेश सिन्हा, कार्यकारी निदेशक, मध्य प्रदेश वॉलंटेरी हेल्थ असोसिएशन- नई शोध, नई खोज, अनुशासित प्रयास एवं जीवन में अभ्यास, प्रायः सकारात्मक परिवर्तन की दिशा में ले जाते हैं। आपके समय- समय पर तम्बाकू नियंत्रण पर लिखे गए लेख इन बातों को चरितार्थ करते हैं। आप ने सदैव सरल, पूर्ण एवं सही जानकारी, सही समय पर आम लोगों तक अपने लेखन के माध्यम से पहुँचाने का प्रयास किया है। आपके इन प्रयासों से हमें अपने ज्ञान वर्धन के साथ प्रशिक्षण एवं प्रकाशन में भी काफ़ी मदद मिली है। ईश्वर से प्रार्थना है कि आप सदा इसी तरह सकारात्मक सामाजिक परिवर्तन हेतु लिखते रहें।

दीपक मिश्रा, कार्यपालक निदेशक, सोशियो इकोनोमिक एंड एजुकेशनल डिवेलप्मेंट सोसाइटी (सीड्स), नई दिल्ली-आपके द्वारा तम्बाकू नियंत्रण के विभिन्न मुद्दों पर लिखे लेखों का यह लेखन व संकलन भारत में तम्बाकू नियंत्रण को एक नई दिशा देगा। भारत के सभी हिंदी-भाषी प्रदेशों में इसका विशिष्ट उपयोग अत्यन्त लाभकारी होगा। विशेषकर, तम्बाकू नियंत्रण के क्षेत्र में कार्यरत सभी सरकारी और गैर-सरकारी संस्थानों के लिए एक मार्गदर्शिका के रूप में भी यह पुस्तक अत्यधिक उपयोगी होगी। अतः आपके इस प्रकाशन को मेरी अनंत शुभकामनाएँ और आपके सतत प्रयासों को साधुवाद।

राष्ट्रीय तम्बाकू नियंत्रणकर्ताओं के संदेश

सिरिल ऐलेग्ज़ैंडर, ऐग्ज़ेक्युटिव डाइरेक्टर, मेक्ट, चेन्नई, तमिलनाडु– मुझे आशा है कि आपकी तम्बाकू नियंत्रण की दोनों पुस्तकों (तम्बाकू-मुक्ति की ओर व तम्बाकू नियंत्रण के मुद्दे) को हिंदी-भाषी राज्यों के प्रादेशिक शिक्षा विभाग व अन्य सभी सहभागी विद्यार्थियों के शिक्षा कार्यक्रम में सम्मिलित करवा मेक्ट के समूचे भारत में तम्बाकू-मुक्त पीढ़ी के उद्देश्य व ध्येय को प्राप्त करने में सहायक बनेंगे।

साजू इट्टी, ऐग्ज़ेक्युटिव डाइरेक्टर, केरल वॉलनटेरी हेल्थ सर्विसेस, कोट्टायम, केरल– बधाई डॉ. राकेश गुप्ता, तम्बाकू नियंत्रण पर 2 पुस्तकों (तम्बाकू-मुक्ति की ओर व तम्बाकू नियंत्रण के मुद्दे) के हिंदी में लेखन– प्रकाशन के लिये। किताबें इस क्षेत्र में कार्यरत हम अग्रणी कार्यकर्ताओं को तम्बाकू नियंत्रण के विभिन्न विषयों पर एक महती समझ देती हैं। अतः हिन्दी-भाषी क्षेत्रों के तम्बाकू नियंत्रण कर्मियों के लिए ये विशेष रुप से लाभकारी होंगी। मैं इन्हें आपसे अंग्रेज़ी में अनुवादित करने की प्रार्थना करता हूँ।

राधिका श्रीवास्तव, निदेशक, हृदय-शान, नई दिल्ली–लेखों के इस महत्वपूर्ण लेखन और संकलन पर बधाई। ये ना केवल जनजागरण हेतु मूल्यवान स्रोत हैं किंतु यह तम्बाकू नियंत्रण के विभिन्न साझेदारों को भी जानकारी प्रदान करेंगे। ''हृदय'' इसे अपने नेटवर्क में वितरित करके प्रसन्नता अनुभव करेगा।

निर्मालय मुखर्जी, मंत, कोलकाता, वेस्ट बंगाल– तम्बाकू नियंत्रण के लेखों का यह संकलन सम्पूर्ण है, यद्यपि मेरे जैसे कई अन्य हिंदी आसानी से पढ़ नहीं सकते हैं। अतः हम जैसों के लिए इनका अंग्रेज़ी में अनुवाद उपयोगी होगा। क्योंकि आपने इस पुस्तक में अधिकांशतः राष्ट्र-स्तर के डेटा का उपयोग किया है तो हम इसे बंगाली भाषा में भी अनुवादित कर सकेंगे।

डा. सी. टेट्सियो, संयुक्त निदेशक, स्वास्थ्य व परिवार कल्याण, प्रदेश नोडल ऑफिसर–राष्ट्रीय तम्बाकू नियंत्रण कार्यक्रम व सदस्य– डेंटल काउन्सिल ऑफ इंडिया, कोहिमा, नागालैण्ड – डॉ. राकेश गुप्ता दोनों पुस्तकें– (1) तम्बाकू मुक्ति की ओर व (2) तम्बाकू नियंत्रण के मुद्दे, तम्बाकू नियंत्रण में कार्यरत सभी प्रोफेशनल्स को अवश्य पढ़नी चाहिए क्योंकि ये तम्बाकू नियंत्रण के सभी पहलूओं को सारगर्मित रूप से वर्णित करती हैं।

डा. विक्रान्त मोहन्ती, सह-आचार्य व विभाग प्रमुख, सामुदायिक दंत चिकित्सा विभाग, मौलाना आजाद दंत विज्ञान संस्थान, नई दिल्ली– तम्बाकू नियंत्रण और उन्मूलन के क्षेत्र में डॉक्टर राकेश गुप्ता का योगदान काफ़ी सराहनीय रहा है। उन्होंने न केवल प्रशासन को तम्बाकू नियंत्रण के कई नीति के निर्माण में सहयोग और समय-समय पर सलाह दी है, चिकित्सालय के स्तर पर भी तम्बाकू सेवन करने वाले मरीज़ों का उपचार भी किया है। मैं कई वर्षों से उनके लेखों को ध्यानपूर्वक पढ़ा है और साथ में कई चीज़ों का ज्ञान भी अर्जित किया है। मैं उन्हें उनकी दोनों पुस्तकों के सफलतम प्रकाशन हेतु शुभकामनाएं देता हूँ।

स्थानीय सहयोगी

डॉ. गजेंद्र गुप्ता, मेडिकल डायरेक्टर और विभागाध्यक्ष, पेथोलॉजी और ब्लड ट्रान्सफ्यूज़न मेडिसिन, संतोकबा दुर्लभजी मेमोरीयल अस्पताल, जयपुर- डॉ. राकेश गुप्ता तम्बाकू निर्भरता के उपचार व्यपकता देने में एक जुझारू स्वास्थ्य प्रोफ़ेशनल हैं। उनकी इस विषय में प्रोफ़ेशनल पारंगतता का प्रमाण इनके द्वारा संतोकबा दुर्लभजी मेमोरीयल हॉस्पिटल में संचालित 'टोबेको ट्रीटमेंट क्लीनिक' की समूचे भारत में पिछले दशक में एक सबसे लम्बे समय प्राप्त की गयी सर्वाधिक सफलता है। मैं इसे इनकी तम्बाकू-उपभोगी रोगियों से हिंदी में उनको आसानी-से-समझ पाने वाले परामर्श का प्रमाण मानता हूँ जिसके फलस्वरूप वे इस अत्याधिक व्यसनी और घातक पदार्थ को छोड़ पाते हैं जो कि भारत में तम्बाकू-जनित रोगों से हर दिन 4,000 से भी अधिक होने वाली मृत्युओं का कारक है। मुझे आशा है कि यह पुस्तिका हेल्थ प्रोफेशनल्स को भी तम्बाकू उपचार से जुड़े सभी पहलुओं से परिचित और सशक्त कर उनके सभी तम्बाकू-उपभोगी रोगियों को उपचारित कर पाने में बहुत अधिक लाभकारी साबित होगी।

डॉ. हर्ष उदावत, आंत्र-रोग व मदिरा-व्यसन उपचार विशेषज्ञ, संतोकबा दुर्लभजी इंस्टीट्यूट ऑफ गेस्ट्रोएंटेरोलोजिकल डिज़ीज़ेज़, संतोकबा दुर्लभजी मेमोरीयल अस्पताल, जयपुर- डॉ. गुप्ता के साथ विगत ~3 वर्षों में, मेरे आंत्र-रोग व मदिरा-व्यसन के रोगियों को तम्बाकू-उपचार दिला पाने में निरंतरता से सहभागिता कर पाना एक अत्याधिक प्रसन्नता का विषय है, क्योंकि इस बड़े रिस्क गुणक को दूर किए बिना इन रोगियों को सम्पूर्ण और सहज रिकवरी प्रदान करा पाना संभव नहीं है। इन सभी उपचारित रोगियों द्वारा मुझे बतायी गयी संतोष की हार्दिक अनुभूति और उनके द्वारा ढ़ाई वर्षों से भी अधिक तम्बाकू छोड़ने की 40% से अधिक सफलता, डॉ. गुप्ता द्वारा इनको व्यवहार-परिवर्तन हेतु दिए गए परामर्श की श्रेष्ठता को, जो कि वयस्क व्यसनी के उपचार में नितांत आवश्यक है, एक बड़े ही सकारात्मक रूप में दर्शाता है। सभी मेडिकल प्रोफ़ेशनल्स के साथ-साथ सभी समुदायों में भी इनके लिखे गए लेखों की उपयोगिता निश्चित ही अत्यधिक होगी। मैं इनके इस प्रकाशन की सफलता हेतु हार्दिक शुभकामनाएँ देता हूँ। रोगों की रोकथाम में कम ही स्वास्थ्य प्रोफेशनल्स इतना अधिक परिश्रम करते हैं।

डॉ. प्रवीण कुमार शर्मा, हृदय रोग विशेषज्ञ, कार्डीओलॉजी विभाग, संतोकबा दुर्लभजी मेमोरीयल अस्पताल, जयपुर- भारतवर्ष में हार्ट अटैक के 30% रोगी, 40 वर्ष से कम आयु के होते हैं। इन सभी रोगियों में धूम्रपान, हार्ट अटैक का एक महत्वपूर्ण कारण होता है। अतः धूम्रपान को शीघ्रातिशीघ्र छोड़ने से अनेकों को हार्ट अटैक से बचाया जा सकता है। साथ ही, जिन रोगियों में हार्ट अटैक को उपचारित कर लिया गया हो, वे भी फिर से धूम्रपान शुरू ना करें क्योंकि ~50% रोगियों में फिर से हार्ट अटैक से पीड़ित हो सकता है। और, तब इसका उपचार अधिक जटिल हो जाता है। ऐसे सभी रोगियों व उनके परिवारजनों और मित्रों के लिये यह पुस्तिका अत्यधिक उपयोगी होगी।

स्थानीय सहयोगी

डॉ. हेमंत मल्होत्रा, वरिष्ठ केन्सर औषधि विशेषज्ञ, श्रीराम केन्सर केंद्र, महात्मा गांधी चिकित्सालय व मेडिकल अनुसंधान संस्थान, जयपुर-तम्बाकू सभी केन्सर रोग विशेषज्ञों का सर्वप्रथम दुश्मन है क्योंकि इससे मानव शरीर के 13 अंगों में केन्सर उत्पन्न होते हैं। यदि हम किसी भी प्रकार इस बुराई को हमारे समाज से दूर कर पाएँ तो हम 40% से 50% केंसरों को रोक पाएँगे। और, यह प्रथम क़दम होगा, केवल जनमानस को शिक्षित करने हेतु ही नहीं, अपितु समाज के अति प्रतिष्ठित सम्मानित सलाहकारों, नेताओं, नियामकों, न्यायधिशों और अधिवक्ताओं के लिए भी। डॉ. राकेश गुप्ता एकमात्र ऐसे समर्पित तम्बाकू नियंत्रणकर्ता हैं जिन्होंने अपना केन्सर शल्यचिकित्सक का लुभावना पेशा छोड़ अपना जीवन तम्बाकू-मुक्ति के लक्ष्य को समर्पित कर दिया है। अतः उनकी यह पुस्तक जनमानस और नीति- निर्धारकों को शिक्षित करने और इस विषय के तथ्यों व आँकड़ों को उपलब्ध करा हमारे शहरों, प्रदेशों और देश को तम्बाकू-मुक्त करने हेतु एक दूर की कौड़ी सिद्ध होगी।

डॉ. अजय बापना, वरिष्ठ केन्सर औषधि विशेषज्ञ, भगवान महावीर केन्सर हॉस्पिटल, जयपुर- डॉ. राकेश गुप्ता, तम्बाकू उपभोग की हानियों का जनमानस में जनजागरण करने में अग्रणी हैं। उनके प्रिंट और इलेक्ट्रोनिक मीडिया से किए गए सतत प्रयासों ने प्रशासकों, नीति- निर्धारकों और ऐक्टिविस्टस का ध्यान इस विषैले पदार्थ के विक्रय उपभोग को नियंत्रित करने की ओर खिंचा है। अतः सामाजिक व जन स्वास्थ्य की उन्नति में यह एक महत्वपूर्ण योगदान है।

डॉ. नितिन खुटेटा, वरिष्ठ केन्सर शल्य चिकित्सक, श्रीराम केन्सर केंद्र, महात्मा गांधी चिकित्सालय व मेडिकल अनुसंधान संस्थान, जयपुर- डॉ. राकेश गुप्ता को आमजन को आसानी-से-समझ में आ जाने वाले लेखों को लिखने, संकलित और प्रकाशित करने के लिए हार्दिक बधाई। तम्बाकू का व्यसन कई घातक रोगों को उत्पन्न कर मादक होने से मानवता के लिए एक बहुत बड़ा ख़तरा है। परिणामवश, तम्बाकू-उपभोगी रोगियों व इनके परिवारों का लाखों रूपया उपचार में बर्बाद हो जाता है। यदि सरकारें और उनके नीति निर्धारक के साथ-साथ तम्बाकू-उपभोगी व आमजन, इस पुस्तिका के लेखों में दिए गए सुझावों की पालन कर पायेंगे तो इस महामारी से बहुत अधिक राहत मिल पायेगी। अतः मैं सभी से इस पुस्तक को पूरा-पूरा पढ़ने का आग्रह करता हूँ।

संदेश

तम्बाकू के दुष्प्रभावों से लोगों को जागरूक करने की दिशा में वरिष्ठ केन्सर रोग विशेषज्ञ डॉक्टर राकेश गुप्ता का लम्बा अनुभव है। पहली मुलाकात में ही मैंने सोच लिया था कि डॉ राकेश जी के अनुभव को लेकर कुछ नया किया जा सकता है। हमने तय किया कि उनके लेखों की श्रृंखला शुरू की जाए।

मन मे कुछ सवाल थे कि डॉ राकेश जी अपनी व्यस्त दिनचर्या में से ये लेख हमें नियमित हर सप्ताह और कितने समय तक देंगे? लेकिन डॉक्टर राकेश जी अपने वादे के पक्के निकले और उनके सहयोग से समाचार जगत ने भी एक इतिहास रच दिया। एक सौ चालीस लेखों से अधिक की श्रृंखला प्रकाशित हुई, जिसको सभी ने सराहा। पहली बार किसी समाचारपत्र ने ऐसी पहल की थी।

इन लेखों को एक साथ प्रकाशित करने के प्रयास भी अब पूरे होने जा रहे हैं, इसके लिए डॉ राकेश गुप्ता जी को हार्दिक बधाई।

तरुण रावल
सम्पादक
समाचार जगत, जयपुर

पाठकों के लिए इस पुस्तक को उपयोग में लेने हेतु आवश्यक नोट– आप अपनी आवश्यकता और रुचि के अनुसार निम्न किसी भी विषय का अध्ययन अथवा संदर्भित करना चाहें, नीचे दी गयी विषय-कुंजी से उसका कोडिंग जानकर उसे विशिष्ट क्रमांक अनुसार विषय-सूची में खोजें। इस प्रकार आप अपना अमूल्य समय, बिना व्यर्थ किए, उसे त्वरितता से उपयोग में ला पाएँगे। जहाँ एक से अधिक विषयों को भी एक साथ पढ़ना अथवा संदर्भित करना है, उन्हें भी इसी प्रकार खोजें– वे आपको क्रमानुसार तेज़ी से उपलब्ध हो सकेंगे।

विषय-कुँजी

विषय सूची

विषय सूची

धूम्रपान की सच्चाई

युवाओं और ग्रामीणों में सिगरेट का बढ़ता उपभोग चिंताजनक

भारत में वयस्कों में तम्बाकू उपभोग पर हुए दूसरे चक्र के सर्वेक्षण (गेट्स 2, 2016-17) ने रिपोर्ट किया है कि वर्तमान में व्यस्क भारतीयों में धूम्रपान करने की कुल दर 13.2% है- पुरुषों में 22.2% और महिलाओं में 3.7%। और, 16.6% ग्रामीणों की तुलना में 5.6% शहरी भारतीयों के 2.96:1 के अनुपात के साथ हर 1 शहरी धूम्रपायी की तुलना में 3 ग्रामीण धूम्रपायी हैं। इस रिपोर्ट के अनुसार देश में धूम्रपायियों की कुल संख्या और प्रतिदिन धूम्रपान करने वालों में तो क्रमश: 5.6% और 4.8% की महती कमी हुई है किन्तु **सिगरेट पीने वालों की संख्या में कोई बदलाव नहीं आया है,** जबकि बीड़ी पीने वालों की संख्या में 4.6% की कमी हुई है।

इसके पहले एक और अध्ययन भी प्रकाशित हुआ था वर्ष 2016 में, प्रख्यात ब्रिटिश मेडिकल जर्नल (बी.एम.जे.) के वैश्विक स्वास्थ्य (ग्लोबल हेल्थ) विशेषांक में। इसमें भारत में बीड़ी और सिगरेट पीने के वर्ष 1998 से वर्ष 2015 में हुए बदलाव को रिपोर्ट किया गया था। इसमें धूम्रपान को आयु, लिंग और शिक्षा के स्तर पर आयु वर्ग 15 से 69 में आँका गया। इस विश्लेषण का आधार बने तीन बड़े राष्ट्रीय स्वास्थ्य सर्वेक्षण: (1) फर्टिलिटी एंड मोर्टेलिटी सर्वे, वर्ष 1998; (2) सैंपल रजिस्ट्रेशन सिस्टम बेसलाइन सर्वे, वर्ष 2004; और, (3)व्यस्क भारतीय तम्बाकू सर्वेक्षण चक्र 1, वर्ष 2009-10। इसमें 25 लाख घरों में रह रहे 1.4 करोड़ स्थानीय लोगों से जानकारियाँ 29 प्रदेशों से एकत्रित करी गयी, केवल जम्मू-कश्मीर और ग्रामीण नागालैंड को छोड़ कर जहाँ भारत की जनसंख्या से 1% से भी कम थी।

(1) **आयु-वर्ग के अनुसार-**रिपोर्ट के अनुसार आयु वर्गों 15 से 69 और 15 से 29 के पुरुषों में सिगरेट पीने की दर क्रमश: दो-गुना और चार-गुना बढ़ी जब कि बीड़ी पीने वालों की दर 15 से 69 वर्षों के पूरे आयु वर्ग के साथ,सिवाय 15 से 29 वर्ष के, हर आयु वर्ग में भी घट गयी। भौगोलिक स्तर पर एक और बात सामने आयी- वह यह कि धूम्रपान की दरों में दिल्ली (220%), पंजाब (120%), उत्तर-पूर्वी प्रदेश (60%), ओडिशा (50%) और महाराष्ट्र (40%) में बढ़ोतरी हुई जबकि अन्य प्रदेशों में इसकी दरें घट गयी;

(2) **लिंगानुसार-** रिपोर्ट से यह भी ज्ञात हुआ कि देश में 15 से 69 वर्ष आयु वर्ग के पुरुषों में धूम्रपान की दर वर्ष 1998 में 27% से गिर वर्ष 2015 में 24% रह गयी- याने 17 वर्षों में 3% घटी जबकि आयु वर्ष 15 से 29 वर्ष में यह दर बढ़ गयी। कुल संख्या के अनुसार, समूचे आयु वर्ग 15 से 69 वर्ष में, जहाँ वर्ष 1998 में पुरुष धूम्रपायियों की संख्या 7.9 करोड़ थी, वर्ष 2015 में यह बढ़ कर 10.8 करोड़ हो गयी **याने हर वर्ष में भारत में 17 लाख और धूम्रपायी जुड़ जाते हैं।**

एक और तथ्य यह भी सामने आया कि जहाँ वर्ष 2015 में समूचे देश में सिगरेट और बीड़ी पीने वाले पुरुषों की संख्या लगभग बराबर हो गयी, शहरी पुरुषों की अपेक्षा, **ग्रामीण पुरुषों में सिगरेट पीने की दर में बढ़ोतरी देखी गयी** जबकि बीड़ी पीने की दरें दोनों में ही घटी।

दूसरी ओर **महिलाओं में धूम्रपान की** संख्या इन 17 वर्षों में मात्र 1.3% बढ़कर 1.1 करोड़ हो गयी- पुरुष धूम्रपायियों का दसवाँ भाग। यह भी पता लगा कि आयु वर्ग 30 से 69 में 1950 से पहले जन्मी महिलाओं की अपेक्षा 1960 के बाद जन्मी महिलाओं में धूम्रपान की दर लगभग आधी रह गयी। उसके बाद, पुरुषों की अपेक्षा, पीढ़ी-दर-पीढ़ी महिलाओं में धूम्रपान की दरों में बहुत अधिक बदलाव नहीं देखा गया। यद्यपि युवा महिलाओं में अपेक्षित बढ़ोतरी नहीं देखी गयी, सिन्हा और गुसा द्वारा वर्ष 2007 में एक अन्य अध्ययन में 13 से 15 वर्ष के लड़के-लड़कियों में धूम्रपान की समान दर के आधार पर शहरी युवा महिलाओं में सिगरेट पीने की दर बढ़ने की संभावना बतायी गयी;

(3) **शिक्षानुसार-** वर्ष 15 से 69 के सभी आयु वर्गों में, अशिक्षित पुरुषों में, सिगरेट, बीड़ी या किसी अन्य प्रकार के धूम्रपान में

वर्ष 1998 से वर्ष 2015 तक बढ़ोतरी देखी गयी जबकि कक्षा 10 या उससे अधिक पढ़े पुरुषों में इन सभी प्रकार के धूम्रपानों की दरें घटी। **सिगरेट पीने की दर केवल और अधिक शिक्षित पुरुषों में बढ़ी पायी गयी।**

धूम्रपान से मुक्ति का सबसे अच्छा तरीका है इसे सफलता से छोड़ पाना और हम अब यह भी जानते हैं कि इसे किसी भी आयु में छोड़ पाना लाभकारी होता है। इस सन्दर्भ में गेट्स-2 से मिली जानकारी एक मिश्रित अनुभव देती है। जहाँ ओर तो 50.4% सिगरेट और 47.4% बीड़ी पीने वालों ने तम्बाकू पदार्थों पर छपी सचित्र चेतावनियों से सजग हो इन्हें छोड़ने का सोचा (42.4% पुरुषों और 59.6% महिलाओं ने भी), तो दूसरी ओर इन्हें अगले माह और एक वर्ष के दौरान छोड़ने का करते धूम्रपायी क्रमश: 8.3% और 13.1% ही थे।

बी.एम.जे. के अध्ययन ने धूम्रपान छोड़ने का आकलन 45 से 69 वर्ष के आयु वर्ग में ही किया क्योंकि तब एक धूम्रपायी इसे भरपूर कर चुका होता है और उसमें तम्बाकू की स्वास्थ्य को होने वाली हानियों के प्रति भी पर्याप्त सजगता उत्पन्न हो जाती है। इस अध्ययन ने पाया कि वर्ष 2004 से वर्ष 2010 तक धूम्रपान छोड़ने की राष्ट्रीय दर 2% से बढ़ कर 5% हो गयी– केरल में 19% तक से लगा पंजाब में 1% से भी कम! इस आधार पर यह निष्कर्ष निकाला गया कि भारत में वर्ष 2015 में हर **4 वर्तमान में धूम्रपान करने वालों पर 1 भूतपूर्व धूम्रपायी हैं।**

तो कैसा हो परिवर्तन जिससे कि वर्तमान में देश में धूम्रपायियों की संख्या में कमी आ सके? इसमें कोई संदेह नहीं है कि तम्बाकू नियंत्रण की नीतियों को और अधिक मजबूती देने की आवश्यकता है। साथ ही, तम्बाकू पदार्थों पर जी.एस.टी. के अंतर्गत लगे करों की दर और सेस पर पुन:निर्धारण कर इन्हें बढ़ाने की आवश्यकता है। क्योंकि ना केवल यह अन्य देशों की अपेक्षा कम है, छोटी, कम-दाम की सिगरेट और बीड़ी पर इनकी बढ़ोतरी को विशिष्ट रूप से बढ़ाना ही होगा। साथ ही, धूम्रपान छोड़ने की सुविधाओं को व्यापकता से स्थापित कर सततता से चलाने के साथ, विश्वसनीय और प्रतिनिधित्व करते और भी बड़े जनसर्वेक्षण किये जाने चाहिए ताकि बढ़ते धूम्रपान पर निगरानी के साथ इसके प्रभावों का भी आकलन हो सके।

धूम्रपान– क्या यह पहले से अधिक हो रहा है?

भारत के ग्लोबल एडल्ट सर्वे के दूसरे चक्र (गेट्स-2) से यह जानना संतोषदायक रहा कि देश में तम्बाकू उपभोग 6% कम हुआ। परिणामस्वरूप, गेट्स के पहले (गेट्स-1) से दूसरे चक्र (गेट्स-2) के सात वर्षों के अन्तराल में (2008-9 से 2016-17), मात्र संख्या के तौर पर 81 लाख तम्बाकू उपभोगी कम हुए। इसी अवधि में धूम्रपायियों में 1.5% की कमी आयी (8.7% से घट कर 7.2% तक)। किन्तु, यदि इसे लिंग-आधारित आकलन के तौर पर विश्लेषित किया जाये तो पुरुषों और महिलाओं में धूम्रपान की दरें 4.0% और 0.5% तक बढ़ गयी।

इस तथ्य के साथ यदि एक आम अवलोकन को जोड़ दें तो जिन स्थानों पर प्राय: धूम्रपान होता है, जैसे गली-नुक्कड़ पर लगी चाय की थड़ियाँ, तम्बाकू-पान की दूकानें, ऑफिस-परिसरों के दबे-छिपे कोनें, इत्यादि, वहाँ दिखाई देते धूम्रपान में कोई कमी नहीं आयी। बल्कि, ऐसे लोगों की संख्या बढ़ी हुई दिखायी देती है। साथ ही, एक तथ्य यह भी है कि भारत में **धूम्रपान से होने वाली वार्षिक मृत्युओं की कुल संख्या विगत दो दशकों में बढ़ी ही हैं– 1,800 से 3,000 से** अधिक, तो यह प्रश्न उठाना स्वाभाविक ही है कि क्या धूम्रपान पहले से बढ़ गया है। और, यदि ऐसा हो रहा है तो इसके कारक क्या हैं?

इस सन्दर्भ में सुजाता मिश्रा व सहयोगियों का एक वैज्ञानिक अध्ययन, ब्रिटिश मेडिकल जर्नल में वर्ष 2016 में प्रकाशित हुआ। इसमें भारत में वर्ष 1998 से वर्ष 2010 तक धूम्रपान के प्रचलन हेतु किये गए तीन सर्वेक्षणों का अध्ययन किया गया। आइये, देखें क्या जानकारियाँ मिली, इस व्यापक अध्ययन से : इन 17 वर्षों के अंतराल में पुरुषों के आयु-आधारित वितरण के आधार पर वर्ष 1998 और वर्ष 2010 में धूम्रपान की दरें, 50 वर्ष की आयु तक अधिकतम होती पायी गयी; तत्पश्चात, उनमें कमी होती जानी गयी। इसका एक मात्र अपवाद **15 से 29 वर्ष के आयुवर्ग में धूम्रपान की बढ़त!** इस दौरान जहाँ पुरुषों में सिगरेट पीने की प्रवृति दो-गुनी हुई, 15-29 वर्ष के पुरुषों में यह चौगुनी हो गयी जब कि बीड़ी पीने की प्रवृति सभी 15-69 आयुवर्ग के पुरुषों में मामूली रूप से घट गयी।

महिलाओं में धूम्रपान की प्रवृति में पुरुषों की अपेक्षा एक भिन्न स्वरूप देखने मिला जहाँ धूम्रपान की अधिकतम प्रवृति 60 वर्ष की आयु से अधिक महिलाओं में पायी गयी। यदि सरलता से इसे समझना हो तो यह मानना होगा कि वर्ष 1998 से वर्ष 2010 के सर्वेक्षणों में महिलाओं में धूम्रपान की प्रवृति, बढ़ी हुई आयु में केन्द्रित है। हाँ, परन्तु यह सोच का विषय है कि जब महिलाओं के 15 से 60 वर्ष के आयुवर्ग में वर्ष 1998 की दर 1.4% से बढ़ वर्ष 2010 में 2.7% हो गयी तो यह बढ़ोतरी युवा महिलाओं की अपेक्षा अधेड़ आयु की महिलाओं में क्यों देखी जानी चाहिए, क्योंकि धूम्रपान की विशेष बढ़ोतरी तो शहरी-कामकाजी युवा महिलाओं में अधिकता से दिख रही है। तो क्या यह बढ़ोतरी इसलिए भी दिख रही है कि घर के मुखिया ने लोक-लाज/ गोपनीयता के चलते अपने परिवार की अपेक्षाकृत युवा महिलाओं का धूम्रपान रिपोर्ट ही नहीं किया हो ?

शिक्षा के साथ जोड़ कर देखने से यह पता लगा कि क्रमश: वर्ष 1998 और वर्ष 2010 के सर्वेक्षणों में **सभी अशिक्षितों में से 15-69 वर्ष के आयुवर्ग में धूम्रपान की प्रवृति बढ़ गयी।** और, यह भी कि जहाँ यह बढ़ोतरी सिगरेट, बीड़ी या अन्य किसी धूम्रपान के तरीके के लिए भी देखी गयी, **सबसे अधिक बढ़ोतरी सिगरेट पीने की प्रवृति में देखी गयी।** जब इसके आकलन की तुलना उन धूम्रपायियों के साथ की गयी जिनका शिक्षा का स्तर 10वीं कक्षा या उससे अधिक था, उनमें बीड़ी या अन्य प्रकार के धूम्रपान की प्रवृति तो घटी हुई पायी गयी किन्तु सिगरेट पीने की प्रवृति मामूली रूप से बढ़ गयी।

इन आधारों पर उपरोक्त लेख के लेखकों ने वर्ष 1998, 2004 और 2010 के सर्वेक्षणों से प्राप्त आंकड़ों के आधार पर यह वर्ष 2015 के लिए यह प्रोजेक्ट किया कि:

1. पन्द्रह से 60 वर्ष के आयुवर्ग के पुरुषों में किसी भी प्रकार के धूम्रपान की संख्या में 2.9 करोड़ अथवा 36% की बढ़ोतरी होगी; अर्थात, धूम्रपायियों की संख्या जो कि वर्ष 1998 में 7.9 करोड़ थी, वर्ष 2015 में यह बढ़ कर 10.08 करोड़ हो जायेगी;

2. एक और तथ्य यह भी निकला कि जहाँ शहरी भारत में पुरुष धूम्रपायियों की दर 68% बढ़ने से इनकी संख्या 1.9 करोड़ से बढ़ 3.1 करोड़ हो जायेगी, ग्रामीण भारत में यह बढ़ोतरी 26% होने से उनकी संख्या 6.1 करोड़ से बढ़ कर 7.7 करोड़ हो जायेगी;

3. यह भी अनुमानित किया गया कि जब कि सबसे अधिक बढ़ोतरी, दिल्ली (220%), पंजाब (120%), असम के अलावा उत्तर-पूर्वी राज्यों (60%), ओडिशा (50%) और महाराष्ट्र (40%) में होगी, न्यूनतम बढ़ोतरी गोवा व असम प्रदेशों में होगी;

4. साथ ही, यह भी अनुमानित किया गया कि पुरुषों के 15-69 वर्ष के आयुवर्ग जहाँ सिगरेट पीने वाले की संख्या 6.1 करोड़ होगी जिसमें 4.0 करोड़ केवल सिगरेट के धूम्रपायी होंगे। इसकी तुलना में बीड़ी पीने वाले 6.9 करोड़ होंगे जिनमें से केवल बीड़ी पीने वाले 4.8 करोड़ होंगे;

5. पुरुषों धूम्रपायियों की तुलना में महिला धूम्रपायियों की संख्या 10-गुनी कम होगी; और,

6. यह भी पाया गया कि तम्बाकूजनित रोगों से अकाल मृत्यु होने से

70 वर्ष या उससे अधिक की आयु के पुरुष व महिला धूम्रपायियों की संख्या क्रमश: 60 लाख व 25 लाख ही रह जायेगी।

पुरुषों में धूम्रपान छोड़ने के श्रेष्ठतम परिणाम 45 से 59 वर्ष के आयुवर्ग में मिले जब अधिकतम धूम्रपान की प्रवृति घटने लगी और इन धूम्रपायियों में धूम्रपान की हानियों के प्रति चेतना बढ़ने लगी। परिणामस्वरूप, राष्ट्रीय स्तर पर वर्ष 2004 से वर्ष 2010 तक धूम्रपान छोड़ने की दर 2% से बढ़ कर 5% हो गई- जहाँ केरल में धूम्रपान छोड़ने की दर 19% देखी गयी, वहाँ पंजाब में यह 1% से भी कम जानी गयी। इसी प्रकार भारत में वर्ष 2015 में पूर्व-धूम्रपायियों का वर्तमान के धूम्रपायियों से अनुपात 1:4 प्रोजेक्ट किया गया जो कि केरल में यदि 1:1 हो तो पश्चिमी बंगाल में में वह 1:60 रहेगा। महिलाओं में धूम्रपान छोड़ने की दर नगण्य जानी गयी।

अतः यह आवश्यक है कि प्रभावी धूम्रपान नियंत्रण हेतु सरकारी नीतियों को पुरावलोकन कर उन्हें सुधारा जाये। साथ ही, धूम्रपायियों के जनसंख्या-आधारित, वृहद-व्यापक, विश्वसनीय और प्रतिनिधित्वदायी सर्वेक्षण नियमितता से किये जाये ताकि धूम्रपान में बदलाव और उसके परिणामों की निगरानी कर उनमें सर्वोचित सुधार किया जा सके।

पुरुषों में धूम्रपान रोकना क्यों प्राथमिकता है?

प्रतिष्ठित वैज्ञानिक जर्नल लांसेट में रोगों, चोटों और रिस्क-गुणकों का अध्ययन(ग्लोबल बर्डेन ऑफ़ डिसीजेस, (जी.डी.बी.) इन्जुरीस एंड रिस्क फैक्टर स्टडी), नवम्बर 2018 में प्रकाशित किया। इसमें वर्ष 1999 से 2017 तक के 84 जी.डी.बी. रिस्क गुणकों-व्यवहारिक, वातावरणीय और व्यावसायिक (ओक्युपेशनल) और मेटाबोलिक खतरों (रिस्क्स) अथवा खतरों के समूह (ग्रुप ऑफ़ रिस्क्स) का आयु वर्ग, लिंग, वर्ष और स्थान (स्थिति) के अनुसार इन खतरों से (अ) अरक्षितता (एक्सपोज़र), (ब) सम्बंधित मृत्युएँ और (स) अक्षमता-समायोजित आयु-वर्ष (डिसेबिलिटी एडजस्टेड लाइफ-इयर्स) के स्तरों और प्रचलन (ट्रेंड्स) को रिपोर्ट किया गया। इस अध्ययन में 478 खतरों के परिणामों को जोड़ा गया जो कि इस अध्ययन द्वारा कारकों की प्रमाणितता(एविडेंस ऑफ़ काजेशन) को संतोष अथवा संभावना के तौर पर स्थापित करते हैं। इस सब को पाने के लिए 46,749 अध्ययनों का आकलन-मूल्यांकन एक पूर्व निर्धारित वैज्ञानिक पद्धति से दुनियाभर से एकत्रित किये गए शोधकर्ताओं द्वारा किया गया। इस वैश्विक समूह ने विकास और खतरों के अनावरण (एक्सपोज़र) के बीच सम्बन्ध जानने हेतु सामाजिक-जनसांख्यिकीय सूचकांक(सोशियो-डेमोग्राफिक इंडेक्स) और खतरों की व्यापकता (प्रेवलेंस) व उनसे अरक्षितता के स्तर एवं इनके बोझ हेतु एक मॉडल काम में लिया। अंत में, खतरों से जुड़े गुणकों को जानने के लिए परिवर्तन के छ: संचालकों को निम्न प्रकार से वर्गीकृत किया गया: (1) जनसँख्या वृद्धि; (2) जनसँख्या की आयु-संरचनाओं में परिवर्तन; (3) वातावरणीय और व्यावसायिक खतरों से अरक्षितता में परिवर्तन: (4) व्यवहारिक खतरों से अरक्षितता में परिवर्तन; (5) मेटाबोलिक खतरों से अरक्षितता में परिवर्तन; और (6) अन्य उन सभी खतरों से परिवर्तन। इस वर्गिकरण के पीछे सोच यह रहा कि इनसे उत्पन्न अरक्षितता को जानकर रिस्क-डिलीटेड मृत्युओं और अक्षमता-समायोजित आयु-वर्षों के सन्दर्भ में रोका जा सकेगा।

सारगर्भित रूप में इस रिपोर्ट से यह ज्ञात हुआ कि वर्ष 2017 में:

I) समूचे विश्व में विगत 18 वर्षों में (1999–2017) में 3.41

करोड़ मृत्युओं (कुल मृत्युओं का 61%) और 121 करोड़ अक्षमता-समायोजित आयु-वर्षों (कुल अक्षमता-समायोजित आयु-वर्षों का 48%) की हानि इन 84 जीडीबी रिस्क गुणकों से हुई;

II) जब जी.डी.बी. रिस्क गुणकों को अक्षमता-समायोजित आयु-वर्षों के अनुसार आँका गया तो ऊँचे सिस्टोलिक रक्तचाप को पहला रिस्क-गुणक पाया गया जिससे विश्व भर में 1.04 करोड़ मृत्युएँ और 22 करोड़ अक्षमता-समायोजित आयु-वर्षों की क्षति हुई; इसके बाद, क्रमानुसार, अगले चार कारक थे- धूम्रपान(71 लाख मृत्युएँ और 18 करोड़ अक्षमता-समायोजित आयु-वर्षों की क्षति); खाली-पेट ऊँचा प्लाज्मा ग्लूकोस (65% मृत्युएँ और 17 करोड़ अक्षमता-समायोजित आयु-वर्षों की क्षति); (3) ऊँचा बॉडी-मास सूचकांक(47 लाख मृत्युएँ और 15 करोड़ अक्षमता-समायोजित आयु-वर्षों की क्षति); (4) जन्म-पर-वजन हेतु छोटी गर्भावधि(14 लाख मृत्युएँ और 14 करोड़ अक्षमता-समायोजित आयु-वर्षों की क्षति);

III) वर्ष 2007 से वर्ष 2017 के बीच अक्षमता-समायोजित आयु-वर्षों में 5% की कमी देखी गयी;

IV) इस अध्ययन से यह भी मूल्यांकित किया गया कि सांख्यकीय परिवर्तनों की अनुपस्थिति में इन जी.डी.बी. रिस्क गुणकों में परिवर्तनों के परिणामस्वरूप अक्षमता-समायोजित आयु-वर्षों में 23.5% की कमी देखी जा सकती थी; अन्यथा,

V) इन जी.डी.बी. रिस्क गुणकों में परिवर्तनों की अनुपस्थिति में मात्र सांख्यकीय परिवर्तनों के परिणामस्वरूप अक्षमता-समायोजित आयु-वर्षों में 18.6% की वृद्धि होती।

समूचे अध्ययन का सारांश यह रहा कि विकास की गति आधारभूत खतरों की संरचना से अधिक तेज है। हालाँकि धूम्रपान और अल्कोहल के उपभोग में कमी हो रही है, फिर भी विश्व के चार

सुपर-रीजन्स जिसमें दक्षिणी एशिया (भारत) भी सम्मिलित है, उच्च सिस्टोलिक रक्तचाप स्तर 4 का एक अग्रणी कारक है और सुपर-रीजन्स के धनाढय देशों में अग्रणी खतरा धूम्रपान है। साथ ही, यह भी जाना गया कि जहाँ व्यवहारिक, वातावरणीय और व्यावसायिक खतरों का प्रभाव (संक्रामक रोग, मातृत्व व शिशुकाल और कुपोषण से जुड़े रोग), जनसँख्या वृद्धि और बढ़ती आयु के परिणामवश, कम हो रहा है, मेटाबोलिक खतरों और औसत आयु में वृद्धि से गैर-संक्रामक रोगों में बढ़ोतरी हो रही है जो कि 2.66 करोड़ मृत्युयों और 7.6 करोड़ अक्षमता-समायोजित आयु-वर्षों की हानि करते हैं।

ऐसे अध्ययन जहाँ हमें यह बताते हैं कि पूर्व की कौन सी नीतियाँ और कार्यक्रम सफलतम रहे, वहाँ यह भी कि वर्तमान में जनस्वास्थ्य के कौन-कौन से कार्यक्रमों को प्राथमिकता दी जाये, विशेषकर उन स्थानीय निर्णयों को, जो कि खतरों और स्वास्थ्य के परिणामों के बीच एक गठजोड़ इंगित कर अच्छे स्वास्थ्य हेतु एक मजबूत नीतिगत रुपरेखा और, तदनुसार, उचित कार्यक्रमों की योजना बनाने में सहायक हों। आइये, अब यह भी विस्तार से जाने कि किस प्रकार धूम्रपान को दूसरे बड़े कारक के रूप में जाना गया है:

इस हेतु वर्तमान के धूम्रपायियों के साथ यदा-कदा और पूर्व में धूम्रपान करने वालों में सततता से 47 धूम्रपान-सम्बन्धी संचयी-परिणामों का सर्वेक्षण किया गया।

धूम्रपान में, जो कि एक व्यवहारिक खतरे के रूप में वर्गीकृत किया गया है और 72% देशों में जिसकी बढ़ोतरी हुई है, वर्ष 1990 से 2017 के बीच में देखे गए/अपेक्षित अनुपात (ऑब्जर्वड/एक्सपेक्टेड रेश्यो) के तौर पर, **एक वैश्विक कमी देखी गयी है। यही तथ्य धूम्रपान से होने वाली मृत्युओं पर भी लागू होता है** जिनमें आयु-मानकीकृत मृत्युओं के अनुपातानुसार धूम्रपान से होने वाली मृत्युओं में 38% की कमी जानी गयी है यद्यपि इनमें मोटे तौर पर कुल 25% की बढ़ोतरी देखी गयी है।

ये मृत्युएँ कम सामाजिक-सांख्यिकीय सूचकांक वाले देशों की अपेक्षा **सबसे अधिक इस सूचकांक के उच्च-मध्यम वर्ग वाले देशों में देखी गयी** जब कि इन्हीं देशों में सभी आयु-वर्गों में मृत्यु के सभी कारकों से होने वाली मृत्युओं में धूम्रपान से हुई मृत्युओं में कमी देखी गयी है।

एक बात जो इस अध्ययन से महत्वपूर्ण रूप से उभर कर आयी वह थी **गैर-सिगरेट धूम्रपायी पदार्थों से खतरा जिसे सिगरेट पीने वालों के समतुल्य पाया गया-** इसमें आंकड़ों की कमी के चलते ई-सिगरेट या अन्य वाश्पित्र (वेपोराईजर्स) प्रकारों का मूल्यांकन नहीं किया गया।

धूम्रपान से होने वाली मृत्युओं के चार प्रमुख रोग, जो कि धूम्रपान से होने वाली कुल मृत्युओं का 69% का कारण हैं, वे क्रमानुसार हैं-

(1) इस्किमिक हृदय रोग (हार्ट अटैक)- 16 लाख मृत्युएँ;

(2) सी.ओ.पी.डी. (साँस की रूकावट से उत्पन्न रोग)- 12 लाख मृत्युएँ;

(3) साँस की नलिकाओं और फेंफड़े के केन्सर- 12 लाख; और,

(4) स्ट्रोक (लकवा)- 89 हजार मृत्युएँ।

पुरुषों के पाँच प्रमुख खतरों में (धूम्रपान, ऊँचा सिस्टोलिक रक्तचाप, रक्त में खाली-पेट ग्लूकोस का ऊँचा स्तर, शराब और छोटी गर्भावधि), **धूम्रपान सबसे बड़ा खतरा जाना गया।** लिंगानुसार, यह भी तथ्य सामने आया कि सभी आयु-वर्गों में मृत्यु के सभी कारकों से होने वाली मृत्युओं में **धूम्रपान पुरुषों में पहला और महिलाओं में आठवाँ सबसे बड़ा कारक है।** अतः पुरुष-केन्द्रित धूम्रपान नियंत्रण को प्राथमिकता देना सर्वोचित होगा।

छोटी-सी बीड़ी में कितना है दम!

धूम्रपान कैसा भी हो, होता नुकसानकारी ही है..!!

बीड़ी के धूम्रपान के प्रति आम धारणा यह ही है कि यह सिगरेट से छोटी है और सस्ती भी तो इसे पीने से हानि भी कम ही होती होगी। आइये, जान लें इस सस्ती-छोटी बीड़ी के बड़े भयावह राज।

समूचे विश्व में भारत विशिष्ट है बीड़ी के धूम्रपान के कारण- 11 करोड़ धूम्रपायियों में बीड़ी पीने वालों की अधिकता के चलते-**14% व्यसक धूम्रपायी भारतीयों में से 9% बीड़ी पीते हैं।** प्रादेशिक स्तर पर, उदाहरणार्थ, वर्तमान में राजस्थान में 18.8% व्यस्क धूम्रपायी हैं (31.5% व्यसक राजस्थानी पुरुष और 5.3% व्यस्क राजस्थानी महिलाएं)। इनमें मात्र बीड़ी के धूम्रपान करने वाले पौने छः गुना हैं याने कुल 16% व्यस्क राजस्थानी। पुरुष और महिला धूम्रपायियों में बीड़ी पीने वालों का प्रतिशत लगभग समान ही है (1:1.02)। अतः **बढ़ती आयु और घटते शिक्षा स्तर के साथ ग्रामीण धूम्रपायियों में से 84% से अधिक राजस्थानी बीड़ी ही फूंकतें हैं।** विदेशों में युवाओं में इसके सुगन्धित प्रकारों का चलन वहां के जन-स्वास्थ्यकर्ताओं के लिए एक भारी चुनौती है।

सन् 2011 में नवी मुंबई स्थित हीयेलिस सेकसरिया जनस्वास्थ्य संस्थान द्वारा भारतवर्ष के अब तक के बीड़ी के धूम्रपान पर, मुंबई के 87 हजार से अधिक **पुरुष बीड़ी धूम्रपायियों** के इस पाँच वर्षों से अधिक समय तक के दूरगामी अध्ययन से यह पता लगा कि इनमें, **सिगरेट पीने वालों के अपेक्षा, जहाँ मुँह के केन्सर की दर 42% अधिक थी, फेफड़े और स्वरयंत्र में यह दर क्रमशः 35% और 112% अधिक थी।** परन्तु, बीड़ी से मात्र केन्सर ही नहीं होते। यह हृदय-, रक्त वाहिनियों- व श्वसन तंत्र (सांस)- के रोगों के अलावा अन्य गैर संक्रामक रोग, टी.बी. और अधेड़ावस्था की महिलाओं में कुल्हे की हड्डी के फ्रैक्चर का भी एक प्रमुख कारक है। इस सबसे बड़े अध्ययन से, जिसने सन् 2010 में दिल्ली के पटेल वक्ष रोग संस्थान में बीड़ी धूम्रपायियों से प्राप्त जानकारियों को भी समर्थित किया, यह भी पता लगा कि क्योंकि सिगरेट की अपेक्षा बीड़ी के शीघ्रता से स्वतः बुझने की संभावना अधिक होती है, इसके पीने वालों को इसे अधिक बार

और हर बार गहरा फूंकना होता है। एक औसत बीड़ी धूम्रपायी एक सिगरेट को जहाँ 9 बार फूंकता है, बीड़ी को वह 28 बार फूंकता है।

अतः लम्बाई में छोटी, तम्बाकू की कम मात्रा वाली बीड़ी पीने वाले:

(1) सिगरेट पीने वालों की **तुलना में, तम्बाकू की हानियों से अधिक प्रभावित तो होते हैं;**

(2) इसमें फिल्टर की अनुपस्थिती और इसके आवरण की विशिष्टता (सरंध्रता/छिद्रता- Porosity) के चलते ये निकोटीन के अतिरिक्त तम्बाकू के जहरीले रसायनों जैसे फिनॉरील, हाइड्रोजन सॉइनाइड, हाइड्रोकार्बस, अमोनिया और कार्बन-मोनो-ऑक्साइड के साथ-साथ वातावरण के प्रदूषणकरी कणों को भी अधिकता से ग्रहण करते हैं; और,

(3) यह भी एक स्थापित तथ्य है कि जितनी अधिकता से इसे पिया जाता है- प्रतिदिन मात्रा- और समयावधि- के अनुसार, इससे होने वाली हानियाँ भी उतनी ही अधिक होती है।

तेंदू पत्ते में लिपटे इस तम्बाकू पदार्थ की कहानी (1) कर्ज के बोझ से दबे तम्बाकू की खेती करने वाले किसानों, (2) तेंदू पत्तों को सुबह-से-संध्या तक जंगलों में भटक एकत्रित करने वाले अनभिज्ञ आदिवासियों, (3) हर दिन एक तम्बाकू-दूषित वातावरण में घँटों इसे लपेटने के बावजूद ठेकेदारी प्रथा से पीड़ित महिला-बच्चों- के शोषण, और (4) बीड़ी व्यवसायियों और राजनीतिज्ञों के सांठ-गाँठ की एक दुःखद गाथा है।

फिर भी क्यों है इसकी लोकप्रियता? इस प्रश्न का उत्तर इसके उत्पादन और व्यवसाय को भलीभांति जानने वालों के लिए कठिन बिल्कुल नहीं है : (1) महिला-बच्चों के हाथों से लिपटी गई-, (2) घरों से उत्पादित-, अत्यधिक सरकारी वित्तीय छूट प्राप्त- और (3) लगभग कर-मुक्त अनियंत्रित व्यवसाय के फलस्वरूप बनी- बीड़ी का

अत्यधिक सस्तापन, इसे लोकप्रिय बनाये हुए है।

जहाँ भारत में एक सिगरेट पीने वाला, बीडी पीने वाले की अपेक्षा, हर माह 4 गुना अधिक पैसा खर्चता है (औसतन 400 रु. तक जबकि एक बीडी धूम्रपायी का औसत मासिक खर्च 94 रु. है), राजस्थान में यह अनुपात ढाई गुने से भी कम है। इसका कारण राजस्थान में बीडी पर किया गया औसत मासिक खर्च है जो कि समूचे देश में सबसे अधिक है (148 रु. तक; राष्ट्रीय औसत का 158%) जबकि प्रदेश में एक सिगरेट धूम्रपायी औसतन प्रति माह 341 रु. ही खर्चता है (राष्ट्रीय औसत का 85%)।

अतः **यह अत्यंत आवश्यक है कि: (1)** प्रादेशिक- और केन्द्रीय- सरकारें समूचे बीडी व्यवसाय को नीतिगत तरीके से और शीघ्रातिशीघ्र पूर्णतः नियंत्रित औद्योगिक व्यवसाय के रूप में स्थापित करे; **(2)** इस पर दी जाने वाली आर्थिक छूट और तेंदू पत्ते के व्यवसाय को पूरी तरह से समाप्त करे; **(3)** इस पर सिगरेट के समतुल्य कर लगाये; और, **(4)** महिला, बच्चों व आदिवासियों को इस व्यवसाय से हो रहे शोषण से सम्पूर्ण व प्रभावी मुक्ति दिलाये।

साथ ही, **(अ)** इसे बजाये तेंदू पत्ते में लपेटे जाने के, इसे सिगरेट बनाने में प्रयुक्त कागज में लपेट फिल्टर के सहित बनाने और **(ब)** बजाये बंडल के, एक 85% सचित्र चेतावनी वाली प्लेन पैकेजिंग में ही बेचने की बाध्यता निर्धारित की जाये। उपरोक्त उपायों के द्वारा ही हम बचा सर्केंगे बीडी के धूम्रपायियों को, विशेषकर अशिक्षित व ग़रीब ग्रामीणों को बीडी की विशिष्ट हानियों से।

तम्बाकू का निश्क्रिय धूम्रपान- दूसरों से मिलती सजा

यों तो अब तक सब यह जानते हैं कि यदि किसी के धूम्रपान का धुआँ एक गैर-धूम्रपायी को सूंघना पड़ जाये तो वो उसके लिए हानिकारक होता है। देश के तम्बाकू नियंत्रण हेतु कानून- कोटपा (सिगरेट और अन्य तम्बाकू उत्पाद अधिनियम, 2003) की आधार-शिला भी यह ही है। अन्य देशों ने भी इसका ही सहारा लिया है क्योंकि यह किसी भी व्यक्ति के मौलिक अधिकारों का भाग है कि वह स्वच्छ वायु में साँस ले सके याने कि उसे विषाक्त हवा को न सूंघना पड़े।

समूचे विश्व के 20% पुरुष और 33% महिलाएँ निश्क्रिय धूम्रपान से पीड़ित हैं। मात्र वर्ष 2016 में, 8 लाख 84 हजार मृत्युएँ, दूसरे के धूम्रपान से उत्पन्न धूएँ को सूंघने से हुईं जिन्हें पूरी तरह रोका जा सकता था। **भारत में भी प्रतिवर्ष 412 लाख में से 10% मृत्युएँ याने 1.2 लाख मृत्युएँ निश्क्रिय धूम्रपान से ही होती हैं।** यहाँ एक और जानकारी देना उचित होगा- वह यह कि निश्क्रिय धूम्रपान केवल सिगरेट पीने से ही नहीं होता है। यह अन्य सभी प्रकार की धूम्रपायी तम्बाकूओं के पीने से भी समान रूप से होता है, फिर चाहे वह बीड़ी हो या हुक्का, चिलम, सिगार, चुरुट, सुट्टा, इत्यादि।

वैश्विक स्तर पर यह जाना गया है कि निश्क्रिय धूम्रपान की समस्या निचले- और मध्यम- आय वर्ग के देशों में उच्च आय वर्ग के देशों से कहीं अधिक है। उदाहरण के तौर पर, इंडोनेशिया व पाकिस्तान के रेस्टोरेंटों में निश्क्रिय धूम्रपान की दर 80% तक है। अधिकाँश धनाढ्य देशों में निश्क्रिय धूम्रपान की दर 10% से भी कम है। निश्क्रिय धूम्रपान से अधिकांशतः गरीब और महिलायें ही अधिक संख्या में पीड़ित होती है। वर्ष 2016 में, महिलाओं में पुरुषों की तुलना में, निश्क्रिय धूम्रपान मात्र से 262,000 मृत्युएँ अधिक हुईं (महिलाओं में 573,000 और पुरुषों में 311,000)। इसी तरह, चीन में वर्ष 2013 में फेंफड़े के केन्सर से 40,000 महिलाओं की मृत्यु हुई जबकि पुरुषों में केवल 12,000 (याने 28,000 अधिक)।

आइये, अब यह भी जान लें कि वर्तमान में **भारत में घर-बाहर**

निश्क्रिय धूम्रपान की क्या स्थिति है। इस हेतु हमें भारत के लिए व्यस्क भारतीयों में दो चक्रों में हुए एक राष्ट्रीय सर्वेक्षण (ग्लोबल एडल्ट टोबेको सर्वे- गेट्स 1 और 2) के तुलनात्मक आँकड़ों का सहारा लेना पड़ेगा। सात वर्षों के अन्तराल (2008-09 के पश्चात् 2016-17) से हुए इन दो सर्वेक्षण-चक्रों से यह पता लगा कि समूचे देश में **घरों में** जनमानस और गैर-धूम्रपायियों द्वारा होने वाले निश्क्रिय धूम्रपान की दर में 13% की कमी देखी गयी। फिर भी, दोनों ही वर्गों में देश-प्रदेश में 30% से अधिक जनमानस और विशेषकर गैर-धूम्रपायियों का घरों में निश्क्रिय धूम्रपान से पीड़ित होना चिंता का ही विषय है।

परन्तु, इससे भी **अधिक चिंता का विषय है कार्यस्थलों पर होने वाले निश्क्रिय धूम्रपान की बढती दरें।** यह दु:खद ही है कि उन सात वर्षों के लम्बे अंतराल में, राष्ट्रीय स्तर पर, न तो जनमानस द्वारा कार्यस्थलों पर होने वाले निश्क्रिय धूम्रपान में कोई कमी नहीं हो सकी और ना ही गैर-धूम्रपायियों द्वारा इससे पीड़ित होने की दर में कोई कमी दिखी। अर्थात, भारतीय कार्यस्थलों की प्रशासनिक ईकाइयाँ, ना केवल इस जनस्वास्थ्य की समस्या के प्रति सर्वथा असंवेदनशील हैं, कोटपा के प्रवर्तन को भी, मात्र दिखावे के रूप में, एक रस्म की तरह लागू करती हैं। प्रादेशिक स्तर पर, उदाहरणार्थ राजस्थान में, यह कमियाँ क्रमश: 9% और 7% तो रही (राष्ट्रीय स्तर से काफ़ी अधिक नीचे), परन्तु अब भी प्रदेश के 25% कर्मचारी निश्क्रिय धूम्रपान से पीड़ित हैं!

दूसरे के धूम्रपान से उत्पन्न धुएँ को सूंघना हानिकारक होता है, इसका सर्वप्रथम पता लगा सन् 1981 में रिपोर्ट हुए एक जापानी अध्ययन से। इसमें धूम्रपायियों की गैर-धूम्रपायी पत्नियों में फेंफड़े की केन्सर की दर गैर-धूम्रपयियों की गैर-धूम्रपायी पत्नियों में उत्पन्न फेंफड़े की केन्सर की दर से 20% से 30% अधिक थी (अर्थात 1.3 गुणा)।

क्यों और कितना हानिकारक है दूसरे के धूम्रपान का धुआँ यह जानने के पहले यह जानना आवश्यक है कि इसका कौन सा भाग अधिक हानिकारक हैं और क्यों? धूम्रपान से दो प्रकार का धुआं

उत्पन्न होता है- **मेन स्ट्रीम स्मोक** जो कि धूम्रपायी के मुँह और नाक से निकलता है; और, **साइड स्ट्रीम स्मोक** जो कि सिगरेट, बीडी अथवा अन्य धूम्रपान हेतु काम में लाये गए उपकरणों-हुक्का, चिलम, इत्यादि, के जलते भाग से निकलता है। इनमें से, पहले प्रकार का धुआँ अपेक्षाकृत कम हानिकारक होता है क्योंकि धूम्रपायी के फेंफड़े धूएँ में उपस्थित हानिकारक तत्वों को कुछ मात्रा में सोख ही लेते हैं। इसके अतिरिक्त, डब्ल्यू. एच.ओ. ने **साइड स्ट्रीम स्मोक में 69 केन्सरकारकों की उपस्थिति** रिपोर्ट करते हुए **इसे ए प्रकार के केन्सरकारकों में वर्गीकृत किया है।**

आइये अब जान लें इसके शारीरिक हानिकारक प्रभावों को भी:

1. **नवजात शिशुओं में-** सडन इन्फेंट डेथ सिंड्रोम (निश्किय धूम्रपान से उत्पन्न धुएँ से नवजात की दम घुटने से मृत्यु);

2. **बच्चों में-** अस्थमा, फेंफड़ों की कार्यक्षमता में कमी, साँस के अवरोध के लक्षण- खाँसी और साँस लेने में कठिनाई, साँस के रास्ते के निचले भाग में संक्रमण (उदाहरणार्थ, न्यूमोनिया); व, कान के तीव्र- (एक्यूट) और दीर्घावधि के- (क्रोनिक) संक्रमण;

3. **वयस्कों में जिनके होने के निश्चित प्रमाण हैं-**दिल का दौरा (हार्ट अटैक), फेंफड़े का केन्सर, लकवा (स्ट्रोक), प्रजनन अंग

सम्बन्धी विकार- नवजात शिशु के शारीरिक वजन में कमी, नासिका में जलन, दुर्गन्ध, इत्यादि;

4. **वयस्कों में जिनके होने की संभावना है-** साँस के दीर्घावधि के अवरोधी रोग-अस्थमा, सी.ओ.पी.डी. इत्यादि, साँस की पीड़ा के तीव्र (खाँसी, साँस का तेजी से चलना, साँस लेते हुए सीटी की-सी ध्वनि और छाती में सिकुड़न का आभास)- और दीर्घावधि- लक्षण, अस्थमा की स्थिति में गिरावट अथवा उसे नियंत्रित नहीं कर पाना, फेंफडों की कार्यक्षमता में कमी।

अतः आवश्यक है कि कोटपा कानून के अंतर्गत धूम्रपान- प्रतिषेध के प्रावधानों को प्रभावी तरीके से लागू करने के लिए (अ) निर्धारित दण्ड को शीघ्रातिशीघ्र वर्तमान के मानकों से दस गुना अधिक कड़ा कर दिया जाये; (ब) प्रतिषेध का पुन: उल्लंघन करने पर छ: माह जेल भेजा जाये; और, (स) अब तक लापरवाह व निश्क्रिय प्रवर्तन एजेंसियों के लिए भी सामयिक कार्यवाही नहीं कर पाने पर कठोरतम सजा के प्रावधान निर्मित किये जायें। तब ही हम बचा पायेंगे निरीह गैर-धूम्रपायी जनमानस को, विशेषकर महिलाओं और निचले सामाजिक-आर्थिक वर्ग के जनमानस को। एक सुदृढ़ राजनैतिक इच्छाशक्ति ही अपरोक्ष नेता-इंडस्ट्री सांठ-गाँठ को तोड़ कर ऐसा कर सकती है।

धूम्रपान नियंत्रण के कागजी शेर

विगत कुछ वर्षों में धूम्रपान नियंत्रण में सुधार हेतु कुछ घोषणाएँ हुईं व कुछ सरकारी आदेश भी तुरत-फुरत में दे दिए गए- मीडिया को भी बताया गया ताकि नेता-अफसरों की मान-प्रतिष्ठा में और भी बढ़ोतरी हो सके। ऐसा जब किसी एक प्रदेश में कभी तत्परता से हुआ तो स्वाभाविक रूप से अन्य प्रदेशों में इनकी पुनरावृति भी हुई है- कहीं पूरी-पूरी, तो कहीं आधी अधूरी।

आइये देखें क्या कुछ स्थिति है धूम्रपान और इसके नियंत्रण से जुड़े पहलूओं की, मोटे-मोटे तौर पर, कोटपा (सिगरेट व अन्य तम्बाकू उत्पाद अधिनियम, 2003) के अन्तर्गत:

1. एकल (सिंगल) सिगरेट सर्वत्र बिक रही है, पूरे देशभर में, जबकि यह कोटपा नियम 7 का सीधा-सीधा उल्लंघन है क्योंकि इस पर नियमानुसार सचित्र चेतावनी अनुपस्थित है;

2. कुछ अफसर अपने कमरों में धूम्रपान जारी रखे हुए हैं तो कई प्रतिष्ठित संस्थान, कॉर्पोरेट या कार्य-स्थल धूम्रपान हेतु परिभाषित/चिन्हित स्थान की अपने परिसरों में उपस्थिति को अपने कर्मचारियों हेतु अपनी ओर-से-दी-गयी सेवा-सुविधा मानते हैं जबकि हवाई-अड्डों और 30 से अधिक क्षमता वाले होटलों- और रेस्टोरेंटों- के सिवाय कहीं भी धूम्रपान हेतु व्यवस्था कोटपा नियम 4 का उल्लंघन है- ऐसा प्रतिषेधित किया जाना अनिवार्य है;

3. तम्बाकू (धूम्रपायी) पदार्थों तक अल्पव्यस्कों की पहुँच आसान है और कई शिक्षण संस्थाओं की 100 गज की परिधि में इन्हें बेचा भी जा रहा है, जब कि प्रमाणित तम्बाकू-मुक्त संस्थाओं के निकट ऐसा किया जाना कोटपा नियम 6 के दोनों भागों का सीधा-सीधा उल्लंघन है; इस स्थिति को आज भी भारत के हर गाँव-कस्बे-शहर में व्यापक रूप से देखा जा सकता है;

4. अपरोक्ष विज्ञापनों की भरमार और बिना सचित्र चेतावनी के बिकते तम्बाकू पदार्थ कोटपा के नियमों 5 और 7 के स्पष्ट उल्लंघन हैं, परन्तु ये जारी हैं, बिना किसी कार्यवाही के।

तम्बाकू (धूम्रपान) नियंत्रण की उपरोक्त कमियाँ निश्चित ही कोटपा प्रवर्तन की एक सतत, ईमानदार कार्यवाही की कमी के फलस्वरूप ही हैं क्योंकि जिन्हें इस हेतु वर्गीकृत, अधिकृत और प्रशिक्षित भी किया गया है, इनकी कोटपा अधिनियम के अन्तर्गत ही कोई जवाबदारी परिभाषित नहीं करी गयी। एक मायने में यह ही हमारे देश-प्रदेश की सभी व्यवस्थाओं की सबसे बड़ी कमी है।

तो, पिछले सात वर्षों के अंतराल में- गेट्स-1 से गेट्स-2 के बीच क्या रही धूम्रपान नियंत्रण की उपलब्धियों की विसंगतियाँ और उनके समाधान:

1) धूम्रपायियों का कुल प्रतिशत 1.8 घटा है (9% से 7.2%) जिसमें अगर उनको भी जोड़ दें जो गैर-धूम्रपायी (तम्बाकू चबाते) भी हैं (5% से 3.6%) तो कुल कमी 3.4% हो गयी है। इसको कुल संख्या के रूप में देखें तो 1 करोड़ 17 लाख धूम्रपायी कम हो गए (11.12 करोड़ से 9.95 करोड़)। परन्तु, शहरी धूम्रपायियों की संख्या में 5 लाख की बढ़ोतरी देखी गयी है। **खुली सिगरेट की बिक्री पर प्रभावी रोक को इसका एक महत्वपूर्ण उपाय माना जा सकता है;**

2) देश में अब भी 13.45 करोड़ व्यस्क जीवन में कभी-ना-कभी धूम्रपान कर चुके हैं जो कि गेट्स-1 की तुलना में तो 53 लाख कम है, परन्तु यह आंकड़ा देश में 10 में से एक का धूम्रपायी होना भी बताता है। **जिस देश में प्रतिवर्ष 12 लाख मृत्यु धूम्रपान से हो जाती हों, वहाँ इसमें शीघ्रता से अत्यधिक प्रभावी कमी की आवश्यकता है;**

3) धूम्रपान की उत्तर-पूर्व के 5 राज्यों में ऊँची दरें (मिज़ोरम, मेघालय, त्रिपुरा, अरुणाचल प्रदेश और मणिपुर) चिंता का कारण हैं। देश के जनसंख्या-बहुल यू.पी. और पश्चिमी बंगाल के धूम्रपायियों को एक साथ जोड़ लें तो इन दोनों प्रदेशों में भारत

के 35% धूम्रपायी हैं। इन प्रदेशों हेतु वर्ष 2030 तक 30% धूम्रपायी कम करने के वैश्विक-लक्ष्य का पुन:निर्धारण कर इसे कम-से-कम 50% कर अपेक्षाकृत कम समय-सीमा में (वर्ष 2025 तक ही) पूरा कर लेना चाहिये। **आखिर, हम किसका भला चाहते हैं**-पीड़ित-रोगी धूम्रपायियों का अथवा धूम्रपान को बढ़ावा देती सिगरेट-बीड़ी की कंपनियों का!

4) यूँ तो कुल धूम्रपायियों में बीड़ी पीने वालों की संख्या और सिगरेट पीने वालों से अनुपात गेट्स-1 में अधिक (1.61:1) ही थे, परन्तु गेट्स-2 में कुल संख्या की कमी के पश्चात भी अनुपात (1.9:1) में बढ़ोतरी यह सुझाती है कि **बीड़ी के धूम्रपायियों पर एक विशेष क्रियान्वयन** (इनकी कुल संख्या में कमी के साथ इसे छोड़ने वालों की संख्या में बढ़ोतरी- विशेषकर अनपढ़, गरीब और ग्रामीण वर्ग में) के साथ, बीड़ी उद्योग के सरकारी प्रोत्साहन और इसके अनौपचारिक घरेलू उत्पादन को पूरी तरह से व शीघ्रातिशीघ्र समाप्त कर दिया जाये;

5) देश कई भागों में जहाँ धूम्रपान (विशेषकर बीड़ी और हुक्का) एक आथित्य-सत्कार की स्थापित परम्परा है, इस हेतु **सामाजिक दृष्टिकोण में भी परिवर्तन लाने की आवश्यकता है।** धूम्रपान के इस पहलू पर स्वास्थ्य-मंत्रालय और प्रादेशिक विभाग को तो काम करना ही चाहिये, परन्तु समाज कल्याण- और पंचायती-राज विभागों को भी इसमें जोड़ना अत्यन्त सामयिक और लाभकारी होगा;

6) जहाँ घरों में **निष्क्रिय धूम्रपान** घटा है, कार्यस्थलों पर इसमें आंशिक बढ़ोतरी न केवल प्रशासकों-प्रबंधकों की अपने कर्मचारियों के स्वास्थ्य- और परिणामवश हो रहे रोगों से जुड़े उत्पादन की कमी के प्रति लापरवाही इंगित करता है अपितु उनके ऊपर होते खर्चों की भरपाई से भी अनजान ही दिखता है। जहाँ

इन प्रशासकों-प्रबंधकों को स्वयं ही प्रवर्तन की कार्यवाही का अधिकार है, यदि वे इसे स्थानीय निरन्तरता- और नियमितता-से सहभागिता ही कर कार्यान्वित कर लें तब ही कार्यस्थलों पर निष्क्रिय धूम्रपान की दरों में कमी लायी जा सकती है। इस हेतु उपलब्ध विभागीय निगरानी और मूल्यांकन की नीति को निरन्तरता व तेजी से लागू किया जाना उचित होगा;

7) **धूम्रपायियों को रोगी वर्गीकृत करने हेतु** (अ) सामाजिक और चिकित्सकीय- धारणाओं को स्थापित करना, (ब) उनके द्वारा इसे छोड़ने हेतु प्रोत्साहन की विधियों का कार्यान्वयन, (स) इस पर हुए खर्च की समूची भरपाई (प्रतिपूर्ति) या इंश्योरेंस अथवा इसकी नि:शुल्क और सर्वत्र उपलब्धता का तो विशिष्ट महत्व ही है, चिकित्सा-व्यवस्था में इसको सम्पूर्णता से लागू कर पाने हेतु चिकित्सा-तंत्र की चुनौतियों और अवरोधों से भी निपटने की आवश्यकता के महत्व को इतनी बार दोहराया जा चुका है कि अब इसको सम्पन्न न करा पाने की स्थिति में दण्डात्मक कार्यवाही के प्रावधान भी शीघ्रातिशीघ्र सुनिश्चित कर लिए जाने चाहिए; और,

8) एक अंतिम किन्तु अति महत्वपूर्ण कदम होगा, **बीड़ी- उत्पादन पर** सभी रियायतों को एक साथ समाप्त कर **सिगरेट के समतुल्य टैक्स लगाया जाना।** इसका खुदरा दाम सिगरेट के समतुल्य करना ही होगा। गाँव-गरीबी-बीड़ी के समीकरण को समूल नष्ट किये जाने से ही इसके अनजान-अनपढ़ उपभोगियों को अवांछित हानि से बचाया जा सकता है।

अंत में, उचित, सामयिक व कड़ाई से लागू किया कार्यान्वयन ही सफलतम कुंजी होगी-भारत में धूम्रपान की दर कम कर पाने की; और, इससे उत्पन्न रोगों और मृत्युओं में कमी ला सकने की।

बीड़ी पर टैक्स– जी.एस.टी. काउन्सिल दुविधा में

इस वर्ष (2017) के विश्व तम्बाकू निषेध दिवस के थीम (तम्बाकू : विकास के लिए एक खतरा) को दुनिया ने तो खासा समर्थन दिया ही, भारत ने भी ऐसा ही किया। परन्तु, क्या हम उस थीम की भावना को अपना पायेंगे? यह सोच इसलिए हो रहा है क्योंकि "एक राष्ट्र, एक टैक्स" पर कार्यरत जी.एस.टी. काउन्सिल अभी तक भी इस दुविधा में है कि बीड़ी पर टैक्स की दर क्या हो– क्या इसे सिगरेट और चबाने वाली तम्बाकू के समान सबसे ऊँची श्रेणी– 28% में रखा जाये? क्यों अब तक यह काउन्सिल एक टोबेको टैक्स हेतु निर्णय नहीं कर पाई है ?

एक ओर है यह सोच कि गाँव, गरीब, निचले सामाजिक वर्ग के हितों को सर्वोपरि मान, इसे जी.एस.टी. की निचली श्रेणियों में कहीं डाल दिया जाये। परन्तु, **सभी राजनैतिक पार्टियों और बीड़ी व्यवसाय से जुड़े नेताओं के हितानुसार इसके मूल भाव को समझें**– बीड़ी को महँगा कर देने से हमारे वोट कट सकते हैं! या फिर, इसके पीछे तम्बाकू (बीड़ी) उध्योग के मालिकों का दबाव हो सकता है, जो कि राष्ट्रीय सरकारों पर तम्बाकू नियंत्रण के प्रभाव को कमजोर करने हेतु इस तरह के दबाव बनाने के लिए वैश्विक स्तर पर कुख्यात हैं।

दूसरी ओर जी.एस.टी. काउन्सिल पर दबाव है, तम्बाकू नियंत्रण में कार्यरत समूहों–, स्वास्थ्य सम्बन्धी आर्थिक मामलों से जुड़े अंतर्राष्ट्रीय विशेषज्ञों– और बीड़ी व्यवसाय में कार्यरत श्रमिक (शोषित मजदूर वर्ग)– का जो यह निरंतर मांग कर रहें कि सब प्रकार की तम्बाकूओं पर टैक्स भी एक समान ही हो (OneTobaccoTax)। आइये, समझें इन समर्थनकर्ताओं की विचारधाराओं को, थोडा विस्तार से:

(अ)   **तम्बाकू नियंत्रणकर्ताओं/समूहों का सोच इन तथ्यों पर आधारित है कि:**

(1)   जब तम्बाकू पदार्थों पर टैक्स 10% बढ़ाया जाता है तो विकासशील राष्ट्रों में उनके उपभोग की दर में 8% की कमी हो जाती है (विश्व बैंक, 1990 के अध्ययन से उद्धृत) ; और,

(2)   जब समूचे देश के कुल धूम्रपायियों में से, सिगरेट की अपेक्षा बीड़ी पीने वालों का अनुपात 1:1.61 है। अत: यदि बीड़ी को उच्चतम टैक्स स्लैब से दूर रखा गया तो अपेक्षाकृत बड़ा धूम्रपायी वर्ग तम्बाकू नियंत्रण हेतु उठाये जाने वाले (टैक्स वृद्धि के) इस कदम से अनछुआ ही रह जाएगा।

बीड़ी पर अब तक टैक्स दर निर्धारित ना कर पाने की जी.एस.टी. काउन्सिल की विवशता, उन राज्यों का दबाव भी हो सकता है (बंगाल, आंध्र प्रदेश, कर्नाटक, महाराष्ट्र, गुजरात, इत्यादि) जो कि बीड़ी पर ऊँची टैक्स दर का विरोध कर अपने प्रादेशिक बीड़ी व्यवसायिओं को बचाना चाह रहे हैं। अन्यथा, बीड़ी के महँगे होने पर इन व्यवसायियों का धंधा मंदा होने से पार्टी फण्ड अथवा व्यक्तिगत आर्थिक सहायता को तो हानि होगी ही, वोट बैंक भी प्रतिकूल रूप से प्रभावित होगा सो अलग।

(ब)   **वैश्विक स्वास्थ्य सम्बन्धी आर्थिक मामलों से जुड़े विशेषज्ञ**– इन्होंने सर्वप्रथम भारत के समूचे बीड़ी उद्योग का व्यापकता से अध्ययन किया। इनके द्वारा टोबेको कण्ट्रोल नामक विख्यात जर्नल द्वारा 2014 में भारत में इस व्यवसाय पर एक अनुसंधानिक लेख प्रकाशित हुआ। वर्ष 2005–06 में भारत के 35 राज्यों और 1 केंद्र शासित प्रदेश में से 17 राज्यों में बीड़ी व्यवसाय होता है। इनमें से 10 प्रदेशों में 95% तक इसे प्रमुखता से किया जाता है। 34 लाख पूर्णकालिक कर्मचारियों के साथ 7 लाख अल्पकालिक (पार्टटाइम) कर्मचारियों वाले इस व्यवसाय का देश के समूचे विक्रय और आर्थिक उत्पादन में इसका योगदान क्रमश: मात्र 0.5% और 0.6% ही रहा। इस आधार पर निम्न निष्कर्ष निकाले गए:

1)   बीड़ी पर ऊँचे टैक्स लगाने से और इस व्यवसाय को विनियमित (रेगुलेट) करने से अर्थव्यवस्था को कोई हानि नहीं होगी ; और,

2)   ना ही छोटे बीड़ी श्रमिकों में जन स्तर पर बेरोजगारी अथवा आर्थिक कठिनाइयाँ व्यापकता से उत्पन्न होंगी।

साथ ही, बीड़ी उद्योग इनको नुकसान भरपाई हेतु समूचे राष्ट्रीय उत्पादन सेक्टर (विनियमित और अविनियमित) का मात्र 0.09% ही उपलब्ध कराता है। अतः इस रिपोर्ट का सारांश यह रहा कि एक बीड़ी श्रमिक के वार्षिक आर्थिक उत्पादन (143 अमरीकी डालर अर्थात रु. 9,152) से कहीं बड़ी अत्यधिक हानि बीड़ी से होने वाली कई हजार वार्षिक मृत्युयों से होती है। अतः इन बीड़ी श्रमिकों को ऊँचे टैक्स से प्राप्त राजस्व के माध्यम से किसी वैकल्पिक व्यवसाय में रोजगार दिलवाना एक लाभकारी निर्णय होगा।

(स)   **बीड़ी श्रमिकों का प्रधानमंत्री से आग्रह-** अभी हाल ही में यू.पी., बंगाल, तमिलनाडू और बिहार के बीड़ी श्रमिकों ने, ग्रामीण पुनर्निर्माण संस्थान के माध्यम से, प्रधान मंत्री मोदी को एक पत्र लिख बीड़ी को जी.एस.टी. के सबसे ऊँचे टैक्स स्लैब- 28% में सम्मिलित करने हेतु एक पत्र लिखा है। उन्होंने ऐसा इसलिए किया क्योंकि अब तक बीड़ी इकाइयों के मालिक, इन्हें प्रायः एक ढाल बना बीड़ी उध्योग को विनियमित करने और ऊँचे टैक्स लगाने देने से सरकार को रोक उन्हें शोषित करते रहे हैं। अधिकांश बीड़ी श्रमिकों को, जिनमें अधिकतर महिलाएँ और बच्चे हैं, उन्हें बिचोलिये ठेकेदार व/अथवा बीड़ी फैक्ट्री मालिक शोषित ही नहीं करते, उन्हें सरकार निर्धारित श्रमिकों हेतु लाभकारी कार्यक्रमों/संस्थाओं (ई.पी.एफ., ई.एस.आई., इत्यादि)

में पंजीकृत ना कर उन्हें एक श्रमिक के अधिकारों से- स्वास्थ्य सेवा व अन्य लाभों से भी, वंचित रखते हैं। साथ ही, उन्हें तम्बाकू के दुष्प्रभावों के अलावा कुपोषण, टी,बी. इत्यादि से रोगी हो मात्र 3-4 वर्ष बाद मजबूरन अन्य व्यवसाय खोजना ही होता है, अतः यह अधिक उचित होगा कि उन्हें प्रधानमंत्री जी स्किल इंडिया की योजनाओं में सम्मिलित करा वैकल्पिक व्यवसाय प्रदान करा बीड़ी व्यवसाय से मुक्त करायें।

अंत में, यह निष्कर्ष देना सर्वोचित होगा कि जी.एस.टी. काउन्सिल विवेकपूर्ण निर्णय कर बीड़ी पर भी अन्य सभी तम्बाकू पदार्थों की भांति उच्चतम टैक्स स्लैब के अंतर्गत 28% टैक्स लगाये। तब ही मिल पायेगी बीड़ी के धूम्रपान से एक लम्बे समय से अपेक्षित महत्वपूर्ण राहत! ऐसा कर काउन्सिल सदस्य निश्चित ही ग्रामीण गरीबों, अशिक्षितों और समाज के निचले वर्गों का अत्यधिक भला करेंगे- उन्हें बीड़ी से बचा, उन्नति, समृद्धि और शिक्षित होने की राह पर ले जाने में अपना महत्वपूर्ण योगदान प्रदान करेंगे। यह ही अपेक्षा भी है, और आशा भी।

नोट- पाठक जान लें कि जी.एस.टी काउसिंल ने अंतत बीड़ी पर भी उच्चतम टैक्स स्लैब के अन्तर्गत 28% टैक्स लगा दिया था। किन्तु, जी.एस.टी. की वर्तमान व्यवस्था में व्यापक व दूरगामी जनहित व जनस्वास्थ्य के संदर्भ में यह अनुशंसित करना सामयिक होगा कि **बीड़ी पर भी सिगरेट व चबाने वाली तम्बाकू के समतुल्य ''सेस (उपकर)'' लगा दिया जाये,** बजाये राजनैतिक लाभ को सोच इस बदलाव को रोके रखना।

चबाने वाली तम्बाकू ने बढ़ायी वैश्विक चिन्ता

जीवन में संतुलन की आवश्यकता से हम ना भी चाहें तो भी सामना करना ही पड़ता है क्योंकि जहाँ किसी भी इसके किसी भी पक्ष की ओर अधिक झुकाव हुआ वहीं से दूसरे पक्ष की गुहार, पीड़ाएँ, याचना, इत्यादि, जैसी मांगें अनचाहे ही सही, आपका ध्यान अपनी ओर आकर्षित करने लगती हैं। ऐसा ही कुछ परिदृश्य तम्बाकू नियंत्रण में दिखाई देने लगा है। पिछले कई दशकों की तम्बाकू नियंत्रण की वैश्विक मुहीम अधिकांशतः धूम्रपान पर ही केन्द्रित रही। यहाँ तक कि वैश्विक तम्बाकू नियंत्रण संधि- फ्रेमवर्क कन्वेंशन ऑन टोबैको कण्ट्रोल (एफ.सी.टी.सी.) की शुरुआत में तो यह स्वाभाविक लगता था। परन्तु, अब जब इस संधि से विश्व के 180 देश जुड़ चुके हैं, इसके सिद्धान्तों-अनुशंसाओं को लागू कर पाने पर जारी वर्ष 2014 की वैश्विक प्रगति में भी गैर-धूम्रपायी तम्बाकू की व्यापकता और नियंत्रण हेतु किये गए प्रयासों की जानकारी सीमित ही थी। और, यह भी तब जब कि यह सभी सदस्य-देश अपने यहाँ युवाओं और वयस्कों में हो रहे गैर-धूम्रपायी तम्बाकू सहित इसके समूचे उपभोग की राष्ट्रीय और अंतर्राष्ट्रीय तुलना हेतु अनुशंसित प्रमाणित प्रोटोकॉलों के आधार पर निगरानी रिपोर्ट देने हेतु प्रतिबद्ध हैं।

यह अचंभित यों भी करता है क्योंकि हाल ही में प्रकाशित एक मेटा-एनालिसिस से प्राप्त आँकड़े यह बताते हैं कि वर्ष 2015 तक दुनिया के 133 देशों में 6,52,494 लोग गैर-धूम्रपायी तम्बाकू के उपभोग से मर चुके हैं। क्योंकि इससे होती स्वास्थ्य- और आर्थिक-हानि चिंता का विषय है, मात्र एक वर्ष में इनकी 15.37% बढ़ोतरी (वर्ष 2014 में 70 देशों में 30.5 करोड़ उपभोगियों से बढ़ वर्ष 2015 में 121 देशों में 35.6 करोड़) एक गहन सोच का सोच का विषय होना चाहिए।

पाठकों के लिए यह भी जानकारी उपयोगी हो कि यदि विश्व के देशों को दो वर्गों में विभाजित कर दिया जाये तो वर्ग 1 (क्लास 1)- निम्न- और निचले-मध्यम- आय वर्ग के देशों में वर्ग 2 (क्लास 2)- ऊपरी-मध्यम और उच्च- आय वर्ग के देशों की तुलना में लगभग 10 में से 1 पुरुष और 20 में से एक महिला तम्बाकू चबाती है। और, हालाँकि दोनों ही वर्ग के देशों में पुरुषों द्वारा इसके उपभोग की संख्या महिलाओं की अपेक्षा अधिक है, अनुपातिक तौर पर वर्ग 1 के देशों में महिलाओं का प्रतिशत पुरुषों की अपेक्षा 5.5% अधिक था (महिला उपभोगी 94.3% व पुरुष उपभोगी 88.5%)। साथ ही, यह भी कि 35.6 करोड़ उपभोगियों में से 91% वर्ग 1 वाले देशों से ही हैं और इनमें से 80% गैर-धूम्रपायी दक्षिण-पूर्वी एशिया से ही हैं। अतः इस वैश्विक समस्या को अब तक एक क्षेत्रीय जनस्वास्थ्य समस्या ही माना जाता रहा है। परन्तु, ऐसा इसलिए भी हुआ क्योंकि वैश्विक स्तर पर अब तक इन उपभोगियों से जुड़े जनसांख्यिकीय कारकों- (अ) उपभोगियों के लिंग, (ब) रहने का स्थान और (स) परिवारों व देशों के आर्थिक स्तर का वैश्विक स्तर पर मूल्यांकन ही नहीं हुआ था।

सिन्हा, गुप्ता व अन्य अनुसंधानकर्ताओं के हाल ही में प्रकाशित एक अध्ययन से उपरोक्त जानकारियों के अतिरिक्त यह भी ज्ञात हुआ है कि:

(1) **दुनिया के 81.6% गैर-धूम्रपायी तम्बाकू उपभोगी दक्षिण-पूर्वी एशिया क्षेत्र में रहते हैं** जबकि 4.8% अफ्रीकी क्षेत्र, 4.3% अमेरिकी क्षेत्र, पूर्वी भू-मध्यसागरीय क्षेत्र, 3.3% यूरोपीय क्षेत्र और 2.2% पश्चिमी पेसिफिक क्षेत्र में रहते हैं;

(2) जहाँ विश्व के 88.5% गैर-धूम्रपायी तम्बाकू उपभोगी मात्र 11 देशों में ही बसते हैं, इनमें से भी पहले **4 देश केवल दक्षिण एशिया के हैं**- भारत (23.74 करोड़; 66.6%), बांग्लादेश (3.04 करोड़; 8.5%), म्यांमार (1.24 करोड़; 3.5%), पाकिस्तान (0.97 करोड़; 2.7%); याने दुनिया के 80% से अधिक तम्बाकू चबाने वाले इन चार देशों में बसते हैं (35.4 करोड़ में से 29 करोड़); और,

(3) **दक्षिण-पूर्वी एशिया और अफ्रीकी क्षेत्रों के देशों में गैर-**धूम्रपायी तम्बाकू का उपभोग ग्रामीण इलाकों में 1.2- 8

गुना और **गरीबों में** 1.5- 17 गुना **अधिक होता है।**

तो परिपक्व धूम्रपायी महामारी के देशों जैसे अमेरिका व स्वीडन के समान, वैश्विक-स्तर पर धूम्रपान की दर, गैर-धूम्रपायी तम्बाकू के उपभोग की तुलना में क्यों घट रही है (हालाँकि उन देशों से उपलब्ध तम्बाकूजनित रोगों से इसके कमजोर सम्बन्ध के प्रमाण को वैश्विक-स्तर पर ना तो समान रूप से नहीं देखा जाना चाहिए और ना ही इसे एक हानि को घटाने वाले तरीके के रूप में स्वीकार किया जाना चाहिए):

(1) इसका सबसे महत्वपूर्ण कारण है, सिगरेटों पर कर (टैक्स) की अप्रत्याशित बढ़ोतरी;

(2) दूसरा महत्वपूर्ण कारण है, आयु, शिक्षा, आय, स्वास्थ्य लाभों के प्रति रवैया- समझ और सोच, सामाजिक स्वीकृति, सहभागियों-संबंधियों-सहकर्मियों द्वारा गैर-धूम्रपायी तम्बाकू का बढ़ता उपभोग, इत्यादि जैसे सामाजिक कारक;

(3) तीसरा कारण है, गैर-धूम्रपायी तम्बाकू की आसान उपलब्धिता व लचर नियमन जिसके चलते इसे जब चाहे कहीं भी खाया-पिया जा सकता है;

(4) चौथा कारण है, इन गैर-धूम्रपायी तम्बाकू उत्पादों से जुड़ी तम्बाकू उद्योगों व उत्पादकों की आक्रामक व अति-महत्वाकांक्षी बाजारिकता, सूक्ष्म-भेदी नीतियाँ, छद्म विज्ञापन, ब्रांडिंग इत्यादि; और,

(5) पाँचवा कारण है, तम्बाकू-विरोधी/नियंत्रण में गैर-धूम्रपायी तम्बाकू उपभोग रोकने हेतु प्रावधानों को देरी से लागू किया जाना।

कुछ चुनौतियाँ भी हैं गैर-धूम्रपायी तम्बाकू के नियंत्रण में: (अ) इनके अपेक्षाकृत अधिक उपभोग से राष्ट्रीय व प्रादेशिक सरकारों को वर्ष-दर-वर्ष निरंतर वृद्धि के साथ मिलता राजस्व; (ब) इसके उत्पादन से जुड़े लाखों निर्धन-अशिक्षित परिवारों की जीविका; और, (स) इनके अनुसंधानित-उपयोगी विकल्पों को लागू किये जाने में देरी के साथ-साथ इनके लिए उपयोगी संसाधनों को कम लागत पर उपलब्ध न करा पाना अथवा इस उपलब्धिता में निरंतरता का अभाव।

उपरोक्त वर्णित कारकों और चुनौतियों में ही छुपें है **गैर-धूम्रपायी तम्बाकू को प्रभावी रूप से नियंत्रित करने के समाधान भी।** ऐसा जितना अधिक शीघ्रता से हो सके उतना ही लाभान्वित हो सकेगा समूचा विश्व और, विशेषकर रूप से, भारत जैसे इसके उपभोग की बहुलता वाले एशिया के दक्षिण-पूर्वी देश। इसके साथ आवश्यकतायें है :

(1) बिना ढील-ढाल के राजनैतिक इच्छा-शक्ति में मूल्यांकित बढ़ोतरी की बजाये तम्बाकू उद्योग से सांठ-गाँठ कर उसे लाभान्वित करते रहने की;

(2) जनस्वास्थ्य के लाभों को सर्वोपरी मान उन्हें सामयिक व सम्पूर्ण रूप से कार्यान्वयित करने की;

(3) लचर कानूनों में सुधार के साथ उनमें मजबूती देने की;

(4) व्यापक जनजागरण की सरकार द्वारा संचालित मीडिया नीतियों की; और,

(5) कड़ाई से किया गया प्रवर्तन- अधिकतम रूप से दण्डित किये जा सकने के प्रावधानों के साथ। तब ही निपटा जा सकेगा इस वैश्विक महामारी से।

भारत में गैर-धूम्रपायी 'चबाने वाली' तम्बाकूओं का लेखा-जोखा

आमतौर पर तम्बाकूओं को दो वर्गों में विभक्त किया जाता है- (1) धूम्रपायी (सिगरेट, बीड़ी, हुक्का, चिलम, सिगार, इत्यादि); और, (2) गैर-धूम्रपायी (खैनी, मिश्री, ज़र्दा, गुटका, तम्बाकू-युक्त पान व दंतमंजन, तैबुर, इत्यादि)। इस लेख का लक्ष्य, पाठकों को भारत में पिछले एक वर्ष में गैर-धूम्रपायी तम्बाकू (मुख्यतः चबाने वाली तम्बाकूओं) के क्षेत्र में प्राप्त हुई नई जानकारियों से अवगत कराना है क्योंकि: (1) भारत व समूचे दक्षिण एशिया के साथ-साथ यह एक वैश्विक समस्या का रूप लेती जा रही है; (2) भारत में अभी भी इनके उपभोग को एक सामाजिक स्वीकृति मिली हुई है (बजाये रोग माने जाने के); और, (3) इनके व्यापक और प्रभावी नियंत्रण हेतु अब तक भी समुचित कदम उठाये जाने शेष हैं।

भारत के दूसरे वैश्विक व्यस्क तम्बाकू-उपभोगी सर्वेक्षण (गेट्स-2, वर्ष 2016–17) के अनुसार वर्तमान में **भारत में** 28.4% (26.7 करोड़) व्यस्क तम्बाकू उपभोगी हैं। इनमें से **दो-तिहाई तम्बाकू उपभोगी गैर-धूम्रपायी तम्बाकू का उपभोग करते है** (21.4% बनाम धूम्रपायी- 10.7% याने 19.94 करोड़)! सात वर्ष पहले किये गए गेट्स-1 की तुलना में इस दर में 4.5% की कमी देखी गयी- यह महिलाओं में पुरुषों की अपेक्षा 2.5% अधिक थी (5.8% बनाम 3.3%)। इनमें से सभी व्यस्क भारतीयों में से 18.2% प्रतिदिन उपभोग वाले हैं (17 करोड़) तो 3.1% ऐसा यदा-कदा ही करते हैं (3 करोड़)। स्ट्रोक, डायबिटीज, अस्थमा, टी.बी., जैसे घातक रोगों के अतिरिक्त मोतियाबिंद व पुरुषों में वीर्य-विकार के अलावा प्रतिवर्ष इसके उपभोग से भारत में 2 लाख उपभोगी मर जाते हैं, मुख्यत: मुँह-गले व खाने की नली के केन्सरों, उच्च-रक्तचाप के अतिरिक्त इसके शराब के साथ किये गए उपभोग से। सकारात्मक तौर से देखें तो वर्तमान में हमारे देश में 15 वर्ष से बड़े 73.31 करोड़ भारतीय इसका उपभोग नहीं करते हैं जबकि 71.46 करोड़ भारतीय वे हैं जिन्होंने कभी भी इसका उपभोग नहीं किया है।

देश के सभी प्रदेशों और केंद्र-शासित इकाइयों में 50% से अधिक गैर-तम्बाकू उपभोगी इसका हर दिन सेवन करते हैं। इसके सबसे कम उपभोगी हिमाचल प्रदेश में है- 3.1% जबकि इनकी सबसे अधिक संख्या त्रिपुरा में हैं- 48.5%। जनसंख्या के आधार पर केवल उत्तर प्रदेश और महाराष्ट्र में ही भारत के एक-तिहाई गैर-धूम्रपायी हैं। और, यदि इनमें अन्य पाँच राज्यों के इन उपभोगियों को भी जोड़ दिया जाये (बिहार, मध्य प्रदेश, ओडिशा, पश्चिमी बंगाल और असम) **तो देश के सभी गैर-धूम्रपायियों का कुल 68% इन सात राज्यों में ही है।**

पुरुषों में गैर-धूम्रपायी तम्बाकू का उपभोग महिलाओं की अपेक्षा लगभग ढाई गुना अधिक है (14.12 करोड़ बनाम 5.2 करोड़; 29.6% बनाम 12.8%)- पुरुषों में सबसे अधिक ओडिशा में हैं (52.1%) तो महिलाओं में सबसे अधिक त्रिपुरा में (56.5%)। भारत के सभी राज्यों में कुल तम्बाकू उपभोग और धूम्रपान की दर महिलाओं की अपेक्षा पुरुषों में ही अधिक है। परन्तु, गैर-धूम्रपायी तम्बाकू के प्रकरण में ऐसा नहीं है क्योंकि तीन राज्य ऐसे भी हैं, जहाँ महिलाओं में धूम्रपान की दरें, गैर-धूम्रपायी तम्बाकू उपभोग की दरों से कम है-मेघालय, मिजोरम और त्रिपुरा; मेघालय और मिजोरम में तो यह अनुपात दो गुने से भी अधिक है। छः प्रदेश ऐसे भी हैं जहाँ पिछले आठ वर्षों के अंतराल में इनके उपभोग की दरें बढ़ गयी हैं- पंजाब, उत्तरप्रदेश, त्रिपुरा, असम, गोवा और तमिलनाड; किन्तु, बिहार, सिक्किम और केरल में इनके उपभोग में 40% से भी अधिक कमी आयी। **खैनी और गुटका** सबसे अधिक प्रचलित पदार्थ हैं- सभी गैर-धूम्रपायियों में और पुरुषों में भी, परन्तु महिलाओं में **पान-युक्त तम्बाकू, तम्बाकू दन्त-मंजन और खैनी** के उपभोग का अनुपात पुरुषों के समान ही पाया गया है। एक और विशिष्ट तथ्य यह भी है कि इन चबाने वाली तम्बाकूओं के प्रकारों का प्रचलन प्रदेश-दर-प्रदेश भिन्न-भिन्न है।

शहर-गाँव के आधार पर, शहरों में खैनी-गुटके का उपभोग अधिक होता है (क्रमश: 6.8% और 6.3%) जबकि गाँवों में खैनी

का उपभोग अधिक होता है। हालाँकि गेट्स–1 से गेट्स–2 में शहरों की अपेक्षा गाँवों में इनके उपभोग की दर 2.2% अधिक घटी (4.7% बनाम 2.3%), **गाँवों में शहरों की अपेक्षा गैर–धूम्रपायी तम्बाकू का उपभोग दो गुने से थोड़ा ही कम है** (15.03 करोड़ बनाम 4.9 करोड़; 24.6% बनाम 15.2%)। सभी गैर–तम्बाकू उपभोगियों में से केवल 11.2% का शिक्षा का स्तर माध्यमिक वर्ग से अधिक था याने कि **गैर–धूम्रपायी तम्बाकूओं का उपभोग कम पढ़े–लिखे या अनपढ़ों में अधिक है।** इसी प्रकार इसका अपेक्षाकृत अधिक उपभोग (80%) क्रमश: स्व–रोजगार वालों, सेवा–निवृत वर्ग और सरकारी–गैर–सरकारी कर्मचारियों द्वारा किया जाता है।

इसके उपभोग की औसत आयु अब 18.8 वर्ष हो गयी है। फिर भी, प्राय: 56% में इसका उपभोग 20 वर्ष से कम के आयुवर्ग में ही आरम्भ हो जाता है– **पढ़े–लिखों व महिलाओं में अन्य वर्गों की अपेक्षा आधे–से–दो वर्ष पहले** (18.7– 19.5 में वर्ष बनाम 17.5– 18.4 वर्ष में)!

किन्तु, भारत में वर्तमान में सभी गैर–धूम्रपायी तम्बाकू उपभोगियों में इसे छोड़ने वालों की दर मात्र 1.2% है (28.5 लाख)– इनमें 11 लाख वे हैं जो इसका उपभोग हर दिन करते थे जबकि 7.5 लाख वे हैं जो इसके नियमित उपभोगी नहीं थे। जहाँ वर्तमान में धूम्रपायियों में छोड़ने की दर 16.8% है, वहाँ तम्बाकू चबाने वालों में यह दर मात्र 5.8% है हालाँकि महिलाओं और 65 वर्ष से अधिक आयु के उपभोगियों में यह क्रमश: 7.0% और 10.7% आंकी गयी है।

इतना ही नहीं, उपभोगियों की निष्क्रियता के चलते गेट्स–1 से गेट्स–2 के बीच अगले एक वर्ष में इन्हें छोड़ने वालों की दरों में 7.9 घटी है और अस्पतालों तक पहुँचे 50% से कम उपभोगियों में से भी 40% से भी कम को चिकित्साकर्मियों से इन्हें छोड़ने की राय मिल पाती है। प्रादेशिक स्तर पर मात्र 5 प्रदेशों और 2 केंद्र–शासित इकाइयों में वर्तमान के गैर–धूम्रपायी तम्बाकू उपभोगियों में इसे छोड़ने की दर 10% से अधिक देखी गयी है (राजस्थान, जम्मू–कश्मीर, हिमाचल प्रदेश, उत्तराखंड व केरल के अतिरिक्त देहली और पुदुचेरी)। हालाँकि 10 वर्षों तक इसे छोड़े हुए पुरुषों–महिलाओं व गाँवों–शहरों में सफलता दर 25% जानी गयी, मात्र सेवा–निवृत्तों/बेरोजगारों में ही सफलता दर 39% तक ऊँची होती दिखी।

तो क्या हों इसके समाधान? यह अति आवश्यक है कि नीतिगत रूप से इन पदार्थों की माँगों और आपूर्ति में प्रभावी रूप से कमी लाने हेतु (अ) इनकी कीमतों, (ब) इन पर लगने वाले टैक्स की दरों, (स) नियमन–प्रवर्तन के उपायों, (द) इनको छोड़ पाने हेतु उपचार सुविधाओं और (ध) इनकी उत्पाद–ईकाइयों में कार्यरत लोगों को वैकल्पिक व्यवसायों के मिलने में तत्कालिक रूप से एक प्रभावी बढोतरी हो। साथ ही, इनकी तस्करी और अवयस्कों को होती बिक्री में भी कमी लायी जाये। तब ही हो सकेगा गैर–धूम्रपायी तम्बाकू पर वांछित नियंत्रण और तब ही पायी जा सकेगी इसके उपभोग में अपेक्षित कमी।

तम्बाकू-युक्त दन्त मंजन

कुछ अनकहे सच

आज से बीस वर्ष पूर्व टोबेको कण्ट्रोल जर्नल में छपी रिपोर्ट से यह जानकारी मिली कि **भारत की सर्वोच्च न्यायपालिका ने वर्ष 1997 में** ही भारत सरकार के वर्ष 1992 के उस निर्णय पर अपनी मुहर लगा दी जिसके अंतर्गत **तम्बाकू का दन्त मंजन हेतु उपयोग में लाये जाने वाले पाउडर और पेस्ट को प्रतिषेधित किया गया था।** उस वर्ष सरकार द्वारा लिया गया निर्णय, ड्रग्स एंड कॉस्मेटिक्स अधिनियम 1940 में किये गए संशोधन पर आधारित था।

परन्तु, आप आज भी भारत के कई ग्रामीण क्षेत्रों को दौरा करेंगे तो यह पता लगेगा कि महिलाएँ विशेषकर, आज भी अपने दाँतों में लगे पाइरिया/पायोरिहिया रोग के दर्द से राहत पाने के लिए दिन में कई बार अपने दाँतों पर प्रचलित ब्रांड-रहित लाल मंजन घिसती हैं बजाये किसी दन्त-चिकित्सक तक पहुंच पाने के; और, अंततः दुर्गन्धयुक्त मुँह में उपस्थित अपने सारे टेड़े-मेढे, ढीले होते खून से सने या मटमैले दाँत खो देने तक! इसका प्रमाण एर्नाकुलम, केरल में किये गए एक अध्ययन से भी मिला जहाँ 92% महिलाएँ (3261 में से 3013) और 28% पुरुष (7575 में से 2159) ने यह स्वीकारा कि दाँतों की पीड़ा के कारण ही उन्होंने तम्बाकू की शुरुआत करी। लगभग 38 वर्षों पूर्व अपनी माँ द्वारा इसे उपयोग में लेने से लगा अपनी बत्तीसी बदलवाने हेतु दन्त-चिकित्सक के यहाँ कई बार जाने का एक व्यक्तिगत अनुभव भी रहा है।

तो क्या आज भी हम सचेत हैं इस परिस्थिति के बारे में और इसके निवारण के बारे में!? ऐसा इसलिए दृष्टिगत नहीं हो रहा क्योंकि तम्बाकू नियंत्रण में हमारी बातें अधिकांश समय सिगरेट, बीड़ी और चबाने वाली तम्बाकू तक ही सीमित रहती हैं; दूर की कोड़ी खेलनी होती है तो हम चर्चा करते हैं, हुक्के की; या फिर, (वर्तमान में) इलेक्ट्रॉनिक सिगरेट (ई-सिगरेट) की, जो कि एक नयी कम हानिकारक तकनीकी विधा के रूप में, सिगरेट इंडस्ट्री द्वारा प्रचलित हो, अनचाहे ही, काले घने बादल-स्वरूप मंडरा रही है क्योंकि वैज्ञानिक तौर पर हम अभी भी इसके उपभोग स्वीकृत किये जाने के दावों से असहमत ही हैं।

खैर, विषय-चर्चा को आगे बढ़ाते हुए यह भी जाने के तम्बाकू-युक्त दन्त मंजन पर भारत में हुए एक अध्ययन पर वर्ष 2004 में ब्रिटिश मेडिकल जर्नल में एक रिपोर्ट प्रकाशित हुई- इसके अनुसंधानकर्ताओं, डॉ. धीरेन्द्र सिन्हा, डॉ. प्रकाश गुप्ता और डॉ. मंगेश पेडणेकर द्वारा। इसका आधार था, जी.वाय.टी.एस. (ग्लोबल यूथ टबैको सर्वे)के पहले चक्र से प्रास आँकड़े। इस वैश्विक सर्वेक्षण को भारत के 14 प्रदेशों में 13-से-15 वर्ष के दो-से सवा पाँच हजार-युवाओं में सम्पन्न किया गया था। सर्वेक्षण की प्रश्नावली में इन युवाओं से पिछले 30 दिनों में, चबाने वाली तम्बाकू के अतिरिक्त, तम्बाकू को किसी अन्य प्रकार से लगाने के बारे में पूछा गया था। परिणामवश, तम्बाकू का उपयोग एक दन्त मंजन के रूप में जाना गया।

इस सर्वेक्षण में 80% से अधिक युवाओं की भागीदारिता में लड़कों का अनुपात 50% से 55% था। जहाँ गोवा में तम्बाकू दन्त मंजन का उपभोग सबसे कम (6%)पाया गया, बिहार में इसकी दर सबसे अधिक (68%) जानी गयी। ओडिशा और उत्तरांचल में लड़कों का, लड़कियों के अपेक्षा, अनुपात अधिकतम था। अन्य 9 प्रदेशों में भी, लड़कों में इसका उपयोग अपेक्षाकृत अधिक ही पाया गया। शेष 3 प्रदेशों में तम्बाकू दन्त मंजन का उपयोग लड़कियों में अधिक देखा गया। इन सभी प्रदेशों में इस मंजन का प्रकार मुख्यतः डेन्टल-पेस्ट अथवा पाउडर (**लाल दन्त मंजन**) के रूप में था। अन्य प्रकार थे- **गुल, मिश्री** (चुरा किया, भुना हुआ तम्बाकू), महाराष्ट्र और गोवा में काम में लाया जाने वाली **बज्जर** अथवा **तपकिर** (सुखाया गया तम्बाकू) और बिहार, ओडिशा, उत्तर प्रदेश और उत्तरांचल में काम लायी जाने वाली **गुड़ाख्खू** (गुड़/ खांड युक्त तम्बाकू)। इसके अलावा मणिपुर, मिजोरम, आसाम और त्रिपुरा में तम्बाकू के धुएँ को पानी में घोल, कुल्ले के रूप में काम में लायी जाने वाली **तैबुर** या **हिदाक्फू**। इसी अध्ययन से भी यह भी ज्ञात हुआ है कि इन 14 प्रदेशों में जहाँ टूथपेस्ट करने की दर 2%- 32% थी, टूथ-पाउडर के उपभोग की दर 2%- 49% थी।

सिन्हा, गुप्ता और पेडणेकर ने इसी रिपोर्ट में यह भी बताया कि जब लाल दन्त मंजन के पाँच नमूने लेबोरेटरी में जाँचे गए- जिनके बारे में यह दावा किया गया था कि ये सभी तम्बाकू रहित हैं, इनमें प्रति ग्राम पाउडर में तम्बाकू की मात्रा 9.3- 248 मिलीग्राम पायी गयी।

एक और अध्ययन से मिले प्रमाण भी चिंताजनक हैं जो कि दिल्ली के इंस्टिट्यूट ऑफ़ फार्मास्यूटिकल साइंसेज एंड रिसर्च (डीप्सार) ने वर्ष 2011 में टूथपेस्ट की 24 ब्रांडों में निकोटीन की उपस्थिति जानने के लिए किया गया था। डीप्सार के डॉ. एस. एस. अग्रवाल ने रिपोर्ट किया कि जिन 7 ब्रांडों में निकोटिन पाया गया, वे थी- कोलगेट हर्बल, नीमपेस्ट, नीम तुलसी, हिमालया, आ.रे. थर्मोसील, सेंसोफोर्म और स्टोलिन। कोलगेट हर्बल और नीमपेस्ट में निकोटीन की मात्रा क्रमश: 18 और 10 मिलीग्राम थी जो कि 9 और 5 सिगरेटों से मिले निकोटीन के समतुल्य थी। और, अन्य 10 ब्रांडों में से जिन 6 में भी डॉ. अग्रवाल ने निकोटीन की उपस्थिति होना बताया, वे थी- डाबर रेड, विक्को, मुसाका गुल, पायोकिल, यूनाडेंट और अलका दन्त मंजन। जैसा प्रतिक्रिया स्वरुप अपेक्षित था- इन ब्रांडों के उत्पादकों ने इन जाँच-परिणामों को सिरे से नकार दिया।

इन्हीं डॉ. अग्रवाल ने वर्ष 2012 में जर्नल ऑफ़ टॉक्सिकोलॉजी में प्रकाशित एक अन्य रिपोर्ट में **व्यसनी निकोटीन की उपस्थिति को ही इन तम्बाकू-युक्त दन्त मंजनों के उपभोग का कारण** बताया। इन्होंने सरकारी नियमन-प्रवर्तन की कड़ी और सतत कार्यवाही की अनुशंसा भी की क्योंकि जहाँ रिपोर्ट के अनुसार 41% तम्बाकू उपभोगी महिलाएँ और 8.8% तम्बाकू उपभोगी पुरुष दन्त मंजन के उपभोगी थे, इन दन्त मंजनों की कम्पनियाँ (1) इन उपभोगियों की अज्ञानता व भ्रान्ति और (2) निकोटिन की व्यसनशीलता का लाभ उठा अपने उत्पादों को डेन्टल केयर उत्पाद की तरह बाजार में इनमें तम्बाकू/निकोटीन की उपस्थिति का सच छुपा बेच रही थी।

अंततः इस लेख का उद्देश्य धूम्ररहित तम्बाकू से होने वाली सभी हानियों को ध्यान में रख इन दन्त मंजनों से मुँह- व दाँतों- के रोगों के प्रति पाठकों को पुनः सचेत करना ही था। साथ ही, यह भी बताना कि वर्ष 2003 के **कोटपा कानून** (सिगरेट व अन्य तम्बाकू उत्पाद अधिनियम) **ने यह निर्देशित किया हुआ है कि टूथपेस्ट और टूथ पाउडर में तम्बाकू को नहीं मिलाया जा सकता है।** अतः, सचेत हो बचें तम्बाकू-युक्त दन्त मँजन से।

तम्बाकू और सुपारी– रोक दोनों पर ही हो

इनके मारक, व्यसनी और केन्सर–कारक होने के कारण

वर्तमान में भारत में धूम्ररहित तम्बाकू खाने-पीने वालों की संख्या धूम्रपान करने वालों की अपेक्षा ढाई गुना से अधिक है। भारत का हर पाँचवा व्यक्ति इसका सेवनकर्ता है। यह कई प्रकारों में उपलब्ध है– (1) तम्बाकू-चुरी (मात्र तम्बाकू)- जर्दा, खैनी, मावा, किवाम, पान में तम्बाकू, इत्यादि, (2) तम्बाकू युक्त पान-मसाला, (3) तम्बाकू-युक्त दन्त मंजन- लाल मंजन, गुल, गुढाकू, मिश्री, इत्यादि; और (4) पीने/चुस्की हेतु तुइबुर, हिडाकफु, इत्यादि।

चबाने वाली तम्बाकू से मुँह का केन्सर व अन्य रोग, हृदय के रोग- हृदयाघात, इत्यादि, प्रजनन-सम्बन्धी रोग और मृत्युएँ होती हैं। पान और पान मसाले की पीक थूकने से होने वाले टी.बी. जैसे संक्रामक रोगों की संभावना भी अत्यधिक होती है। प्रतिवर्ष 3 लाख से अधिक तम्बाकू उपभोगी इसके व्यसन से समय-पूर्व अपरिपक्व आयु में ही मर जाते हैं।

सुपारी का चलन, चबाने वाली तम्बाकू से तो जुड़ा हुआ है ही, परन्तु अकेले भी इसके सेवनकर्ताओं की संख्या बहुत बड़ी है। तम्बाकू की अपेक्षा, इसके उपभोगियों में इसकी व्यसनशीलता और इसके केन्सर व मृत्यु- कारक होने की जानकारी अपेक्षाकृत कम ही है जबकि इसके उपभोग को निश्चित ही तम्बाकू चबाने की प्रथम सीढ़ी भी माना जाना अतिशयोक्ति नहीं होगा। इसी तरह, अब तक स्वास्थ्यतंत्र में सुपारी के सेवन के उपचार की बात भी नहीं करी जा रही है जबकि इसकी मुँह के केन्सर अथवा इस रोग की पूर्वावस्था को उत्पन्न करने की क्षमता और इसे छोड़ने ने इनकी दरों में कमी की जानकारी विगत तीन दशकों से भारत में किये अनुसंधानों से ही उपलब्ध है।

वैसे तो प्रतिबन्ध और रोक दोनों ही शब्द नकारात्मक भी हैं, उबाउ और क्रोधित करने वाले भी, क्योंकि कहीं ना कहीं इससे किसी की स्वतंत्रता और अधिकारों, विशेषकर मूल अधिकारों का हनन होता ही है। किन्तु, फिर भी इस जागरूकता के होते उपरोक्त शीर्षक क्या उपयुक्त माना जाये? और, क्या हो इससे होने वाली प्रतिक्रियाओं के

प्रति अपनी स्वयं की संवेदना और समझ, जिससे सभी- नेता, अधिकारी, तम्बाकू-सुपारी खेतिहर, उद्योगकर्मी या विक्रेता, तम्बाकू नियंत्रणकर्ता या जनमानस भी एकमत हों। हालाँकि एक साथ इतने सभी वर्गों को प्रसन्न कर पाना संभव तो नहीं है, परन्तु फिर भी इस पर चर्चा तो अवश्य ही होनी चाहिए। आइये देखें क्या है विषय की गहराई में इसकी वास्तविकता और सार्थक बिंदु:

1) **इनके उपभोग की सबसे अधिक आर्थिक हानि तो इनके उपभोगियों और उनके परिवारों को होती है,** इनके उपभोग पर किये गए अचेतन व निर्थक खर्चों के द्वारा, जो कि परिवार की अन्य महत्वपूर्ण गतिविधियों में उपयोगी हो सकते थे या रोगों के प्रबंध हेतु स्वयं के परोक्ष और और परिवार के अपरोक्ष खर्च, इत्यादि। फिर सरकार भी इन पदार्थों पर लगाये गए करों से प्राप्त राजस्व से महती आय बढ़ाने की अपेक्षा इनसे हुए रोगों के प्रबंध पर खर्च अधिक करती है। तो जहाँ इनका उपभोगी परिवार इनके उपभोग से अधिक गरीब होता है, **सरकार भी इन पीड़ितों की कम उत्पादकता और असामयिक मृत्यु से एक भारी हानि उठाती है।**

निश्चित ही, तम्बाकू उद्योग, किसानों, उत्पादकर्मियों और विक्रेताओं की बेरोजगारी की समस्या उठाता रहेगा। पर, कभी न कभी तो राष्ट्र-प्रदेश सरकारों को एक उचित निर्णय लेना ही होगा: क्या वह तम्बाकू-सुपारी उपभोगियों को इनसे रोगी बन मरने देती रहे और देश को भी गरीबी की ओर और भी धकेले या इन दोनों व्यसनशील- केन्सर-कारक- पदार्थों को पूरी तरह प्रतिबाधित कर दे! तम्बाकू उध्योग की सभी दलीलें झूठी लगती हैं, जब भी हमारा सामना इसके किसानों और उत्पादकर्मियों की बढ़ती गरीबी और उनके मानवाधिकारों के हनन की सच्चाई से सामना होता है;

2) जनमानस में धूम्रपान से होने वाली हानियों के प्रति तो संतोषजनक सजगता देखी जा सकती है, परन्तु अब भी **धूम्ररहित तम्बाकू और सुपारी की हानियों के प्रति व्यापक जानकारी का खासा अभाव है।** इनका अपेक्षाकृत कम आयु में

उपभोग आरम्भ हो जाना भी एक चिंताजनक समस्या है; इनकी पीक से होने वाली शारीरिक और वातावरणीय हानियों पर अब तक किये गए अनुसंधान नगण्य ही हैं;

3) **इनके उपचार की जानकारियाँ, वांछित विशेषज्ञता और उपलब्धता का एक बहुत बड़ा अभाव है, स्वास्थ्य तंत्र के साथ स्वास्थ्य कर्मियों में भी। जन मानस को भी इन्हें छोड़ने के लाभों की जानकारी नहीं मिल पायी है;**

4) **साथ ही, ये कोई सामान्य खाद्य पदार्थ नहीं हैं-** इनका जहरीलापन और व्यसनशीलता कारण रहे कि सुप्रीम कोर्ट ने भारतीय खाद्य संरक्षा एवं मानक प्राधिकरण को पाबंद किया कि वह भारतीय खाद्य संरक्षा अधिनियम 2.3.4 के अंतर्गत सभी प्रदेशों और केंद्र शासित ईकाइयों में गुटके (और उन सभी खाद्य पदार्थ जिनमें तम्बाकू- अथवा निकोटीन- है) के उत्पादन, वितरण और विक्रय पर रोक लगवाये। पर गुटके पर लगी रोक की प्रभाविकता को चालबाज तम्बाकू उद्योग की बाज़ारिकता ने खुदरा विक्रेता पान मसाले के साथ तम्बाकू का मुफ्त वितरण करवा निष्क्रिय कर दिया है;

5) **वैश्विक स्तर पर भी तम्बाकू नियंत्रण के इस पहलू की अब तक उपेक्षा होती रही है,** इस सोच के साथ कि यह एक क्षेत्रीय समस्या है! परन्तु अब जब दुनिया के 140 देशों में इसको खाया जाने लगा है तो इस पर वैश्विक नीति-निर्धारण की चर्चाएँ भी हो रही हैं। **पान मसाले के वैश्विक चलन से सुपारी भी धूम्ररहित तम्बाकू के समान ही चिंता बढ़ रही है।**

तो, क्या हो सकते हैं इनके प्रभावी नियंत्रण के उपाय? निम्नलिखित सुझावों को लागू करना उपयोगी हो सकता है:

1) धूम्ररहित तम्बाकू और सुपारी के विरुद्ध भी नीति, अनुशंसायें और निगरानी वैश्विक-स्तर पर हों, जिनमें सीमा-पार तस्करी पर रोक लगाने के भी प्रावधान हों। भारत में तो ये कार्य प्राथमिकता, शीघ्रता और व्यापकता से समूचे देश में समानता से लागू करने की भी आवश्यकता है। यह भी अतिआवश्यक होगा कि केवल लाइसेंसधारी ही इन्हें बेच पायें;

2) सरकार ने जहाँ धूम्ररहित तम्बाकू को नियंत्रित करने हेतु कोटपा अधिनियम के नियम- 6 (अ) और 6 (ब) इसकी पहुँच अल्पव्यस्कों से दूर करने हेतु स्थापित किये हैं, कोटपा के नियम 5 और 7 के अंतर्गत इसकी उपलब्धता और इसके सेवन में कमी लाने के किये प्रयासरत हैं। साथ ही, कुछ राज्यों ने इसकी पीक को सार्वजनिक और/या कार्यस्थलों में थूकने को भी अधिघोषणाओं से प्रतिबाधित किया हुआ है। परन्तु, इन नियमों को सारे देश में समानता से लागू कर इनके नियमित प्रवर्तन के अंतर्गत दिए जाने वाले दण्डों और जुर्माना राशि में महती बढ़ोतरी की आवश्यकता है (वर्तमान में कोरोना महामारी के फैलाव की रोकथाम में ऐसा किया जाना अत्यन्त प्रांसगिक होगा);

3) स्वास्थ्य कर्मियों को सशक्तिकरण दे इनके उपचार को राष्ट्रीय तम्बाकू नियंत्रण कार्यक्रम के साथ गैर-संक्रामक रोग, मुँह के रोग और युवाओं से जुड़े राष्ट्रीय कार्यक्रमों से भी जोड़ा जायें क्योंकि इनमें दोनों ही, धूम्ररहित तम्बाकू और सुपारी, एक प्रभावी कारक है; और,

4) एक नियत समय के बाद, नयी पीढ़ी पूर्णतः तम्बाकू- और सुपारी- मुक्त हो।

आशा है कि इस महत्वपूर्ण विषय पर प्राथमिकता से सोच भी बदलेगी और वंचित कार्यवाहियाँ भी होंगी। अन्यथा, वर्तमान में समूचे विश्व में होने वाली 6.5 लाख वार्षिक मृत्युओं में और भारत में होती 3 लाख से अधिक वार्षिक मृत्युओं में बढ़ोतरी को रोका नहीं जा सकेगा।

तम्बाकू छोड़ सुपारी ना खायें

दोनों ही व्यसनकारी हैं और केन्सर-कारक भी

यह तो अब सभी जानते हैं कि भारत में बहुलता से पाया जाने वाला मुँह का केन्सर दुनियाभर में सबसे अधिक भारत में ही क्यों होता है- क्योंकि यहाँ तम्बाकू चबाने वालों की संख्या सबसे अधिक है। टेलीविज़न, अखबार, सामाजिक मीडिया, इत्यादि, के द्वारा सरकार केन्सर रोगियों के कई ऐसे उदाहरणों दे यह जागरूकता लाने का भरसक प्रयास निरन्तरता से कर रही है। पर आमजन है कि मानता ही नहीं! और, मानेगा कैसे जब तक वह इसके खाने की दर, इसकी हानियों और छोड़ने के लाभों को जानेगा नहीं। गेट्स राउंड 2 (2016-17) के अनुसार तम्बाकू खाने-चबाने की दर में धूम्रपान की अपेक्षा कमी तो आयी है, किन्तु बीड़ी-सिगरेट की अपेक्षा आधी- 24% की बजाये 12%! इसके उपभोग में वैसे तो यह कमी कई लोगों को महती जान पड़ेगी। परन्तु, जरा सोचें कि यदि तम्बाकू चबाने को सामाजिक स्वीकृति ना हो, उसे खाने को प्रतिषेधित करने पर किये गए प्रयास धूम्रपान को रोकने के समान रूप से हों, और इसके विक्रय की दरें सस्ती न हो सिगरेट के समतुल्य महँगी हों, तो क्या इस स्थिति में और सुधार नहीं आ जायेगा।

इन सबके **साथ एक बड़ा संकट पान मसाले की सर्वत्र बिक्री का है।** तम्बाकू खाएं तो कर्क रोग (लोगों से केन्सर की भयावहता छुपाने और उन्हें भ्रमित करने के लिए काम में लिया गया ''शब्द'') हो जाता है, परन्तु जब कोई पान मसाला खाए, तो उसके लिए एक हल्की-सी चेतावनी ही दी जाती है- पान मसाला खाना स्वास्थ्य के लिए हानिकारक है। रेडियो- टी.वी. पर इसे चेतावनी को सुनने के लिए आपको अपने कानों पर जोर भी देना पड़ता है- वाचक इसे इतनी तेजी से पढ़ता है जैसे कि वह यह घोषणा एक मात्र क़ानूनी खानापूर्ति के लिये ही कर रहा है; और, कई बार तो यह लगता है कि बाजारिकता के इस युग में इसका उद्देश्य होता है, रेडियो-टी.वी. सुनने वालों को मात्र भ्रमित करना! तो, प्रश्न उठ सकता है कि कौन करवा रहा है इसे और क्यों? उत्तर स्पष्ट है- पान मसाले के उत्पादक अपने ग्राहकों की संख्या में कमी नहीं चाह रहे हैं; आखिर, धंधे का प्रश्न है भाई! किन्तु, सरकारी/प्राइवेट संचार माध्यमों से क्यों? यह यों कि

इससे उनके धंधे की भी बात हो गयी है- आम आदमी जाये भाड़ में! तो, अब आपको आ गया समझ में कि यह सारा खेल इन दोनों की मिली-भगत का है। केवल स्वास्थ्य मंत्रालय या प्रादेशिक स्वास्थ्य विभाग करते रहें इसका विरोध-प्रतिरोध-प्रतिषेध, परन्तु अन्य मंत्रालयों की कार्यवाहियाँ इसके बिलकुल विपरीत ही हैं। यही तो हुआ गुटके के विक्रय के प्रतिषेध पर! स्वास्थ्य मंत्रालय और प्रादेशिक स्वास्थ्य विभाग इसकी रोक हेतु ले आये **भारतीय स्वास्थ्य सुरक्षा कानून (एफ.एस.एस.ऐ.आई.) की धारा (2.3.4) जिसके अंतर्गत किसी भी तम्बाकू- या निकोटीन-युक्त खाध्य पदार्थ को बेचा नहीं जाना चाहिए।** तम्बाकू नियंत्रण में काम करने वाले खुश! और, होते क्यों ना!? मध्य प्रदेश से लागू हुआ यह प्रतिषेध सुप्रीम कोर्ट के निर्देश के अंतर्गत धीरे-धीरे सारे देश में लागू हो गया। परन्तु, यह भी तम्बाकू उध्योग की इस चालबाजी के आगे धराशायी हो गया जिसने सुगंधित तम्बाकू को पान मसाले के साथ मुफ्त में देना शुरू कर दिया- अगर आप ना चाहो तो कोई बात नहीं पर एक बार तो खा के देख लो! और, मुफ्त में मिला माल किसे बुरा लगता है!? और, इस तरह से फिर शुरू हो गयी गुटके की कहानी। तम्बाकू कम्पनियाँ अपनी ग्राहकी को बना-बचा और बढ़ा भी पाक-साफ़ (ईमानदार)- हम नहीं बेच रहे गुटका, यह तो लोग खा रहें तम्बाकू को पान मसाले के साथ मिला, अपनी इच्छा से। तो, इसको नहीं तो किसे कहेंगे- चोरी और सीनाजोरी भी..!?

खैर, समस्या तम्बाकू ही नहीं, सुपारी भी है। या, यों कह लें कि क्योंकि सामाजिक स्वीकृति के चलते, सुपारी का चलन, पान मसाले के रूप में व्यापकता से है, इसे चबाने वाली तम्बाकू के व्यसन की प्राथमिक सीढ़ी भी कहा जा सकता है। सुपारी का इतिहास देखें तो यह भारत में मलेशिया से लायी गयी थी। परन्तु, अधिक महत्वपूर्ण यह जानना है कि इसका उपभोग इतना अधिक क्यों है? वर्ष 2012 में लियों, फ्रांस स्थित **विश्व स्वास्थ्य संगठन की अनुसंधान ईकाई (ईआर्क) ने सुपारी को क्लास ए केन्सरकारक की तरह वर्गीकृत भी किया था।** इस पर पिछले चार दशकों में कई अध्ययन-अनुसंधान हुए

हैं। इनसे इसे मुँह में केन्सर की पूर्वावस्था (लयूकोप्लाकिया), मुँह को अक्षम करने वाला रोग- सबम्यूकस फाइब्रोसिस (एस.एम.एफ.), और अंतत: केन्सर की उत्पति के कारक के साथ-साथ मुंबई के डॉ. प्रकाश गुप्ता और अन्य अनुसंधानकर्ताओं ने यह भी जाना कि यदि इसका उपभोग त्याग दिया जाये तो केन्सर की पूर्वावस्था को उलट एक केन्सर-मुक्त स्थिति को भी प्राप्त किया जा सकता है। इतना ही नहीं, सुपारी उच्च रक्तचाप, हृदयघात, इत्यादि, का भी एक महत्वपूर्ण कारण है। सबसे महत्वपूर्ण तथ्य यह है कि तम्बाकू उपभोगी के समान ही सुपारी उपभोगी भी अंतत: इसका व्यसनी हो जाता है। जहाँ तम्बाकू में व्यसन का कारण निकोटीन की उपस्थिति है, सुपारी में व्यसन ऐरेकोलिन के कारण होता है। यह पदार्थ, निकोटीन की भांति ही, इसके उपभोगी को मानसिक उर्जा दे चुस्ती-फुर्ती, ध्यान केन्द्रित करने, इत्यादि, में सहायता देता है। और, क्योंकि निकोटीन और ऐरेकोलिन दोनों ही का शारीरिक प्रभाव और उस प्रभाव को उत्पन्न करने का मस्तिष्क में केंद्र एक ही है, यह कहा जा सकता है **सुपारी के व्यसनी का व्यवहार भी एक तम्बाकू व्यसनी के समान ही होता है।** अतः यह भी माना जा सकता है कि क्योंकि निकोटीन और ऐरेकोलिन दोनों का ही प्रभाव मस्तिष्क के मध्य भाग में उपस्थित निकोटीन रिसेप्टर्स पर ही होता है जो औषधियाँ तम्बाकू के उपचार में प्रभावी

हैं, वे सुपारी के व्यसन के उपचार में भी प्रभावी होनी चाहिए। इस पर व्यापकता से क्लिनिकल अनुसंधान किये जाने की आवश्यकता है क्योंकि यह प्राथमिक अनुसंधानों से यह भी पता लगा है कि यदि व्यसनकारी ऐरेकोलिन के विकल्प निर्मित किये जा सकें तो तम्बाकू-उपचार औषधि- वेरेनिक्लिन के उपयोग को देने से पाये गए दुष्प्रभावों से भी मुक्ति मिल सकती है।

अंत में, जहाँ यह माना जाता है कि **तम्बाकू छोड़ सुपारी खाना, आकाश से गिर खजूर में अटकने के समान है** (अतः तम्बाकू छोड़ने के लिए सुपारी ना खाएँ), जो औषधियाँ तम्बाकू की निर्भरता (व्यसनशीलता) को उपचारित करने हेतु उपयोग में लायी जाती हैं उन्हीं से सुपारी पर निर्भरता अर्थात इसकी व्यसनशीलता को भी उपचारित किया जा सकता है। और, जैसी कि आशा है सुपारी के व्यसनकारी पदार्थ के विकल्पों (एनालोग्स) के द्वारा तम्बाकू उपचार से सबसे अधिक प्रभावी वेरेनिक्लिन के दुष्प्रभावों से भी मुक्ति पायी जा सकेगी। अतः, देर ना करें- **तम्बाकू के साथ सुपारी के उपभोग को भी ''ना'' कहें; और, यदि इसे भी खा रहें हैं, अकेले या तम्बाकू के साथ, तो तत्काल छोड़ें इसे भी।**

गैर–परम्परागत तम्बाकू पदार्थ– कितने उपयोगी ?

ई-सिगरेट, एच.एन.बी., इत्यादि

वैसे तो वर्ष 2018 के विश्व तम्बाकू निषेध दिवस का थीम था–**टोबेको ब्रेक्स हार्ट्स** (तम्बाकू हृदय के लिए विनाशक), परन्तु, समूचा विश्व, इससे भी अधिक, पिछले एक दशक से उत्पादित-पनपते गैर-परम्परागत तम्बाकू पदार्थों से विचलित-भयभीत है, क्योंकि इनके पीछे जो इनके उत्पादक हैं वे दुनिया के बड़े तम्बाकू उद्योग (बिग टोबेको) ही हैं– फिलिप मोरिस इंटरनेशनल (पी.एम.आई.), आर.जे.रेनोल्ड्स, इत्यादि।

1. **ई-सिगरेट**- ई-सिगरेट (इलेक्ट्रोनिक सिगरेट) को वैज्ञानिक तौर पर इलेक्ट्रोनिक निकोटीन डिलीवरी सिस्टम (एंड्स) के रूप में जाना जाता है। इसमें एक बैटरी होती है जो कि पोलीप्रोपाइलिन ग्लाइकोल, ग्लिसरोल, जैसे परिरक्षकों और डिस्टिल्ड पानी और सुगंधकों के साथ में द्रव्य-रूप में उपलब्ध निकोटीन को गर्म कर भाप में परिवर्तित कर देती है। जब धूम्रपायी इसे अपनी साँस के साथ खींचता है तो वह निकोटीन (तम्बाकू) से प्राप्त व्यसनशीलता बनाये रखते हुए भी इसके विषैले-जानलेवा तत्वों को ग्रहण करने से अपने को बचा पाता है। निश्चित ही, वैज्ञानिक आधार पर और एक लघु-गामी समय सीमा में, सिगरेट, बीड़ी, हुक्के, इत्यादि, के सक्रिय धूम्रपान से यह अपेक्षाकृत कम हानिकारक है। यही आधारभूत कारण है जिसके चलते इंग्लैंड, जैसे विकसित राष्ट्र में तो इसके उपभोग को एक क़ानूनी मान्यता भी प्राप्त है।

अब तक, अधिकांश भले ही इससे पूरी तरह से परिचित नहीं हों पायें हों, परन्तु यह तो जानने ही लगे हैं कि जहाँ सक्रिय धूम्रपान ना किया जा सके, वहाँ इसे पीया जा सकता है। परन्तु, भारत सहित अन्य कई राष्ट्रों में इसे स्वीकृत नहीं किया गया है। ऐसा निम्न कारकों से स्पष्ट हो जायेगा:

1) युवाओं में यह निकोटीन-युक्त उपकरण अत्यधिक प्रचलित है क्योंकि प्रमाणिक रूप से यह तम्बाकू के जहरीले तत्वों से मुक्त है। किन्तु, वास्तविकता में यह एक टाइम-बम है क्योंकि देर-सवेर (अंतत:) इसके उपभोगियों के एक सक्रिय धूम्रपायी बन जाने का खतरा बना रहता है;

2) जहाँ विश्व वर्तमान के तम्बाकू उपभोगियों से इसे शीघ्रातिशीघ्र छुड़वाने हेतु सततता से प्रयत्नशील है, ई-सिगरेट का विकल्प उनके तम्बाकू-मुक्त होने में एक रोड़ा है, क्योंकि इन्हें लगता है कि (अ) अब खतरा मात्र मामूली ही है और (ब) ऐसा खतरा तो कई अन्य पदार्थों के उपभोग अथवा परिस्थितियों में भी हो सकता है। तम्बाकू नियंत्रण और उपचार में जुटे कर्मियों और स्वास्थ्य-तंत्रों को यह निरुत्साहित करने वाली सोच है जो कि तम्बाकू उद्योग की एक कुटिल नीति के कार्यान्वयन से प्रभावित है। भारत का ही उदाहरण लें तो पिछले आठ वर्षों के तम्बाकू नियंत्रण के भरसक और प्रभावी प्रयासों के पश्चात् भी तम्बाकू छोड़ने की दरों में कोई विशेष सफलता नहीं पाई जा सकी है। ऐसे में, किसी ऐसे भ्रमित करने वाली विकल्प की उपस्थिति तम्बाकू, विशेषकर धूम्रपान, को छोड़ने की दरों को बढ़ाने में निश्चित ही अवरोधक बनेगी; और,

3) साथ ही, जो धूम्रपायी सफलतापूर्वक इसे छोड़ चुके हैं, उनमें इसके उपभोग से फिर से सक्रिय धूम्रपान आरम्भ कर देने की (एक निरुत्साहित करने वाली) संभावना है, क्योंकि यह एक स्थापित तथ्य है कि तम्बाकू उपभोगियों में एक लम्बे समय तक उपभोग की ललक (क्रेविंग) बनी रहती है जो कि उन्हें पुन: तम्बाकू उपभोगी बना सकती है।

इतना ही नहीं, ई-सिगरेट का बाज़ार अब बहुत बड़ा हो गया है जिसमें छ: सौ से अधिक ब्रांडों के 7,500 से अधिक प्रकार हैं जो कि काला-बाजारों अथवा इन्टरनेट के माध्यम से उन राष्ट्रों में भी उपलब्ध हैं जहाँ इसे औपचारिक स्वीकृति नहीं दी गयी है। अभी हाल ही में प्राप्त जानकारी के अनुसार राजस्थान में एक गैर-सरकारी संस्था

के दो शहरों में किये गए सर्वेक्षण में ई-सिगरेट की उपलब्धता 7%-18% आंकी गयी जब कि राज्य सरकार, भारत के अन्य छ: प्रदेशों (पंजाब, महाराष्ट्र, जम्मू-कश्मीर, केरला, कर्नाटक और मिजोरम) की भांति, इस पर रोक लगाने हेतु कार्यवाही प्रारम्भ कर चुकी है। पर, जरा सोचिये कि जिस देश में आम उपभोग की वस्तुओं का नियमन ही नहीं हो पाता है, वहाँ कैसे ई-सिगरेट की इन हजारों प्रकारों को उपभोग की गुणवता हेतु जांचा-परखा जा सकेगा! विशेषकर तब जब कि धूम्रपान के इस विकल्प के कई खतरे भी रिपोर्ट किये जा चुके हैं: (अ) इसमें काम में आने वाली बैटरी का विस्फोटित हो जाना; (ब) इसमें काम में लाये जाने वाले निकोटीन-द्रव्य की गुणवता पर प्रश्नचिन्ह; (स) उसके चमड़ी के सम्पर्क में आने से हानि पहुंचना; अथवा, (द) बच्चों द्वारा इसे अकस्मात पी जाने से विषात्त होना, इत्यादि।

अंत में एक बड़ा प्रश्न इसके अनजाने दूरगामी प्रभावों की चिंता से जुड़ा है जब कि श्वसन तंत्र पर इसके तात्कालिक दुष्प्रभाव के अतिरिक्त इसका निष्क्रिय धूम्रपान करने वालों में भारी धातु के कणों और उनके फेंफड़ों पर हानिकारक प्रभाव की अनदेखी भी नहीं की जानी चाहिए। अतः वर्तमान में ई-सिगरेट को समाधान नहीं समस्या के रूप में ही देखा-माना जाना चाहिए।

2. **एच-एन-बी उत्पाद (हीट नोट बर्न तम्बाकू पदार्थ)** - यह एक और उभरती समस्या है। एच-एन-बी उत्पादों को इनकी हानिकारक क्षमता के अनुसार पारम्परिक तम्बाकू धूम्रपायी पदार्थों और ई-सिगरेट के बीच रखा जाना चाहिए। इनमें क्रमश: सीधे-सीधे तम्बाकू की पत्ती से (ब्रांडों के नाम- प्लो, प्लूम, इत्यादि)/एरोसोलाईज्ड निकोटीन (ब्रांडों के नाम- ईकोस, ग्लो, इत्यादि) को सिगरेट, बीड़ी, इत्यादि, की ज्वलनशीलता (600 डिग्री सेंटीग्रेड) से कम, 350 डिग्री सेंटीग्रेड पर एक बैटरी-ऊर्जा से रिचार्ज चैम्बर में गर्म कर भाष्प अथवा वायु की फुहार में परिवर्तित कर एक सिगरेट के समान, माउथ-पीस उपयोग में लाकर, पीया जाता है। इसमें, जैसा स्पष्ट है, जिस चैम्बर में तम्बाकू की पत्ती या एरोसोलाईज्ड निकोटीन को रखा जाता है, उसे हर बार रिचार्ज करने की आवश्यकता होती है।

हालाँकि अब तक यह स्थापित नहीं किया जा सका है कि परम्परागत तम्बाकू पदार्थों की तुलना में यह कम हानिकारक हैं, किन्तु यदि अविश्वासी (धोखेबाज) तम्बाकू उद्योग की प्रचारित जानकारी को मानें तो इन एच-एन-बी उत्पादों में तम्बाकू के हानिकारक और संभावित रूप से हानिकारक तत्वों को कम किया गया है। निश्चित ही, इस हेतु स्वतंत्र एजेंसियों से जांच की आवश्यकता बहुत सामयिक है। तब तक हर कहीं इनका उपभोग प्रतिषेधित ही रहना चाहिए हालाँकि एक रिपोर्ट के अनुसार सितम्बर 2017 तक दुनिया के 40 देशों में इनका उपभोग किया जा रहा है। एच-एन-बी उत्पाद, ई-सिगरेट से भिन्न इसलिए होते हैं क्योंकि ई-सिगरेट में आवश्यक नहीं है कि द्रव्य-निकोटीन हो ही; और, निश्चित रूप से तम्बाकू तो बिलकुल नहीं होता है।

अंत में, उपरोक्त पदार्थों के उपभोग को कम-से-कम तम्बाकू उपचार/छोड़ने हेतु स्वीकृति तब तक नहीं दी जानी चाहिए जब तक कि इनकी हानिकारकता को स्वतंत्रता से स्थापित नहीं कर लिया जाये।

नोट- भारत सरकार के स्वास्थ्य मंत्रालय ने इसे सितम्बर 2019 में एक अध्यादेश जारी कर इन्हें पूर्णतया प्रतिषेधित कर देने के पश्चात नवम्बर 2019 संसद में एक बिल के रूप में स्वीकृत कर लिया है। निश्चित ही, यह देश के युवाओं को तम्बाकू के नशे और अंततः इसकी महामारी से सुरक्षित कर पाने की दिशा में एक सराहनीय क़दम है।

ई सिगरेट– हानिकारक है या उपयोगी ?

वर्तमान में यह एक समस्या है, समाधान नहीं– जानें और इससे बचें रहें।

धूम्रपान के सन्दर्भ में दो तथ्य जानना महत्वपूर्ण होगा– (1) जीवनपर्यंत धूम्रपायियों में से आधे तम्बाकू-जनित रोगों से ही मृत्यु को प्राप्त होंगे; और, **(2)** यदि एक व्यक्ति जीवनभर धूम्रपान करता है तो उसका जीवन 6 से 8 वर्ष तक कम हो सकता है। विश्वभर में मात्र धूम्रपान से प्रतिवर्ष लगभग 60 लाख धूम्रपायी तम्बाकू जनित रोगों से मर जाते हैं– इनमें से भारत में लगभग 10 लाख प्रतिवर्ष (वर्तमान में 70 लाख वैश्विक धूम्रपायी और इनमें से 12 लाख भारतीय धूम्रपायी तम्बाकू जनित रोगों से मर जाते हैं)! तो धूम्रपायियों के पास दो विकल्प हुए– या तो धूम्रपान छोड़ दें अन्यथा इसके हानिकारक प्रभावों से पीड़ित होते रहें।

परिणामस्वरूप, इस पर खोज होने लगी कि क्या कोई और भी (तीसरा) विकल्प हो सकता है कि एक धूम्रपायी को इस प्रक्रिया को छोड़ना भी नहीं पड़े और वह इसके हानिकारक प्रभावों से बच भी जाये। तम्बाकू कंपनियां ही नहीं, जनस्वास्थ्य से जुड़े लोगों व संस्थानों में भी इस विचार को फलीभूत करने हेतु प्रयास सर्वत्र होने लगे हैं। तो यह विचार पनपा कि यदि धूम्रपायियों को इसके व्यसनशील पदार्थ-निकोटीन की आपूर्ति, तम्बाकू के अन्य हानिकारक तत्वों के बिना हो जाये तो वे धूम्रपान का आनंद भी उठा पायेंगे और इसकी हानियों से भी बच जायेंगे। इस तरह से हुई ई-सिगरेट याने इलेक्ट्रोनिक सिगरेट की खोज, जिसे वैज्ञानिक तौर पर इलेक्ट्रोनिक निकोटीन डिलीवरी सिस्टम (एंड्स) के रूप में जाना जाता है। सर्वप्रथम इसे खोजा हों लिक नाम के चीनी नागरिक ने। और, आज चीन ही ई-सिगरेट का सबसे बड़ा उत्पादक भी है और बाज़ार भी।

ई-सिगरेट में एक बैटरी होती हैं जो कि पोलीप्रोपाइलिन ग्लाइकोल, ग्लिसरोल, जैसे परिरक्षकों और डिस्टिल्ड पानी और सुगंधकों के साथ में द्रव्य-रूप में उपलब्ध निकोटीन को गर्म कर भाप में परिवर्तित कर देती है। इससे यह तो उपलब्धि प्राप्त हुई कि अब जब धूम्रपायी इसे अपनी साँस के साथ खींचे तो वह निकोटीन (तम्बाकू) से प्राप्त व्यसनशीलता बनाये रखते हुए भी इससे जानलेवा तत्वों को ग्रहण करने से अपने को बचा सके। परन्तु, यह उपलब्धि तब तक उपयोगी नहीं कही जा सकती थी जब तक कि यह नहीं जान लिया जाये कि क्या ई-सिगरेट पूर्णतया सुरक्षित होगी– इसके धूम्रपायियों के सहित उनके आसपास के गैर-धूम्रपायियों के लिये भी!

इस सोच पर किये अनुसंधानों से यह ज्ञात हुआ कि ई-सिगरेट का उपभोग एक सक्रिय धूम्रपायी के लिए **लघु-गामी समय सीमा में** निश्चित रूप से सिगरेट (बीड़ी/हुक्के, इत्यादि) से कम हानिकारक है। परन्तु, बिना इसके **दीर्घावधि प्रभावों** और इसके निष्क्रिय धूम्रपान के हानिकरक प्रभावों को जाने **इसे चिकित्सकीय रूप से सिगरेट के स्थान पर अनुशंसित नहीं किया जा सकता है।** विशेषकर, जब कि यह जानकारी उपलब्ध है कि वातावरण में निकोटीन के परिरक्षकों से उत्पन्न भारी धातुओं के कण, गैर-धूम्रपायियों के साथ-साथ धूम्रपान करने वालों को भी इनके निष्क्रिय धूम्रपान से महती हानि पहुँचा सकते है।

वर्षों से झुझारू रूप से कार्यरत जनस्वास्थ्य व्यावसायिकों और सक्रिय प्रतिभागियों को इसके और भी खतरे दृष्टिगत होने लगे जैसेः **(1) युवाओं में** ई-सिगरेट की बढती स्वीकृति और उपभोग के साथ उनके द्वारा वास्तविक सिगरेट के सक्रिय उपभोग की बढती प्रवृति और दर- अकेले यू. के. में सन् 2012 में ई-सिगरेट पीने वालों की संख्या 7 लाख से बढ़ सन् 2015 में 26 लाख हो गयी; **(2) पूर्व-धूम्रपायियों द्वारा** पहले ई-सिगरेट और तत्पश्चात सक्रिय धूम्रपान की पुनः शुरुआत, जिसे उनकी इसे त्यागने की असफलता (रिलेप्स) के रूप में वर्गीकृत किया जाएगा; और **(3) सक्रिय धूम्रपायियों द्वारा** वास्तविक सिगरेट के साथ ई-सिगरेट का उपभोग करना जहाँ धूम्रपान प्रतिषेधित है (धूम्रपान-रहित स्थानों में)- यह वर्तमान में लोकस्थानों, लोकवाहनों और कार्यस्थलों पर लागू कानून के साथ खिलवाड़ के अतिरिक्त स्वयं को भी धोखे में रखने के समान है क्योंकि तम्बाकू के धूएँ की कोई सुरक्षित मात्रा अब तक निर्धारित नहीं हो सकी है; और, साथ में, ई-सिगरेट के निष्क्रिय धूम्रपान की हानियाँ और जुड़ जा रही हैं।

इसीलिए, एक विशेषज्ञ तौर पर, आज तो यह ही कहा जा सकता है **कि ई-सिगरेट एक समस्या है, समाधान नहीं!** इसे मात्र उन धूम्रपायियों के उपचार हेतु अनुशंसित किया जा सकता है जो कि धूम्रपान छोड़ने हेतु इसे लघु-गामी रूप से (केवल दो-से-तीन महीनों के लिए ही) चिकित्सकीय उपचार और निगरानी के अंतर्गत काम में लायें।

जहाँ बड़ी-बड़ी अंतर्राष्ट्रीय सिगरेट कम्पनियाँ, ई-सिगरेटों के विभिन्न प्रकार और ब्रांडों से इसमें व्यापार की समस्त विश्वव्यापी संभावनाओं को खोज रही हैं, भारत, सहित कई राष्ट्रों की सरकारों ने ई-सिगरेट के व्यापार-खरीद, वितरण, इत्यादि, पर पूर्णतः रोक या इसका कड़ा नियमन लागू कर रखा है। अतः वर्तमान में खुदरा व्यापारियों और इन्टरनेट के माध्यम से हो रही बिक्री प्रतिषेधित भी है और गैर-कानूनी भी। भारत में राष्ट्रव्यापी स्तर पर मात्र पंजाब प्रदेश ने ही इस हेतु प्रभावी कार्यवाही की है (सितम्बर 2019 से, समूचे भारत में ई-सिगरेट व अन्य समान उत्पाद अधिघोषित अधिनियम द्वारा पूरी तरह से प्रतिषेधित थी, इस हेतु लम्बित बिल संसद के आगामी सत्र में पास होने तक)।

अतः समस्त नीतिनिर्धारकों (नेतागण, उच्च सरकारी अधिकारीयों और चिकित्सा एवं स्वास्थ्य विभाग के तम्बाकू नियंत्रण प्रकोष्ठ) के साथ-साथ प्रवर्तन एजेंसियों को चाहिए कि वे त्वरितता से इसे रोक युवाओं में बढ़ती धूम्रपान की दर को कम करने में अपना सक्रिय योगदान दें। और, अपनी भावी पीढ़ियों को तम्बाकू कंपनियों के छद्म तरीकों से धूम्रपान की दर बढ़ाने के तरीकों से सचेत भी करें और उन्हें बचायें भी।

तम्बाकू नियंत्रण में जंग– ई सिगरेट पर..

भारत के तम्बाकू नियंत्रण समुदाय में जीत का भाव है, उत्सव-सा। और, क्यों ना हो ऐसा!? ग्रेटर नॉएडा, यू.पी. में 9-10 सितम्बर को आयोजित होने वाला वेप एक्सपो इंडिया, स्वयं आयोजकों द्वारा ही 6 सितम्बर को निरस्त कर दिया गया। उनके फेसबुक पृष्ठ पर इसका कारण दिया गया- अपरिहार्य परिस्थितियाँ और बेकाबू मध्यवर्ती घटनाएँ! परन्तु, प्रतिभागियों को यह नहीं बताया गया है कि इस कारोबारी मेले को आयोजित करने की स्थानीय प्रशासन ने अनुमति नहीं दी क्योंकि यह कार्यक्रम कोटपा अधिनियम 2003 की धारा 4 और 5, जुवेनाइल जस्टिस एक्ट 2015 की धारा 77 और ड्रग्स एंड कॉस्मेटिक्स एक्ट 1940 की धारा 18 सी के अतिरिक्त आई. पी. सी. की अन्य कई धाराओं की अनुपालना के विरुद्ध होने के अतिरिक्त जनस्वास्थ्य पर कुप्रभाव डालने वाला माना गया। साथ ही, इसने यह भी नहीं बताया कि दिल्ली की राज्य सरकार के तम्बाकू नियंत्रण प्रकोष्ठ के विरोध के चलते इसकी अनुमति-याचना पहले से ही निरस्त कर दी गयी थी। भारत सरकार के स्वास्थ्य एवं परिवार कल्याण मंत्रालय ने भी इस हेतु 31 अगस्त को ही इसे अस्वीकृत कर दिया था।

वेप एक्सपो के आयोजक, कनेक्शन ओर्बिस ने अपने पल्ला यह कहते हुए झाड़ लिया कि उसका काम मात्र आयोजन का ही था। परन्तु, भारतीय वेपिंग (ई-सिगरेट) उद्योग की इसे आयोजित करने में अहम् रूचि की तह तक जाएँ तो पता लगता है कि यदि 10% धूम्रपायी भारतीय यदि ई-सिगरेट पीने लगें तो सीधे-सीधे इस व्यवसाय को बिना प्रयास 1 करोड़ 10 लाख (11 मिलियन/110 लाख) उपभोगी मिल जायेंगे। तो क्या यह सारी कहानी भारत में मात्र मार्केटिंग बढ़ाने की ही थी!?

जब लेखक ने इस आयोजन को भारत सरकार से अनुमति नहीं मिलने की जानकारी को अपने ट्विटर अकाउंट पर मात्र साझा ही किया तब से उसे एक बहुत बड़े वैश्विक समुदाय के अतिरिक्त कुछ कट्टरपंथी ई-सिगरेट समर्थक/उपभोगी भारतीयों का भी सामना करना पड़ रहा है जो कि ई-सिगरेट को सक्रिय धूम्रपान व उसे छोड़े रहने का पर्याय मानते हैं। उनका दावा रहा कि वे कई वर्षों से ऐसा मात्र ई-सिगरेट की उपलब्धता के कारण ही कर पायें हैं। वे हताशा हैं कि भारत में इस मेले का आयोजन नहीं होने देने से इस देश की तम्बाकू नियंत्रण लॉबी ने सिगरेट धूम्रपायियों के साथ घोर अन्याय किया है; और, ऐसा वो इसलिए कर रही है क्योंकि वह, तम्बाकू उद्योग से साठ-गाँठ कर अपनी मुहिम को बनाये रखना चाहती है। एक प्रश्न यह भी था कि तम्बाकू नियंत्रकों की लड़ाई किसके विरुद्ध है- तम्बाकू की हानियों के अथवा तम्बाकू उद्योग के विरुद्ध!

अधिकांश समर्थकों ने अपना पक्ष मजबूत करने हेतु इंग्लैंड के डॉ. रोबर्ट वेस्ट के ब्रिटिश मेडिकल जर्नल में प्रकाशित हुए अध्ययन को आधार बनाया जिसमें वर्ष 2015 में इंग्लैंड के 2 करोड़ 80 लाख धूम्रपायियों में से 18 हजार ई-सिगरेट का उपभोग कर इस लत को छोड़ पाए। ऐसा भी लगा कि यू.के. में इसके उपभोग को एक संवैधानिक छूट मिलने से इसके समर्थकों में एक नयी उर्जा का संचारित है। कुछ ने अमेरिका से इसी वर्ष शू होन्ग जू व अन्य के प्रकाशित अध्ययन का भी हवाला दिया जिसमें वर्ष 2010-11 की तुलना में वर्ष 2014-15 किये राष्ट्रीय प्रतिनिधित्व करने वाले जन-सर्वेक्षण में ई-सिगरेट का उपभोग करने से सिगरेट पीने वालों में इसे छोड़ने हेतु प्रयासों में 25% वृद्धि पायी गयी; परिणामस्वरुप, 3.5% धूम्रपायियों में इसे छोड़ पाने की सफलता में वृद्धि जानी गयी; और, धूम्रपान छोड़ने की राष्ट्रीय दर में 1.1% की बढ़ोतरी हुई जो कि विगत में हुए ऐसे जन-सर्वेक्षणों से सर्वाधिक थी।

इसके कई नशा-मुक्ति/जन-स्वास्थ्य हिमायतियों के अनुसार, यदि ई-सिगरेट से होने वाली हानि यदि पारम्परिक सिगरेट की तुलना में 5% ही है तो फिर इसकी सीमितताओं से अधिक इससे मिलने वाले लाभ को अपनाना इसके विरोध करने वालों क्यों उचित नहीं लगता है भले ही अभी इस क्षेत्र में अभी दीर्घावधि की हानियों की जानकारी नहीं मिल पायी है!?

परन्तु, क्या यह निष्कर्ष पर्याप्त हैं ई-सिगरेट की उपयोगिता को मान लेने हेतु? जो समुदाय लम्बे समय से उचित और मजबूत तम्बाकू नियंत्रण का पक्षधर रहा है, उसका कहना है कि ई-सिगरेट की हानियों और दीर्घावधि की अनिश्चितता पर इससे मिलने वाले एक छोटे-से लाभ से पर्दा नहीं डाला जा सकता है जब तक कि निम्न संशय/दुविधाएँ दूर नहीं हो जायें:

1. इसकी तरल निकोटीन की मात्रा, दुष्प्रभावों (मात्र शारीरिक ही नहीं जैविक भी) व गुणवता का सततता से आकलन और नियमन नहीं हो पाये;

2. इसे तरल स्वरूप में बनाये रखने के लिए काम में लिए गए परिरक्षक (प्रिजर्वेटिव) में भारी धातुओं के कणों के अतिरिक्त विषैले पदार्थों की अनुपस्थिति का नियमन प्रभावी रूप से और स्थायित्वता के साथ ना हो पाये;

3. इसमें युवाओं में आकर्षित बनाने हेतु काम में ली जाने वाली सुगंधों में ऊँचे तापमान पर होने वाले परिवर्तन को जान नहीं लिया जाये;

4. गर्भवती महिलाओं द्वारा इसे काम में लेने पर पेट में पल रहे बच्चे की कोशिकाओं पर इसके दुष्प्रभावों को पूरी तरह समझ ना लिया जाये;

5. इसमें तरल निकोटीन को भाप में परिवर्तित करने हेतु काम में ली गयी बैटरी से होने वाली दुर्घटनाओं (किस तरह से इनका तापमान नियमित हो पायेगा, एक उच्च तापमान पर बिना फटे काम कर पाएँगी, इत्यादि) को जान नहीं लिया जाये; और,

6. क्यों तम्बाकू उद्योग, जिसने पिछले 80 वर्षों से दुनिया को छला है, इसका हिमायती हो इसे उत्पादित करने के साथ-साथ नित नए माध्यमों से प्रायोजित-प्रोत्साहित करने में लगा है;

7. कैसे इस धोखेबाज़ उद्योग पर विश्वास कर लिया जाये जो कि अपने उपभोगियों को सदैव भ्रामक, विरोधाभासी और सीमित जानकारी ही देता रहा है; और, किस तरह से इतने लम्बे वैश्विक तम्बाकू नियंत्रण के प्रयासों को निष्क्रिय कर समूचे विश्व को महामारी के चपेट में लिए हुए है।

वर्तमान में ई-सिगरेट की मार्केटिंग का मुख्य लक्ष्य युवा पीढ़ी है जो कि तम्बाकू की हानियों के प्रति जागरूक हो धूम्ररहित वातावरण की बढ़ती व्यापकता और सिगरेटों के बढ़ते दामों के चलते बजाये सिगरेट के सक्रिय धूम्रपान के वेपिंग (ई-सिगरेट के उपभोग) को चुने। एक अहम प्रश्न यह भी है कि क्या भारत में इसके उपभोग की स्थिति अलग होगी जहाँ धूम्रपायी बीड़ी और तम्बाकू चबाने वाले अधिकता में हैं, बजाये मात्र 3% सिगरेट पीने वालों के..?

अंत में, जिस प्रकार ई-सिगरेट के उपभोग को अनियंत्रित ई-मार्केट और मॉल, इत्यादि, पर धकेला जा रहा है, राष्ट्रीय- व प्रादेशिक- सरकारों का इसे प्रतिषेधित करना उचित कदम ही मानना चाहिए, जैसा कि पंजाब, महाराष्ट्र, केरल, कर्नाटक, मिजोरम, जम्मू-कश्मीर, चंडीगढ़ ने किया है।

नोट- वर्तमान में भारत सरकार के इसके सभी तरह के उत्पादन, भंडारण, विक्रय, उपभोग, विज्ञापन, इत्यादि, के प्रतिषेध हेतु सितम्बर 2019 में जारी किए गए अध्यादेश का भारतीय संसद के दोनों सदनों द्वारा नवम्बर 2019 में एक क़ानून के रूप में अनुमोदित हो चुका है।

धूम्रपान नियंत्रण की नयी समस्या– जूल

चलो आज जूल करते हैं! यह किसी विज्ञापन की टैग लाइन जैसा ही लगता है। जूल (एक प्रकार की ई-सिगरेट), अब तक भारत में धूम्रपान-नियंत्रण की समस्या याने इसके वैकल्पिक उपभोग का एक अहम् भाग नहीं बना है। परन्तु, क्या हम इसके प्रति लापरवाह रह सकते हैं जबकि सम्पन्न देशों में इसका बढ़ता प्रचलन एक बड़ी चिंता का विषय है। भय यह है कि इलेक्ट्रॉनिक सिगरेट की यह सुनामी अब तक के वैश्विक धूम्रपान-रहित अभियान/वातावरण की मुहिम को पूर्णतया निष्क्रिय कर देगी। आइये, विस्तार से जाने इस उभरती जनस्वास्थ्य समस्या के विभिन्न पहलूओं के बारे में इस लेख में:

ई-सिगरेट में एक बैटरी होती हैं जो कि पोलीप्रोपाइलिन ग्लाइकोल, ग्लिसरोल जैसे परिरक्षकों और डिस्टिल्ड पानी व सुगंधकों के साथ में द्रव्य-रूप में उपलब्ध निकोटीन को गर्म कर भाप में परिवर्तित कर देती है। जब धूम्रपायी इसे अपनी साँस के साथ खींचता तो वह निकोटीन से प्राप्त व्यसनशीलता बनाये रखते हुए भी धूम्रपायी तम्बाकू के जानलेवा तत्वों को ग्रहण करने से अपने को बचा लेता है। परन्तु, यह उपलब्धि तब तक उपयोगी नहीं कही जा सकती थी जब तक कि यह नहीं जान लिया जाये कि क्या ई-सिगरेट पूर्णतया सुरक्षित होगी– इसके धूम्रपायियों के सहित उनके आसपास के गैर-धूम्रपायियों के लिये भी।

ई-सिगरेट का जन्म हुआ चीन में। सर्वप्रथम इसे खोजा हों लिक नाम के चीनी नागरिक ने। आज चीन ही ई-सिगरेट का सबसे बड़ा उत्पादक भी है और बाज़ार भी। ई-सिगरेट का पिछले एक दशक में प्रचलन बढ़ा, विशेषकर अमेरिका और यू.के., इत्यादि, में। यू.के. में तो इसे सिगरेट अथवा पारम्परिक धूम्रपान की अपेक्षा प्रमाणिकता के आधार पर कम-हानिकारक उत्पाद का स्थान दे सरकारी स्तर पर भी स्वीकृत कर लिया गया। हालाँकि, यह बात और है कि अब तक इसके दूरगामी दुष्प्रभावों के बारे में जाना नहीं जा सका है और इसके कई लघुगामी दुष्प्रभावों को सिगरेट व अन्य धूम्रपायी उत्पादों की तुलना में कम जानकर अनदेखा किया जा रहा है। इनके बढ़ते प्रचलन में एक महती भूमिका वहाँ की अंतर्राष्ट्रीय कंपनियों की भी है जो कि स्वयं अपने उत्थान या/और अस्तित्व को बनाये रखने के लिए भी इस मुहीम में जुटी हैं! भारत और दुनिया के अधिकांश देशों में ई-सिगरेट के उपभोग को अब तक सरकारी मान्यता और प्रमाणिकता नहीं मिल पायी है। किन्तु, **इसका काला-बाज़ारी का धंधा बढ़ गया है-** (अ) खुदरा व्यापारियों की तम्बाकू कंपनियों से सीधे-सीधे सांठ-गाँठ से, (ब) सरकारी प्रवर्तन की कमजोर स्थिति के चलते, (स) इन्टरनेट पर कई नामी-गिरामी ई-कॉमर्स की कंपनियों के समर्थन से (इवोल्व वेपर, इओन ई-वेप, (द) वेपरइंडिया जैसी ई-कंपनियों के अतिरिक्त फ्लिपकार्ट, अमेजोन, की सहभागी कम्पनियाँ, इत्यादि) और (ध) युवाओं में इसके बढ़ते प्रचलन और उपभोग से।

आज का अमेरिका: यदि याद करें 1970-80 के दशक तो किसी भी लोकस्थान के बाथरूमों में स्कूलों में 4-5 युवाओं का एक ही सिगरेट से मिलजुल कर कश उड़ाना सामान्य बात थी। वर्ष 2015 में इसका स्थान वेपिंग ने ले लिया तो वर्ष 2017 में जूलिंग ने। एक तरह से युवाओं, अध्यापकों और माता-पिता में भी इस हेतु एक सहमती-सी बन रही है, उनमें भी जो कि कभी सिगरेट का सेवन करते थे अथवा कभी भी धूम्रपायी नहीं थे।

यहाँ यह जानना उपयोगी होगा कि पंजाब, महाराष्ट्र, कर्नाटक, केरल, जम्मू-कश्मीर, मिजोरम, उत्तर प्रदेश और बिहार प्रदेश की सरकारों ने इसको प्रतिषेधित कर दिया है। केंद्र सरकार अब तक इसके उपभोग को रोकने हेतु कोई क़ानूनी जामा तो नहीं पहना पायी है, परन्तु उसने इसके विभिन्न पहलूओं का अध्ययन करने हेतु तीन पैनलों को गठन भी कर रखा है जिनकी रिपोर्ट की सभी को अधीरता से प्रतीक्षा है, विशेषकर सक्रिय तम्बाकू नियंत्रणकर्ताओं को (वर्तमान में, माह नवम्बर 2019 में लोक सभा ने इसे समूचे देश में हर तरह से प्रतिषेधित करने हेतु बिल को पास कर दिया है)। मोहाली भारत का पहला शहर है जहाँ ई-सिगरेट को बेचने के कारण ड्रग्स और कॉस्मेटिक्स एक्ट, 1940 के अंतर्गत एक दूकानदार को तीन वर्ष की

सजा भी दी गयी, एक लाख रुपया जुर्माने के साथ।

जूल, एक ई-सिगरेट होते हुए भी उससे अलग है। यह एक यूएसबी डिवाइस (सामान्य पेन-ड्राइव) के समान दिखती है जिसमें अलग से ई-द्रव्य नहीं भरना होता है। इसकी विशिष्टता इसकी रसायनिक संरचना है। इसमें तम्बाकू के लवण और कार्बोनिक अम्ल हैं जो कि ई-सिगरेट की अपेक्षा इसके उपभोग के अनुभव को एक पारम्परिक सिगरेट के करीब ले जाते हैं। इसकी तीन विशिष्टताओं ने इसे और आकर्षक बना दिया है- (1) इंजीनियरिंग, (2) सुंदर चमक-वाली पतली बनावट और (3) आसानी-से इसे ज़ेब में रख पाने की सुविधा। इसके उपभोगी गहरी साँस ले इसके बैटरी-संचालित ज्वलनशील भाग को सक्रिय कर निकोटीन-युक्त लवणीय मिश्रण को गर्मा निकोटीन का धुआँ पा लेते हैं। साथ-ही, एक पारंपरिक सिगरेट से अलग, उपभोगी की साँस से बाहर निकले इसके धूएँ की मात्रा इतनी कम होती है कि छात्र द्वारा कक्षा में किये इसके उपभोग का पता उसके अध्यापक को भी नहीं चल सकता है।

वर्ष 2007 में स्टेनफोर्ड विश्वविद्यालय के दो विद्यार्थियों ने सिगरेट के विकल्प शीर्षक थीसिस पर कार्यरत हो इसका निर्माण किया। वर्ष 2012 में प्लूम लैबोरेट्रीज में (वर्तमान में पैक्स लेब्स) इसको सर्वप्रथम मेरिझुहाना की वैपिंग हेतु बनाया गया था। वर्ष 2015 में इसको पेटेंट करा बाजार में लॉन्च किया गया। इसका औसत दाम 50 डॉलर है जिसमें रिचार्ज करने वाली बैटरी के साथ विशिष्ट फलों अथवा मिश्रित, लुभावनी महक वाले चार-पोड्स भी मिलते है। यदि कोई बेट्री-चार्जर अलग से भी खरीदना चाहे तो वह 10 डॉलर में मिल जाता है। वर्ष 2016 में 22.4 करोड़ डॉलर से अधिक का व्यवसाय करने वाली पैक्स कंपनी प्रतिवर्ष 20 लाख जूल ही विक्रय करती है। परन्तु इसकी माँग इससे कहीं बहुत अधिक है जिसे कंपनी बनाये रखना भी चाहती है ताकि अधिक-से-अधिक भावी-उपभोगी इसे पाने हेतु ललचाते रह प्रतीक्षारत बनें रहें। इस ब्रांड की खरीद में वर्ष-दर-वर्ष 600% से भी अधिक बढ़ोतरी हुई है और वर्तमान में ई-सिगरेट के बाजार में इसकी हिस्सेदारी 32% है।

पाठक, कंपनी द्वारा दी गयी इसकी चेतावनियों को भी जान लें कि: (1) यदि आप अभी कोई निकोटीन-युक्त पदार्थ का सेवन नहीं करते हों तो इसका उपभोग ना करें; **(2)** किसी भी अन्य ई-द्रव्य उत्पाद की भांति यह भी पूरी तरह सुरक्षित नहीं है; और, **(3)** किन्तु, यदि आप एक व्यस्क धूम्रपायी हैं जो कि सिगरेट के ई-विकल्प को खोज रहें हैं तो जूल आपके लिए एक अच्छा विकल्प हो सकती है।

सही तो तब ही रहेगा जब धूम्रपायी इसे मात्र धूम्रपान छोड़ते समय ही एक सहायक के रूप में लघु अवधि हेतु काम में लें। और, वह भी तब जब कि तम्बाकू खाना-पीने छोड़ने हेतु वे इस हेतु स्थापित उपचार के सभी पारम्परिक तरीकों को किसी विशिष्ट तम्बाकू उपचार केंद्र से सम्पूर्णता से और पर्याप्त अवधि के लिए ले चुकने के पश्चात भी सफलता प्राप्त नहीं कर पायें हों।

यहाँ यह भी उल्लेखित करना उचित लगता है कि तम्बाकू का नशा करने वालों को भी पारिवारिक, सामाजिक और वातावरणिय परिवर्तन हेतु समर्थित करने की आवश्यकता होती है। और, यदि ऐसा जब भी हो जाएगा, भला कोई भी कैसा भी नशा करेगा ही क्यूँ..!?

ई-सिगरेट (एंड्स) पर सरकार की प्रदेशों को सलाह

क्योंकि स्वास्थ्य मंत्रालय ने इसी सप्ताह भविष्य के तम्बाकू नियंत्रण के बदलते पटल पर उत्पन्न एक वैश्विक समस्या पर एक महत्वपूर्ण निर्णय लिया है, इस श्रृंखला में भी यह आवश्यक है कि इसकी जानकारी सभी को समान रूप से हो। इसीलिए हमने फिर एक बार इस विषय पर चर्चा करने का निर्णय किया है।

भारत सरकार के स्वास्थ्य मंत्रालय ने अगस्त 2018 में देश के सभी प्रमुख स्वास्थ्य सचिवों को इलेक्ट्रॉनिक निकोटीन डिलीवरी सिस्टम (एंड्स) पर अपनी चिर-प्रतीक्षित राय से अवगत कराया था। यह आवश्यक है कि पाठक भी यह जान लें कि एंड्स में ई-सिगरेट के अतिरिक्त स्वास्थ्य मंत्रालय ने हीट-नॉट-बर्न उपकरणों, वेप, ई-शीशा, ई-निकोटीन सुगन्धित हुक्का और अन्य समान उत्पादों को सम्मिलित किया हुआ है।

इस राय के अनुसार एंड्स वह उत्पाद/उपकरण है जिसमें एक निकटीन-युक्त द्रव्य को गर्मी/ऊष्मा प्रदान कर इसे भाप में परिवर्तित किया जाता है। इस द्रव्य में प्राय: सुगन्धित पदार्थों को भी मिश्रित किया हुआ होता है जो कि प्रतिरक्षक प्रोपाइलिन ग्लायकोल या/और ग्लिसरीन में घुले होते हैं। ई-सिगरेट, जो कि सबसे अधिक प्रचलित उत्पाद है, में तम्बाकू की पत्तियों को जलाया/गर्म नहीं किया जाता है अपितु इसमें निकोटिन द्रव्य को भाप बना कर पीया जाता है। एड्स के द्रव्यों और इनसे विसर्जित भाप/धुएँ में अन्य रसायन भी होते हैं जिनमें से कुछ विषैले होते हैं। हालाँकि एड्स को प्राय: एक ही उत्पाद के रूप में समझा जाता है, यह उत्पादों का एक विविध समूह है जो कि अपने में समाहित विषैले पदार्थों और निकोटीन डिलीवरी की क्रियाविधि के संदर्भ में महत्वपूर्ण रूप से एक दूसरे से अलग होते हैं।

एंड्स में उपस्थित निकोटीन ही तम्बाकू पदार्थों का एक मात्र व्यसनी तत्व है। यह शारीरिक निर्भरता उत्पन्न करने के साथ गर्भावस्था में माँ के पेट में पल रहे भ्रूण के विकास पर भी एक हानिकारक प्रभाव डालता है। एंड्स का उपभोग इनके उपभोगियों में हृदय- और रक्त-संचार- तंत्र के रोगों में बढ़ोतरी का कारक हो

सकता है। साथ ही, निकोटीन को एक ट्यूमर प्रमोटर की तरह कार्यशील हो केन्सरों की जैविकता (उनके उत्पन्न होने) भाग लेते हुए भी जाना गया है। गर्भस्थ भ्रूण और युवाओं में निकोटीन से प्रभावित होने से (इससे एक्सपोज़ होने से) दीर्घावधि में उनके मस्तिष्क का विकास भी प्रभावित होना जाना गया है, जिसके फलस्वरूप उनमें निराशा (अवसाद) और उत्कंठा (एंजायटी/चिंता) के विकार देखे गए हैं। इन द्रव्यों में लेड, क्रोमियम और निकल जैसी भरी धातुओं के साथ फोर्मेल्डीहाईड जैसे रसायन भी पाए गए हैं, जिनकी मात्रा परम्परागत सिगरेटों के समान अथवा उनसे अधिक होती है। अतः यह सभी प्रमाण, बच्चों और युवाओं, गर्भवती महिलाओं और प्रजनन-योग्य आयु वाली महिलाओं को एंड्स पदार्थों के उपभोग के विरुद्ध सचेत करने हेतु पर्याप्त प्रतीत होते हैं।

पाठकों के लिए यह भी जानना आवश्यक है कि:

1. निकोटीन का किसी भी खाद्य पदार्थ के अंश (भाग) के रूप में उपभोग करना भारतीय खाद्य संरक्षा और मानक (एफ.एस.एस.आई.) अधिनियम 2006 के एफ.एस.एस.आई. (बिक्री पर प्रतिषेध और प्रतिबन्ध) अधिनियम, 2011 के अंतर्गत प्रतिषेधित है;

2. निकोटीन और निकोटीन सल्फेट को वातावरण (सुरक्षा) अधिनियम, 1986 के अंतर्गत खतरनाक रासायनों के निर्माण, भंडारण और आयात के अधिनियम, 1989 के अंतर्गत खतरनाक रसायनों के रूप में सूचीबद्ध किया गया है; और,

3. निकोटीन को एक कीटनाशक के रूप में कीटनाशक अधिनियम 1968 के अंतर्गत कीटनाशकों की सूची के अंतर्गत किया गया; और, तत्पश्चात, भारत सरकार ने कीटनाशक की तरह इसके उपयोग को भी अत्यधिक रूप से प्रतिबंधित कर दिया था।

स्वास्थ्य मंत्रालय ने यह भी आशंका जतायी है कि इस बात की संभावनाएँ हैं कि (अ) एंड्स उत्पादों का बच्चों और युवाओं (और सामान्यतया गैर-धूम्रपायियों) द्वारा अपेक्षा से ऊँची दर पर होगा बजाये इसके कि जब ये (एंड्स उत्पाद) अस्तित्व में ही ना हों; और, (ब) एक बार एड्स के माध्यम से व्यसनी हो जाने पर यह बच्चे और युवा सिगरेट (व अन्य धूम्रपायी पदार्थों) का धूम्रपान करने लगें।

क्योंकि एंड्स पदार्थों की धूम्रपान को छोड़ने में सहायक होने की वैज्ञानिक प्रमाणिकता अब तक अत्यंत छोटी और कम निश्चितता वाली है, अतः इस हेतु कोई भी स्वीकार्य निष्कर्ष निकालना कठिन ही है। औषधि और प्रसाधन सामग्री अधिनियम, 1940 और नियम, 1945, निकोटीन का उपभोग 2 और 4 मिलीग्राम की (च्युइंग) गम, लोज़ेन्ज़ेस और पट्टियों (Patches) के रूप में ही निकोटीन रिप्लेसमेंट थेरेपी (एन.आर.टी.) की अनुमति देते हैं। साथ ही, ऐसे किसी भी उत्पाद को औषधि और प्रसाधन अधिनियम और नियमों के अंतर्गत इसके चौथे अध्याय के प्रावधानों के अनुरूप ही लाइसेंस लेने के बाद ही उत्पादित किया जा सकता है। और, यदि उत्पादों में 2 मिलीग्राम से अधिक निकोटीन होती है तो उनकी बिक्री हेतु भी एक वैध लाइसेंस की आवश्यकता होती है। अतएव, **एंड्स पदार्थ अब तक औषधि और प्रसाधन अधिनियम के अंतर्गत एन.आर.टी. की तरह मान्य नहीं है।**

स्वास्थ्य मंत्रालय ने वर्ष 2014 में एंड्स पर प्रख्यात चिकित्सकों, विशेषज्ञों और स्वास्थ्य व औषधि विभागों के अधिकारियों की एक राउंड टेबल चर्चा आयोजित कर यह निष्कर्ष निकाला कि एंड्स पदार्थ और इससे मिलजुली तकनीकें जो कि तम्बाकू के उपभोग को प्रोत्साहित करती हैं, इसके सक्रिय और निष्क्रिय उपभोगियों के लिए खतरनाक हैं और इनका जनस्वास्थ्य पर विपरीत प्रभाव होगा।

पाठक यह भी जान लें कि विश्व स्वास्थ्य संगठन की वर्ष 2017 की वैश्विक तम्बाकू महामारी की रिपोर्ट में **30 देशों की सरकारें** (मॉरिशस, ऑस्ट्रेलिया, सिंगापुर, दक्षिणी कोरिया, श्रीलंका, थाईलैंड, मेक्सिको, उरुग्वे, ईरान, सऊदी अरब, यू.ए.ई., इत्यादि) **अपने देशों में एंड्स पदार्थों को प्रतिषेधित कर चुकी हैं।** इसी प्रकार पंजाब (5 सितम्बर 2013), मिजोरम (8 जून 2016), केरल (1 अगस्त 2016), जम्मू और कश्मीर (24 जुलाई 2017), उत्तर प्रदेश (14 नवम्बर 2017) और बिहार (28 नवम्बर 2017) की प्रदेश सरकारें एंड्स पदार्थों के उत्पाद, वितरण, आयात और बिक्री को प्रतिषेधित कर चुकी हैं

उपरोक्त प्रमाणों और विवरण के अनुसार स्वास्थ्य मंत्रालय ने शेष राज्यों/केंद्र शासित ईकाइयों को राय दी है कि व्यापक जनस्वास्थ्य के हित को ध्यान में रख और गैर-धूम्रपायियों और युवाओं द्वारा एंड्स पदार्थों के उपभोग को रोकने हेतु यह आवश्यक होगा कि एंड्स पदार्थ, चाहे वे किसी भी नाम से सूचित हों, उनका उत्पादन, वितरण, व्यापार, आयात अथवा बेचान, अपने अधिकार-क्षेत्र में नहीं होने दें सिवाय जैसा कि औषधि और प्रसाधन अधिनियम, 1940 और उसके नियमों के अंतर्गत स्वीकृत है। यदि ऐसा शीघ्र ही नहीं किया गया तो एंड्स पदार्थों की तम्बाकू-उद्योग जनित वैश्विक आँधी भारत को तम्बाकू महामारी की गहरायी में और नीचे धकेल देगी।

नोट– यह निश्चित ही भारत के तम्बाकू नियंत्रण अभियानों की सतत विजय गाथा का ही भाग है कि 16 प्रदेश-सरकारों के अतिरिक्त केंद्र सरकार ने भी नवम्बर 2019 में संसद के दोनों सदनों में एंड्स पदार्थों को प्रतिषेधित करने हेतु बिल पास कर दिया था। उसके बाद से ही राष्ट्रपति के द्वारा अनुमोदित किये जाने के पश्चात् देशभर में इसे कानून बना लागू कर दिया गया है।

तम्बाकू और शराब के बढ़ते सेवन से मुक्ति

यह जानते सभी हैं कि शराब और तम्बाकू स्वास्थ्य के लिए हानिकारक हैं। फिर भी, समाज में इन दोनों व्यसनों को हम नियंत्रित नहीं कर पा रहें हैं। एक कारण है दोनों की आसानी से उपलब्धता तो दूसरा कारण है तम्बाकू का मामूली स्फूर्तिकारक और शराब का अवसादी (डीप्रेसिव) होना याने इनके उपभोगियों को तनाव-मुक्त करना। यह कहना भी अतिश्योक्ति न होगी कि **जाने-अनजाने, परोक्ष-अपरोक्ष रूप से, हम में से प्रत्येक इनके उपभोग को बढ़ावा ही दे रहा है**–

1. केंद्र सरकार द्वारा अपनी एक जीवन बीमा योजना के धन को देश की सबसे बड़ी सिगरेट कंपनी के शेयर्स में निवेश करना और अधिकांश जनमानस का इस बीमा कंपनी में भागीदारिता;

2. राज्य सरकारों द्वारा अधिकाधिक राजस्व प्राप्ति हेतु आबकारी नीति को बढ़ावा और लगभग हर गली-मोहल्ले में शराब की लाइसेंसधारी दुकानें खोलना (वहाँ उपस्थित ग्राहकों में अधिकांश युवा होते हैं!); और, तम्बाकू उद्योग की इसके नियंत्रण की अनदेखी के विरुद्ध इसके प्रवर्तन को उचित रूप से व निरंतरता से लागू ना कर पाना; और,

3. गाँवों में तो शराब के उपभोग की आदत या इसका व्यसन तो एक भारी जनस्वास्थ्य, सामाजिक और आर्थिक समस्या है ही, देश-प्रदेश के शहरों में भी घर- बाहर में सामाजिक स्वीकृति के साथ इसका बढ़ता उपभोग (और अब एक प्रदेश सरकार तो महिलाओं के लिये अलग से ''विदेशी शराब'' की दुकानें भी खोलने जा रही है) और तत्पश्चात इसके व्यसनियों द्वारा जान-माल को हानि की अनदेखी (बिना अपने चहेतों की उलझन, कठिनाई और चिन्ता के)।

तो आइये जाने, विस्तार में, इन दोनों व्यसनों (करेला, वो भी नीम चढ़ा) को एक साथ करने वालों से उत्पन्न स्थिति को:

इस सदी के आरम्भ में अमेरिका में किये एक अध्ययन (2001-02) में पाया गया कि 4.6 करोड़ अमरीकी तम्बाकू (अधिकांश धूम्रपायी) और शराब का सेवन एक साथ करते थे और इनमें से 62 लाख इनके व्यसनी हो चुके थे। इससे यह भी जानकारियाँ मिली कि:

1. आयु, लिंग, भूगोल, सामाजिक-आर्थिक और शिक्षा के स्तर इनके उपभोगों को प्रभावित करते हैं, युवाओं में इनके साथ-साथ उपभोग और व्यसन की दर अधिक होती है;

2. इनके 50% या उससे अधिक उपभोगी हताशा, बैचेनी, इत्यादि, जैसे मानसिक विकारों से पीड़ित होते हैं।

दोनों के अलग-अलग उपभोग अनेक गैर-संक्रामक रोगों की बढ़ती दर और अंततः सामाजिक व आर्थिक विषमताओं के कारक तो हैं ही, **इनका सम्मिलित उपभोग मुँह**, गले और खाने की नली के केन्सरों की बढ़ी हुई दर का एक प्रमुख कारण भी है (जहाँ **शराब का उपभोग** सड़क पर बढ़ते हादसों से उत्पन्न चोटें और मृत्युएँ, शराब की तीव्र विषाक्तता (जहरीलेपन), के अलावा लीवर सिरहोसिस, कई केन्सर और मोटापा, इत्यादि, उत्पन्न करता है, **तम्बाकू-उपभोग** कई केन्सरों, हृदय व रक्तसंचार के रोग और साँस के रोगों के अतिरिक्त मधुमेह, प्रजनन और गर्भावस्था संबंधित समस्याओं, आदि, से भी जुड़ा है)।

कैसे होती है इनके उपभोग की शुरुआत? बचपन अथवा युवावस्था में आरम्भ किया इनका **प्रयोगात्मक उपभोग** (अपरिपक्व समझ के कारण- साथी-समबंधियों की देखा-देखी) एक शुरूआती शारीरिक ऊर्जा/आनंददायी/प्रतिफल का अनुभव देता है। परन्तु, समय बीतने के साथ, मानसिक व सामाजिक कारकों (विभिन्न व अनेक व्यक्तियों के साथ, दिन-रात के समय और स्थानों, अवसरों, इत्यादि) के जुड़ने के साथ इनका उपभोग एक **आदत** का रूप ले लेता है। तत्पश्चात, इसका और अधिक उपभोग अथवा मानसिक-

सामाजिक कारकों की बढ़ोतरी इनके उपभोगियों को एक **व्यसनी अवस्था** तक पहुँचा देती है जहाँ इनके उपभोगियों की इनकी अनिवार्य आवश्यकता हर कार्य के आरम्भ और समापन के साथ हो जाती है।

तो, **क्या दोनों उपभोगों जैविक और जेनेटिक आधार भी एक जैसे हैं?** इस विषयों पर हुए बहुत से अध्ययन इनके इस जुड़ाव की प्रमाणिकता दे चुके हैं कि इन दोनों का ही उपभोग मस्तिष्क में एक रसायन (डोपामिन) की उत्पत्ति से प्रतिफल (उर्जा, प्रसन्नता, तनाव-मुक्ति), भावना, याददाश्त और ध्यानमग्न होने की एक-जैसी सक्रियता उत्पन्न करता है। अतः यह भी पाया गया है कि तम्बाकू अथवा शराब के उपभोगी, दूसरे पूरक उपभोग की (अर्थात तम्बाकू उपभोगी, शराब की; अथवा, शराबी तम्बाकू उपभोग की) प्राप्ति हेतु अधिक प्रयत्न करते हैं; और, एक औसत उपभोगी की अपेक्षा, इनका अधिक उपभोग भी करते हैं। इन उपभोगियों की जेनेटिक संरचना भी इनकी जींस की एक-दूसरे के उपभोग की संवेदनशीलता को भी प्रभावित करती है। उदाहरणार्थ, यदि मस्तिष्क में उपस्थित निकोटीन रिसेप्टर्स को इन पर काम करने वाली औषधियों से बांध दिया जाये तो ना केवल तम्बाकू अपितु शराब की आवश्यकता भी कम की जा सकती है।

तो **क्या इनसे मुक्ति संभव नहीं!?** नहीं, ऐसा बिलकुल नहीं है। मुक्ति निश्चित ही हो सकती है यदि व्यक्ति, समाज और सरकार इस हेतु एक निर्णयात्मक तैयारी कर लें। हर स्तर पर शराब- और तम्बाकू- मुक्त जीवन हेतु निर्णय कर आवश्यक होता है। जहाँ व्यक्ति का परिवार और समाज का वातावरण इस हेतु व्यक्तिगत समर्थन और सहायता प्रदान कर सकता है, सरकारी स्तर पर इस हेतु (अ) एक मजबूत, पारदर्शी नशामुक्ति की नीति की संरचना और (ब) उसकी पालना की; और इनके साथ, (स) राजनैतिक एवं प्रशासनिक

इच्छाशक्ति व (द) सतत सक्रियता के महत्व को सर्वोपरि स्थान देना होगा (बजाये इन्हें राजस्व प्राप्ति का मोहरा बनाने के)।

इन आधारभूत उपायों के अलावा यदि (1) इन पदार्थों की आसान उपलब्धता समाप्त हो सके; (2) इनके करों में इतनी वृद्धि हो कि यह आम आदमी के साथ-साथ युवा की पहुँच से पूरी तरह से दूर हो जाएँ; (3) इनके प्रवर्तन के नियमों में दण्डों के प्रावधानों बढ़ें; और, (4) इनके बड़े किन्तु प्रभावशाली व्यापारियों और उनके संस्थानों द्वारा उल्लंघन पर एक सामयिक, उचित व स्थायी कार्यवाही हो, तब ही हो पायेगी इनके उपभोगों की दर में लाभकारी कमी। यह भी सामयिक ही होगा कि नशामुक्ति केन्द्रों की सर्वत्र उपलब्धता समाप्त करने के साथ स्वास्थ्य- और जीवन- बीमा नीतियाँ इनका उपभोग नहीं करने वालों को अपेक्षाकृत कम दाम पर उपलब्ध करायी जाएँ ताकि आमजन इनका उपभोग कभी नहीं करने अथवा इन्हें छोड़ने हेतु प्रोत्साहित हो सके!

किसे छोड़ें पहले? इस अहम् प्रश्न का उत्तर है, यदि दोनों को एक साथ ना छोड़ पायें तो उसे पहले छोड़ें जो आसानी से छूट पाए, हालाँकि **दोनों को एक साथ छोड़ पाना एक अधिक ऊँची सफलता-दर प्रदान करता है!** विशेषज्ञ एवं नशामुक्ति केन्द्रों की सहायता लेने से ना हिचकें, विशेषकर युवा और मानसिक रोगों से पीड़ित। **इन्हें छोड़ने का मूलमंत्र है** उन्हीं परिस्थितियों में पुन: रहना सीख पाना जो आपको इनके उपभोग से दूर रखेगी; और, उन सभी परिस्थितियों से सदैव बचे रहना जो कि आपको इनके उपभोग की ओर धकेलती हैं। हिम्मत ना हारें, कम-से-कम इस पर चर्चा तो शुरू करें; और, भरसक प्रयास करें कि आपके अपने घर इन व्यसनकारी पदार्थों के उपभोग से मुक्त रह पायें।

महिलाओं में तम्बाकू उपभोग

8 मार्च, अंतरराष्ट्रीय महिला दिवस, महिला सशक्तिकरण के रूप में जोर-शोर से समूचे विश्व के साथ-साथ भारत में भी जोर शोर से मनाया जाता है। बेटी बचाओ, बेटी पढ़ाओ का नारा सफलता से लागू भी हुआ। पर क्या महिला स्वास्थ्य के अंतर्गत किसी ने भी तम्बाकू भगाओ, महिला बचाओ का नारा दिया!? और, नहीं दिया तो क्यों नहीं, विशेषकर जब कि महिलायें भी, जिन्हें परिवार की धूरी माना जाता है। उनमें तम्बाकू उपभोग पुरुषों से कम सही परन्तु उससे से होने वाले रोगों से वे पुरुषों के समान पीड़ित तो होती ही हैं..!? तो आइये जाने, कुछ इस विषय से जुड़े तथ्य और करें विवेचना कि क्या कुछ इस वर्ग-विशेष के लिए अब भी किया जा सकता है:

यह सच है कि भारत में पिछले सात वर्षों में महिलाओं में तम्बाकू उपभोग 6.1% घटा है (सन्दर्भ- गेट्स-2, 2016-17; गेट्स-ग्लोबल अडल्ट टोबेको सर्वे)। इस सर्वेक्षण के अनुसार, जहाँ धूम्रपायी महिलाओं में 0.1% की बढोतरी हुई है, तम्बाकू चबाने वाली महिलाओं और दोनों प्रकार की तम्बाकूओं का उपभोग करने वाली महिलाओं में क्रमश: 4.5% और 0.6% में कमी आयी है। तो जहाँ **गेट्स-2** ने गेट्स-1 की अपेक्षा महिलाओं में वर्तमान के तम्बाकू उपभोग की कमी (धूम्रपान और गैर-धूम्रपायी तम्बाकू सहित) को तुलनात्मक (सापेक्ष) परिवर्तन (रिलेटिव चेंज) के तौर पर 30% तक आँकी है, **प्रतिदिन किया जाने वाला तम्बाकू उपभोग,** यदा-कदा तम्बाकू उपभोग की तुलना में आधा ही कम हुआ है (25.7% बनाम 48.6%)- गैर-धूम्रपायी तम्बाकू में यह कमी धूम्रपायी तम्बाकू उपभोग से अधिक पायी गयी!

फिर भी, सत्य सुखद होता है यदि उसे आधा ही बताया जाये! अतः यह भी जानिये कि भारत में अब भी पूरी जनसंख्या में से 2.0% व्यसक महिलाएँ धूम्रपान करती हैं और 12.8% तम्बाकू चबाती हैं जो कि जनसंख्या के अनुसार अब भी एक महती संख्या के रूप में विकराल जनस्वास्थ्य समस्या कही जा सकती है, विशेषकर जबकि कई अन्य राष्ट्रों में महिलाओं की समूची आबादी भी इतनी ना हो।

यदि बात केवल व्यस्क महिलाओं द्वारा वर्तमान में किये जा रहे तम्बाकू की करें (करेंट यूजर्स की) तो आँकड़े और भी चौंकाने वाले हैं क्योंकि अभी भी 14.2% महिलाएँ तम्बाकू उपभोगी हैं- प्रतिदिन उपभोग करने वाली 12.4%; शेष यदा-कदा खाने-पीने वाली, जिन्हें सामाजिक या सप्साहांत उपभोगी भी कहा जाता है और वे अपने आप को तम्बाकू उपभोगी भी नहीं मानती हैं। उनका सोच होता है कि मैं इसकी आदी थोड़े ही हूँ!

दो और समस्याएँ हैं, इनके सन्दर्भ में- (1) शहरी-ग्रामीण पुरुषों के समान जो महिलाएं तम्बाकू उपभोगी हैं उनमें से 84%- 88% महिलाएं इसका सेवन प्रतिदिन करने वाली हैं; और, (2) वर्तमान में तम्बाकू नहीं खाने पीने वालों में से पूर्व-उपभोगियों (फॉर्मर यूजर्स) के वर्ग में, पुरुषों की तुलना में इनका अनुपात आधा भी नहीं है (भूतपूर्व पुरुष उपभोगी 2.6% और भूतपूर्व महिला उपभोगी 1.1%)। दूसरे बिंदु से, अप्रत्यक्ष रूप से यह समझ में आता है कि **महिला उपभोगियों में तम्बाकू छोड़ने की दर पुरुषों की अपेक्षा कम है** जो कि स्पष्ट रूप से उनकी तम्बाकू उपभोग की शर्म और गोपनीयता बनाये रखने (विशेषरूप से शहरी संभ्रांत महिलाओं और हॉस्टलों में रहने वाली बच्चियों व युवतियों में) के अतिरिक्त ग्रामीण ईलाकों में उनके द्वारा समय से स्वास्थ्य सेवा तक पहुँच उसका लाभ और खर्च ना उठा पाने के कारण है।

यहाँ यह उल्लेखित करना भी उचित होगा कि राष्ट्रीय स्तर पर जहाँ पंजाब में वर्तमान में व्यस्क महिला तम्बाकू उपभोगी मात्र 0.5% है तो त्रिपुरा में ये 61.4% है। वस्तुत: ओड़िशा के अतिरिक्त जहाँ यह बोझ 33.6% है, भारत के उतर-पूर्वी प्रदेशों में (सिक्किम छोड़) महिलाओं द्वारा अत्यधिक तम्बाकू उपभोग (28.7% से 61.4% व्यस्क महिलाओं द्वारा) एक गंभीर जनस्वास्थ्य चुनौती मानी जानी चाहिए।

आयु वर्ग के अनुसार 50% से अधिक तम्बाकू-उपभोगी महिलाएँ, 45 वर्ष या उससे अधिक आयु वाली हैं। ऐसी ग्रामीण महिलाओं का प्रतिशत, शहरी महिलाओं की अपेक्षा दोगुने से थोड़ा ही

कम है (16.9% बनाम 9.0%)। पुरुषों के समान, अशिक्षित और प्राईमरी स्तर से कम पढ़ी महिलाओं में इनकी दर, इनसे अधिक पढ़ी महिलाओं में 3.5 गुना अधिक है (43.3% बनाम 12.4%)।

साथ ही, तम्बाकू उपभोग की दर उन महिलाओं में भी अधिक है जो कि बेरोजगार या सेवानिवृत, घरेलू अथवा स्वयं-कारोबारी हैं- क्रमश: 25.2%, 13.0% और 22.5%। यह भी जान लेना उपयोगी होगा कि जहाँ 50% **महिलाएँ तम्बाकू उपभोग 20 वर्ष या उससे अधिक की आयु में सर्वप्रथम करती हैं**, 15 वर्ष से कम की आयु में ऐसा करने वाली बच्चियों की दर 16.6% है; शेष 34.7% युवतियाँ इसकी शुरुआत 16 से 19 वर्षों के बीच करती हैं।

व्यसनशीलता की दरों में पुरुष-महिला अंतर मामूली ही है (2%; पुरुष 59% बनाम महिलायें 56.9%)। तम्बाकूओं के प्रकार के अनुसार धूम्रपायी तम्बाकूओं में सिगरेट की अपेक्षा **बीड़ी पीने वाली महिलायें दोगुनी हैं** तो गैर-धूम्रपायी तम्बाकूओं में पान के साथ खायी जाने वाली तम्बाकू, खैनी और दंत-मंजन के रूप में काम में ली जाने वाली तम्बाकू का उपभोग लगभग एक समान ही है (4.2% से 4.5%)।

एक और चिंता का विषय है, वर्तमान में तम्बाकू उपभोग कर रही महिलाओं में से पूर्व-उपभोगियों की दर की- जहाँ धूम्रपायी महिलाओं में यह दर 17% से अधिक हैं, गैर-धूम्रपायी महिलाओं में

यह दर मात्र 6% ही है। इसे जब गैर-धूम्रपायी तम्बाकू के अपेक्षाकृत अधिक उपभोग के सन्दर्भ में देखा जाएगा तो यह लगेगा कि **महिलाओं में तम्बाकू छुड़वाने के प्रयास क्यों और अधिक बढ़ाने की आवश्यकता है।** यह और भी उचित इसलिए लगता है क्योंकि पिछले आठ वर्षों के अन्तराल में (2008-09 से 2016-17) पिछले 12 महीनों में जहाँ पुरुष-महिला धूम्रपायियों में तम्बाकू छोड़ने के प्रयासों की दर 0.1% ही बढ़ी, पुरुष-महिला गैर-धूम्रपायी तम्बाकू छोड़ने की दर 2.2% घट गयी। यह तब और भी आवश्यक लगता है जब इस अन्तराल में धूम्रपान करने वालों की अपेक्षा गैर-धूम्रपायी तम्बाकू उपभोग करने वालों को इसे छोड़ने हेतु चिकित्सकीय परामर्श मिलने की दर 17.1% कम रही (गेट्स-1 में यह कमी 19% थी)।

तो क्या हो समाधान? तम्बाकू नियंत्रण और इसे छुड़वाने के जन-जागरूकता के अभियान विशिष्ट रूप से महिला-केन्द्रित हों: (1) ये अभियान, बच्चियों और युवतियों के अतिरिक्त, अधेड़ावस्था की महिलाओं को भी संबोधित करे; (2) स्वास्थ्य मंत्रालय अपनी नीतियों को सुधारे, विशेषकर बीड़ी व गैर-धूम्रपायी तम्बाकू के सन्दर्भ में- इन पर टैक्स और अधिक बढ़ाने हेतु और इनके विक्रय को सिगरेट के समतुल्य करके; और (3) प्रादेशिक स्वास्थ्य विभाग महिलाओं के तम्बाकू उपभोग व छोड़ने की सततता और नियमितता से निगरानी और मूल्यांकन करें।

तब ही सार्थक होगा अंतरराष्ट्रीय महिला दिवस का मनाया जाना!

माँ को बचाएँ, तम्बाकू उपभोग से..

स्वस्थ और समृद्ध रखें परिवार और समाज..!!

माँ परिवार की धूरी होती हैं। उसका तम्बाकू खाना-पीना सारे परिवार को प्रभावित करता है। जहाँ उसके द्वारा तम्बाकू उपभोग से और अंतत: उसको तम्बाकू-जनित रोगों के उपचारित करवाये जाने वाले खर्च से आर्थिक रूप से परिवार और गरीब होता ही है, दूसरी ओर, उसके लिए अपने बच्चों को तम्बाकू खाने-पीने से बचा पाना या वे ऐसा करने लग गये हों तो उन्हें इसे छोड़ने हेतु प्रेरित करना कठिन हो सकता है। **माँ** के लिए यह भी आवश्यक है कि वह घर के अंदर, शौचालय सहित, इसके किसी भी भाग, धूम्रपान न होने दें। और, सजगता से इस बात का **भी ध्यान भी रखे** कि कोई परिवारजन तम्बाकू खाने-पीने तो नहीं लगा है; और, यदि कोई ऐसा कर रहा है तो उससे तम्बाकू छुड़वाने का हरसंभव प्रयास करें।

यदि माँ, बेटी, बहु, इत्यादि, तम्बाकू-मुक्त रहेगी तो समूचा समाज स्वस्थ, समृध और खुशहाल रहेगा। अतः जनस्वास्थ्य की दृष्टि से भी हर स्तर पर, हर स्थान और प्रत्येक के द्वारा इस महत्वपूर्ण सामाजिक पहलू का सजगता से निर्वाह करना आवश्यक भी है और उचित व सामयिक भी।

स्वास्थ्य मंत्रालय ने वर्ष 2010 में रिपोर्ट किया था कि जहाँ व्यस्क तम्बाकू उपभोगी भारतीयों में से 13% महिलाएं हैं, 8% लड़कियाँ भी तम्बाकू खाती-पीती हैं। और, इनमें धूम्रपान करने वाली 9% हैं तो तम्बाकू चबाने वाली हैं, 85.5%; और, शेष 5.5% दोनों प्रकार के तम्बाकूओं की उपभोगी हैं। यह तो हुई **आंकड़ों की बात,** यह बतलाने के लिए कि **समस्या कितनी बढ़ी है और भयावह भी।**

क्यों खाती-पीती हैं महिलाएँ इसे? गाँवों में अधेड़ावस्था में खाली समय को बिताने को, तो शहरों में लड़कों-पुरुषों की देखा-देखी- विशेषकर कॉर्पोरेट जगत में उनसे बराबरी करने या उनका साथ पाने तो स्कूल-कॉलेज छात्राओं में इसे मात्र प्रयोग कर देखने हेतु या साहसिक दिखलाने हेतु। एक विशिष्ट समुदाय की महिलाओं में इसे पान में चबाने का चलन है तो गाँवों-शहरों में इसका दन्त-मंजन कर दांतों की सड़न के दर्द से राहत पाने का।

स्वास्थ्य-हानि की दृष्टि से महिलाएँ पुरुषों के समान ही प्रभावित होती हैं- केन्सर (मुँह, गर्भाशय के मुँह, खाने की नली, इत्यादि, के केन्सर), हार्ट अटैक, लकवा, अस्थमा-खाँसी, मधुमेह, इत्यादि से। इसके अतिरिक्त इनमें अधेड़ावस्था में जहाँ हड्डियों में स्खलन (ओस्टीयोपोरोसिस) से फ्रेक्चर की दर बढ़ जाती है, वहीं प्रजनन-आयु में शिशु के गर्भपात में बढ़ोतरी की सम्भावना के साथ, जन्म से पहले गर्भाशय में ही शिशु की मृत्यु, उसकी समयपूर्व डिलीवरी, जन्म होने पर उसके शारीरिक वजन में कमी, उसको स्तनपान कराने में अक्षमता, इत्यादि, समस्यों की दर बढ़ जाती है। यदि माँ धूम्रपायी है तो बच्चे के फेफड़ों का विकास कम भी होता है और इनमें कान और साँस के संक्रमणों की दर भी अधिक होती है।

यह अच्छा है कि भारत के अधिकांश भागों में महिलाओं में तम्बाकू खाना-पीना, विशेष रूप से सार्वजनिक रूप से धूम्रपान करना, सामाजिक-सांस्कृतिक अथवा धार्मिक रूप से ही सही, अभी भी मोटे तौर पर अस्वीकृत-सा ही है। अतः जो भी अधिकांश महिलाएँ इसे खाती-पीती हैं वो इसे चोरी-छुपे ही काम में लेती हैं। यह ही कारण है कि **इनको इसके चंगुल से छुड़ा पाना भी एक बड़ी चुनौती** हो जाती है, विशेषकर इनके द्वारा बीडी पीना जिसकी इनमें न केवल छोड़ने की दर कम है परन्तु इसे वापस शुरू करने का अन्तराल भी छोटा है। **एक और समस्या इनका शीघ्रता से इसका व्यसनी हो जाना है-** भारत में जहाँ तम्बाकू-उपभोगी पुरुषों में व्यसन की दर 62.1% है, तम्बाकू-उपभोगी महिलाओं में मात्र 7% ही कम, याने 55.1%। क्या इन दरों में प्रादेशिक- व ज़िला- स्तरों पर भी विभिन्नता देखने मिलेगी? यह उत्सुकता की अपेक्षा इस समस्या को सूक्ष्म-स्तर पर सुलझाने हेतु आवश्यक प्रश्न है।

कैसे हो महिलाओं की तम्बाकू से मुक्ति? इन्हें भी तम्बाकू खाने-पीने से होने वाली हानियों के प्रति सततता से सजग करते रहना और यदि वे इसे खा-पी रही हैं तो गोपनीयता बनाये रखते हुए इसे छुड़ाने हेतु सहायता देना आवश्यक है। **नि:शुल्क राष्ट्रीय क्विटलाइन**

(1800-11-2356) के अतिरिक्त राजस्थान में **प्रादेशिक निःशुल्क चिकित्सा टेलीफोन सेवा न. 104** पर ये सवेरे 7 बजे से रात की 9 बजे तक अपनी गोपनीयता बनाये हुए महिलायें, अपनी सुविधानुसार, परामर्श सेवा का लाभ उठा सकती हैं। और, अब तो इस हेतु, राष्ट्रीय तम्बाकू नियंत्रण कार्यक्रम के अंतर्गत, **ज़िला स्तर** पर भी प्रशिक्षित चिकित्सकों/परामर्शदाताओं द्वारा **तम्बाकू उपचार क्लिनिकों (टी.सी.सी.) से दिये जाने वाले उपचार** का लाभ भी उठाया जा सकता है। यह नितांत आवश्यक है कि प्रादेशिक तम्बाकू नियंत्रण प्रकोष्ठ और राष्ट्रीय स्वस्थ्य मिशन, ग्राम पंचायतों, महिला-सहायता समूहों, गैर सरकारी संगठनों और मीडिया से **सहभागिता** कर, आशाओं और आंगनबाड़ी कार्यकर्ताओं द्वारा, महिलाओं के साथ-साथ, पुरुषों और युवाओं से भी तम्बाकू उपभोग सदैव के लिए छुड़वाने हेतु घर-घर पहुँचे।

आइये, हम सब प्रतिज्ञा लें कि हर **मदर्स-डे** पर न केवल अगला पूरा वर्ष अपितु निरन्तरता से इस मुद्दे पर कार्यरत हो **समूचे देश की माँओं को तम्बाकू-मुक्त जीवन जीने हेतु सजग और सशक्त करेंगे।**

नोट : मदर्स-डे हर वर्ष, मई माह के दूसरे रविवार को मनाया जाता है।

युवा, घातक तम्बाकू की चपेट में (भाग 1)

कैसे बचाएं इन्हें..!?

विश्व स्वास्थ्य संगठन ने सन् 2011 में रिपोर्ट किया कि जहाँ व्यस्क भारतीयों में से 35% **तम्बाकू उपभोगी हैं** (50% पुरुष और 13% महिलाएँ), **युवाओं में** (13 से 15 वर्ष के स्कूली छात्र-छात्रायें) **14%** तम्बाकू उपभोगी हैं। इनमें से 19% लड़के और 8% लडकियाँ तम्बाकू उपभोगी हैं।

इन दोनों ही वर्गों में निर्मित सिगरेट के धूम्रपान से गैर-धूम्रपायी तम्बाकू (अधिकांशतः चबाने वाली तम्बाकू) का उपभोग अधिक है। जहाँ एक-तिहाई (31%) लड़के धूम्रपायी हैं तो लगभग आधे गैर-धूम्रपायी (49%) और शेष 19% दोनों का उपभोग करने वाले हैं। लड़कियों में मात्र 9% ही धूम्रपान करती हैं; शेष 91% में से 85.5% गैर-धूम्रपायी तम्बाकू और बची 5.5% दोनों तरह की तम्बाकू खाती-पीती हैं। सन् 2007-09 में हुए इस अध्ययन से **दो और तथ्य** भी निकल कर आये कि **(1)** दस वर्ष से कम आयु वाले बच्चों में तम्बाकू का उपभोग बढ़ रहा है; और **(2)** बच्चियों में तम्बाकू खाने-पीने की दर में बढ़ोतरी हुई है।

मोटे तौर पर भारत में 5,500 बच्चे प्रतिदिन तम्बाकू खाना-पीना आरंभ करते हैं (*राष्ट्रीय स्तर पर इस आँकड़े के अब पुनर्मूल्यांकन की आवश्यकता है क्योंकि यह एक दशक से भी अधिक पहले स्थापित किया गया था और इसमें निश्चित ही बढ़ोत्तरी हुई होगी)। उदाहरणार्थ, यदि इसे राजस्थान की भारत में कुल आबादी के प्रतिशत के आधार पर आँका जाये तो यह संख्या 275 बच्चों की होगी अर्थात् हर वर्ष प्रदेश में 1 लाख से अधिक नए बच्चे तम्बाकू खाना-पीना आरम्भ कर देते हैं।

बच्चे तम्बाकू क्यों खाना-पीना आरम्भ करते हैं? भारत और अन्तराश्रीय स्तर पर हुए अध्ययनों से यह पता लगा कि युवाओं के तम्बाकू उपभोग के **तीन मुख्य कारण हैं:** (1) दोस्तों, **संगी-साथियों से प्रेरणा ले या उनके दबाव में;** (2) अपने **संबंधियों** और आसपास में वयस्कों (स्कूली अध्यापक, इत्यादि) को **तम्बाकू खाता-पीता देख;**

(3) **फिल्मों** में कलाकारों **को खाता-पीता देख।** यह खाना-पीना आरम्भ में क्षणिक आनंद-प्रासि (शौकियाना) के लिए **प्रयोगात्मक** ही होता है किंतु बाद में यह उपभोग एक **आदत** और अंततः एक **व्यसन** में परिवर्तत हो जाता है। इसलिए यह आश्चर्य नहीं होना चाहिए कि राजस्थान में व्यस्क तम्बाकू उपभोगियों में से 68% वे हैं जो इसे खाने-पीने के व्यसनी हो गए हैं।

कैसे हो इस संख्या में कमी? इस हेतु बच्चों को ही नहीं उनके माता-पिता और अन्य रिश्तेदारों को तम्बाकू खाने-पीने से होने वाली हानियों के प्रति सततता से सजग करते रहना और इन अभिभावकों द्वारा बच्चों पर करीबी से निगरानी रखना आवश्यक है ताकि उनके बच्चे तम्बाकू खाना-पीना सर्वथा टाल दें, सदैव के लिए। उनके लिए यह भी जानना उपयोगी होगा कि वे बच्चे जो कि इसे कभी- कभी ही खाते-पीते हैं, उन्हें भी तम्बाकू उपभोगी ही माना जाता है।

यह अच्छा है कि **राज्य सरकार** ने नवम्बर 2011 से ही समस्त सरकारी और प्राइवेट **स्कूलों को,** सी.बी.एस.ई. की तर्ज पर, **तम्बाकू-मुक्त** होने हेतु निर्देशित **कर दिया** है। इसके अंतर्गत स्कूलों को अपने परिसरों को और वहां कार्यरत स्टाफ को तम्बाकू-मुक्त बनाये रखने के साथ सततता से विद्यार्थियों में तम्बाकू को ना कहने हेतु सशक्त बनाना, और कोटपा अधिनियम 2003 के नियम 4 (स्कूल में धूम्रपानरहित वातावरण देना) और 6 (अ और ब; अवयस्कों और सभी शिक्षण संस्थाओं की 100 गज की परिधि में तम्बाकू बिक्री पर रोक) को लागू कराना था। अब आवश्यकता यह जानने है कि क्या यह **नीति सभी स्कूलों** में प्रभावी रूप से **लागू हो पायी** है या नहीं, विशेषकर ग्रामीण इलाकों में, जहाँ प्रादेशिक तम्बाकू नियंत्रण प्रकोष्ठ अब तक प्रभाविकता से नहीं पहुँच पाया है।

यह आवश्यक है कि बच्चों को स्कूलों और घरों में तम्बाकू-मुक्त वातावरण मिलने लग जाये और बच्चों में हर किसी को मजबूती से यह

लेख संख्या : 21

कहने का साहस आ जाये कि ''**धन्यवाद, मैं तम्बाकू नहीं खाता-पीता हूँ।**'' साथ ही, जो भी युवा तम्बाकू खाने-पीने लगे हैं, उन्हें राज्यव्यापी **निःशुल्क सरकारी टेलीफोन सेवा 104** (अन्यथा **राष्ट्रीय क्विटलाइन संख्या- 1800-11-2356**) पर कॉल कर **इसे छोड़ने** हेतु परामर्श-व्यवस्था की जानकारी मिले ताकि वे इसके आदी या व्यसनी होने से पहले ही इसे छोड़ सके (राजस्थान में यह सेवा सप्ताह के सातों दिन प्रातः 7 बजे से रात्रि 9 बजे तक उपलब्ध है)। आशा है कि तम्बाकू पदार्थों पर नयी बढ़े आकार की सचित्र चेतावनियों के आ जाने पर और पान-मसालों के लुभावने विज्ञापनों द्वारा छद्म तरीके से विज्ञापित चबाने वाली तम्बाकू पर रोक से **युवाओं में तम्बाकू-खाने-पीने की प्रवृति में निश्चित कमी आयेगी।** तब ही साकार होगा देश-प्रदेश की युवा पीढ़ी को तम्बाकू-मुक्त रखने का लक्ष्य।

युवा, घातक तम्बाकू की चपेट में (भाग–2)

छेड़ें प्रादेशिक ही नहीं राष्ट्रव्यापी अभियान

वर्ष 2009 में भारत में हुए **वैश्विक युवा तम्बाकू सर्वेक्षण** से कुछ तथ्यों का पहली बार पता लगा। यह तो पिछले लेख में भी बताया गया था कि इनमें 14% तम्बाकू खाने-पीने वाले हैं- 19% लड़के और 8% लड़कियाँ; और इन सभी में गैर-धूम्रपायी तम्बाकू (अधिकांशतः **चबाने वाली तम्बाकू**) का उपभोग सिगरेट-बीड़ी के धूम्रपान से अधिक है। साथ ही, यह जानना भी उपयोगी होगा कि, प्रतिदिन 5,500 अतिरिक्त बच्चों के तम्बाकू उपभोग में जुड़ जाने के साथ, हर वर्ष, पूरे भारत में 20 लाख से अधिक बच्चे तम्बाकू उपभोगी हो जाते हैं।

यदि यह जानना हो कि **क्यों बढ़ रही यह समस्या**, तो इसका एक सबसे प्रमुख कारण जान पड़ता है, **तम्बाकू पदार्थों की आसान व सर्वत्र उपलब्धता और इनकी अत्यंत कम खुदरा दरें..!!** जो तम्बाकू कुछ वर्षों पहले मात्र पान की दुकानों पर ही मिलता था और जहाँ यदि गलती से कोई बच्चा चला जाता था तो वहां खड़े खरीददार ही नहीं, दुकान-मालिक भी उसे भगा देता था, पिछले दशक में यह गली-मोहल्लों की थड़ियों, ठेलों, रेड़ियों, किराणा दुकानों, इत्यादि, याने हर कहीं बिकने लगा है। कीमत देखो तो इतनी कम कि कोई गाँव या झुग्गी-झोंपड़ी में रहने वाला गरीब बच्चा भी अपने जेब-खर्च या छोटा-मोटा, घंटे-दो घंटे का, काम कर इन्हें खरीद सकता है।

अतः यह आवश्यक होगा कि:

(1) **हर तम्बाकू विक्रेता लाइसेंसधारी हो** जैसा कि पंजाब में लागू किया गया है;

(2) हाल ही में जारी **स्वास्थ्य मंत्रालय की तम्बाकू टैक्स रिपोर्ट** में इन्हें कई आवश्यक खाद्य पदार्थों से भी सस्ता बताया है; इसलिए:

(2अ) **बीड़ी और चबाने वाली तम्बाकू पर टैक्स हर वर्ष उतने अनुपात में ही बढ़े जितना कि सिगरेटों पर बढ़ता है; और, इसे यदि मूल्य-सूचकांक वृद्धि से जोड़ दिया जाये** तो तम्बाकू उद्योग के दबाव में साल-दर-साल की गयी असमान वार्षिक विषमता से भी बचा जा सकता है;

(2ब) **इन्हें वर्तमान में मिल रही कर-रियायत को पूरी तरह समाप्त कर देना चाहिए और इनके उत्पादकों द्वारा हो रही हो कर-चोरी को पूरी तरह से रोका जाना चाहिए;** उनके द्वारा इन सुझाये गए प्रावधानों के उल्लंघन पर प्रभावी दण्डों के प्रावधानों के सहित; साथ ही,

(2स) **इन्हें कागज के पाऊचों के बजाये कम-से-कम 50 रुपयों वाले टिन के बड़े डब्बों में करके ही बेचा जाये** ताकि इनको गरीब ग्रामीण और बच्चे तो बिल्कुल ना खरीद सके।

एक और समस्या है **बच्चों के तम्बाकू पदार्थों के लुभावने विज्ञापनों से प्रभावित होने की।** यह तो अच्छा है कि कोटपा के नियम 5 के अंतर्गत इनका सीधा-सीधा विज्ञापन रुक गया है। परन्तु, बच्चे जब इन्हें आते-जाते तम्बाकू के (पान) विक्रेताओं के यहाँ देखते हैं या इनको पानमसाले वाले छद्म रुप से पत्रिकाओं, अख़बारों और टेलीविज़न में विज्ञापित देखते हैं तो ये उनके अपरिपक्व मानसपटल पर कभी तो, प्रयोगात्मक स्तर पर ही सही, इनका उपभोग कर लेने की इच्छा जगा ही देते होंगे। और, बस, यह ही तो तम्बाकू कंपनियां चाहती हैं।

इसके लिए आवश्यक है कि **जहाँ भी तम्बाकू पदार्थ बिकते हैं, उन्हें बच्चों की दृष्टि से दूर रखा जाये।** इस हेतु ही कोटपा नियम 6 (अ और ब) बनाये गए हैं। आवश्यकता है तो इनके प्रभावी प्रवर्तन की। साथ ही, **अपरोक्ष या छद्म विज्ञापनों पर भी प्रभावी रोक लगे;** सूचना और प्रसारण मंत्रालय द्वारा, महज व्यावसायिक कारणों से, स्वास्थ्य मंत्रालय के निर्देशों की अनदेखी किया जाना युवा पीढ़ी के लिए हानिकारक प्रमाणित हो रहा है।

साथ ही, यह अत्यंत अवश्य है कि **तम्बाकू उद्योग की युवाओं से मेलजोल बढ़ाने के सभी प्रयासों पर पूरी तरह रोक लगे।** वर्तमान में,

तम्बाकू उद्योग, उनके शिक्षण परिसरों में मुफ्त तम्बाकू पदार्थों बाँटने से लगा उनके द्वारा सांस्कृतिक अथवा खेलकूद के कार्यक्रमों को प्रायोजित करने के साथ-साथ उनके द्वारा काम में ली जाने वाली शिक्षण सामग्रियों को अपने विज्ञापनों के साथ रियायती दामों में बेच कर युवाओं को तम्बाकू के घातक नशे की धकेलेने का पुरज़ोर प्रयास कर रहा है- **सड़े-मरे कोई भी, लोभी ने लाभ जो कमाना है!**

उपरोक्त उपायों से ही साकार होगा हमारी युवा पीढ़ी को तम्बाकू-मुक्त रखने का लक्ष्य।

युवा तम्बाकू मुक्त कैसे हो सकते हैं?

भारत के लिए वैश्विक सर्वेक्षण के दूसरे चक्र (गेट्स-2) से प्राप्त आंकड़ों से यह पता लगा कि **सात वर्षों के अंतराल में** (2008-09 से 2016-17 तक) **युवाओं द्वारा तम्बाकू उपभोग आरम्भ करने की औसत आयु में ~1 वर्ष की बढ़ोतरी हुई**- यह 17.8 वर्ष से बढ़ कर 18.7 वर्ष की हो गयी। आइये, इस मुद्दे को गहराई से देखें कि क्यों, फिर भी, भारत में तम्बाकू से होने वाले रोगों और मृत्युओं में समानांतर कमी होती नहीं दिखाई दे रही है।

यह मान्यता है कि युवा देश का भविष्य होता है। अतः भारत, जिसे एक युवा-देश कहा जाता है, उसके सन्दर्भ में यह प्रश्न करना उचित लगता है क्योंकि इस आशादायी तथ्य का महत्व तभी फलीभूत हो सकता है जब युवा स्वस्थ भी हो। अगर मात्र तम्बाकू उपभोग के संदर्भ में इसे आँकें तो गेट्स-2 के आँकड़ें यह भी सुझाते हैं कि जहाँ युवाओं के तम्बाकू उपभोग आरम्भ करने की औसत आयु ~1 वर्ष बढ़ी है, इसके बाद के आयु वर्ग **(20 से 34 वर्षों तक) में तम्बाकू उपभोग 8.6% बढ़ गया है।** इसका तार्किक अर्थ यह भी निकला जा सकता है कि युवाओं में हुई तम्बाकू उपभोग की कमी अगले आयु वर्ग में स्थानांतरित हो गयी है।

जो युवाओं में कमी हुई है इसका श्रेय निश्चित ही (अ) शिक्षा-तंत्र के सतत अभियान, (ब) इनकी शिक्षण संस्थाओं में तम्बाकू से होने वाली दी गयी जानकारियों को पाठ्यक्रम में समाहित कर लेने के अतिरिक्त, (स) तम्बाकू-मुक्त शिक्षण संस्थाओं की नीति और (द) कुछ सीमा तक कोटपा के नियमों 4 और 6 की संतोषजनक पालना को दिया जाना चाहिए। इन सब में प्रादेशिक- व जिला-स्तरीय तम्बाकू नियंत्रण प्रकोष्ठों के दलों द्वारा राष्ट्रीय तम्बाकू नियंत्रण कार्यक्रम के अंतर्गत स्कूलों में निरंतरता से चलते जागरूकता अभियाओं योगदान अतिमहत्वपूर्ण है। **तो फिर चूक कहाँ हो रही है कि** यह ही युवा, व्यस्क आयु वर्ग में पदार्पण करते ही, तम्बाकू उपभोग की ओर आकर्षित हो रहा है!?

इसके लिए हमें गेट्स- 2 के उन उन आंकड़ों का अवलोकन भी कर लेना चाहिए जो कि आमजन की जानकारी, अभिरुचि और समझ (नोलिज, एटीट्यूड एंड परसेप्शन- के.ए.पी.) को उजागर करते हैं। यहाँ, नवीनतम आँकड़ों के अभाव में, हम इन्हें युवाओं के सन्दर्भ में भी स्वीकार कर लेते हैं। नब्बे प्रतिशत से अधिक व्यस्क भारतीय धूम्रपान और तम्बाकू चबाने को हानिकारक मानते- जानते हैं। धूम्रपान के सन्दर्भ में '**कुछ कम प्रतिशत में ही सही**' फिर भी यह भी जानते हैं कि इससे फेफड़े का केन्सर, टी.बी., हार्ट अटैक, लकवा, इत्यादि, तो हो ही सकते हैं। लगभग नब्बे प्रतिशत से अधिक यह भी जानते हैं कि निष्क्रिय धूम्रपान (धूम्रपायियों से उत्पन्न धूएँ को दूसरों द्वारा सूँघना) उन्हें और बच्चों को भी रोगी बना सकता है; और, यह भी कि चबाने वाली तम्बाकू से गर्भ में पल रहे भ्रूण को भी हानि होती है। फिर भी **~48% धूम्रपायी और ~62% तम्बाकू चबाने वाले ऐसा मानते हैं कि उनके शरीर को 'इनके इस उपभोग से' कोई हानि नहीं हुई है** जब कि एक-तिहाई धूम्रपायी और लगभग एक-चौथाई तम्बाकू चबाने वाले इस हानि को एक संभावना मात्र ही मानते हैं!

यद्यपि वर्तमान में मीडिया के तम्बाकू-विरोधी सन्देश और सभी खुदरा तम्बाकू पदार्थों पर सचित्र चेतावनियों का योगदान तम्बाकू की हानियों को उजागर करने में एक बड़ी सीमा तक सकारात्मक और लाभदायी साबित हुआ है, **इस नासमझी की कमी के कुछ कारण तो बिलकुल स्पष्ट हैं:**

1. युवा से व्यस्क हुए व्यक्ति के पास पैसे की उपलब्धता और उसे खर्च कर पाने की स्वतंत्रता के साथ-साथ रिश्तेदारों, मित्रों, सहकर्मियों अथवा/और सहभागियों द्वारा तम्बाकू-उपभोग और इस हेतु स्वप्रेरणा (व्यस्क/आकर्षक दिखने हेतु) और उनके द्वारा इसको आरम्भ करने का निमंत्रण व/या चुनौती भी;

2. 'तम्बाकू उपभोग एक रोग मानने और इसके उपभोगी को एक रोगी मानने के' की अपेक्षा इसके उपभोग को मिली एक पारिवारिक/सामाजिक निष्क्रियता या दुर्भाग्यपूर्ण मौन-स्वीकृति भी;

3. पान-तम्बाकू के विक्रय की दुकानों के अतिरिक्त हर गली-नुक्कड़ में तम्बाकू पदार्थों की खुली और अनियंत्रित बिक्री;

4. मीडिया के हर माध्यम से, तम्बाकू पदार्थों का छद्म रूप में व्यापकता से होते विज्ञापन– पान मसालों, सुगन्धित इलायची, इत्यादि के रूप में अथवा खेलों के मैदानों से भी;

5. खुली सिगरेट और चबाने वाली तम्बाकू की कीमतें वहन क्षमता के भीतर होना;

6. कोटपा कानून के अधिघोषित नियमों का निराशाजनक व असंतोषपूर्ण प्रवर्तन; निर्धारित प्रवर्तन एजेंसियों द्वारा इनके उल्लंघनकर्ताओं को दण्डित ना कर पाना अथवा दण्डित करने की प्रक्रिया में जटिलताओं के चलते निष्क्रिय बने रहना; इसके अतिरिक्त, दण्ड-सीमा एक उल्लंघनकर्ता की वहन क्षमता के भीतर होने से अप्रभावी और निष्प्रभावी होना;

7. **सरकारी तंत्र में तम्बाकू-उपचार की असंतोषजनक उपलब्धता** के साथ प्राइवेट हेल्थ सेक्टर में इसकी विशेषज्ञ-प्रदत्त सेवा की अनुपलब्धता के अतिरिक्त (अ) चिकित्साकर्मियों की इस विषय की अज्ञानता, अरुचि या निष्क्रियता के परिणाम व शहर तम्बाकू-उपभोगी रोगी को उपचारित ना कर पाना; और, (ब) स्वास्थ्य-बीमा सेक्टर में भी इसके खर्च के पुनर्भरण की अनुपलब्धता; और,

8. केंद्र व अधिकाँश प्रदेश सरकारों की तम्बाकू नियंत्रण के प्रति प्रायः खानापूर्ति वाली यदा-कदा सक्रियता, अधिकांशतः गाँधी जयंती के अवसर पर नशा-मुक्ति अभियान-स्वरूप अथवा विश्व तम्बाकू निषेध दिवस पर, एक वार्षिक गतिविधि के तौर पर।

अतः युवाओं को तम्बाकू-मुक्त बनाने-रखने हेतु यह अतिआवश्यक और सामयिक भी होगा कि **सभी उपभोगी और**

उत्तरदायी एजेंसियाँ और अधिकारी नीतिगत और योजनबद्ध तरीकों से, सहभागिता के तौर पर, स्थाई रूप से जुड़ें और निम्न सुझावों-उपायों को प्रभावी रूप से लागू करने में एक निरन्तर और सक्रिय भूमिका निभायें:

1. कोटपा के नियमों में निर्धारित दण्डों को, अपेक्षित संसदीय प्रक्रिया के द्वारा, सभी उल्लंघनकर्ताओं की वहन-क्षमता से अत्यधिक बढ़ाया जाये ताकि वे इनके उल्लंघन की सोच से भी डरें;

2. कोटपा के नियमों के प्रवर्तन को नियमितता दी जाये, बिना किसी संकोच अथवा/और पक्षपात के; प्रवर्तनकारियों की जिम्मेदारी निर्धारित हों ताकि उनकी निष्क्रियता समाप्त हो;

3. खुदरा तम्बाकू पदार्थों की बिक्री केवल लाइसेंसधारियों द्वारा ही हो; इनके द्वारा खुली सिगरेट, बीड़ी, ई-सिगरेट अथवा अन्य समतुल्य उत्पाद बेचने पर प्रभावी रोक लगे;

4. अल्पव्यस्कों को इन्हें बेचने पर इन विक्रेताओं को जुवेनाइल जस्टिस एक्ट, 2015 के अंतर्गत सजा दी जाये;

5. तम्बाकू-मुक्त पीढ़ी 1 जनवरी 2007 के बाद जन्में बच्चों पर लागू करने हेतु एक राष्ट्रीय नीति बने; और,

6. वर्तमान के तम्बाकू उपभोगी युवाओं को तम्बाकू-उपचार, विभिन्न राष्ट्रीय स्वास्थ्य कार्यक्रमों द्वारा (आयुष्मान भारत सहित) व्यापकता से व निःशुल्क दिया जाये, 24-घंटों उपलब्ध एक राष्ट्रीय युवा-समर्पित क्विटलाइन की उपलब्धता के साथ।

उपरोक्त उपाय ही भारत के युवाओं को एक तम्बाकू-मुक्त स्थिति प्राप्त कर सकने और, परिणामवश, स्वस्थ और उत्पादक बने रहने में सहायक होंगे। आइये, जुड़ें- जुटे, इस अभियान को सार्थक बनाने हेतु।

गाँव-गरीब में तम्बाकू उपभोग

गेट्स-1 (ग्लोबल ऐडल्ट टोबेको सर्वे 1- वयस्क भारतियों में तम्बाकू उपभोग पर वैश्विक सर्वेक्षण का पहला चक्र) से यह सभी जानते हैं कि भारत में प्राय: तम्बाकू उपभोग पुरुषों, ग्रामीणों, गरीबों और अशिक्षितों द्वारा अधिकता से किया जाता है। उदाहरणार्थ, शहरों में 4 में से 1 व्यस्क और गाँवों में 5 में से 2 व्यस्क तम्बाकू उपभोगी हैं; 48% पुरुष और 20% महिलाएँ तम्बाकू उपभोगी हैं; दोनों ही में **जो अशिक्षित हैं, उनमें तम्बाकू उपभोग अधिकतम है** और बढ़ती शैक्षणिक योग्यता के साथ इसके उपभोग में भी कमी होती जाती है।

साथ ही, इसी वर्ष चंडीगढ़ स्थित पी.जी.आई. और दिल्ली स्थित विश्व स्वास्थ्य संगठन के क्षेत्रीय कार्यालय के द्वारा संयुक्त रूप से प्रकाशित एक अध्ययन से यह भी जानकारी मिली कि धूम्रपायी और चबाने वाली तम्बाकूओं का उपभोग समाज के धनिक वर्ग में, गरीब वर्ग की अपेक्षा, कम होता है, याने **आर्थिक समृद्धि के साथ तम्बाकू उपभोग में कमी आती है।** यह भी ध्यान रखना होगा कि इसी में यह भी रिपोर्ट किया गया कि (1) बिहार, झारखण्ड, आंध्र प्रदेश, नागालैंड, मणिपुर और त्रिपुरा जैसे कुछ प्रदेश हैं जहाँ पर धूम्रपायियों- और (2) उत्तराखंड, केरल, आंध्रप्रदेश व अधिकाँश उत्तर-पूर्वी प्रदेशों में चबाने वाली तम्बाकू- के उपभोग के सन्दर्भ में यह निष्कर्ष सही नहीं बैठता है।

भारत हेतु गेट्स-2 (वैश्विक ऐडल्ट तम्बाकू सर्वे, चक्र 2, 2016–17) द्वारा इस जानकारी से तो प्रसन्नता हुई कि भारत में पिछले सात वर्षों में (2009–10 से 2016–17 के बीच) सभी प्रकार का तम्बाकू उपभोग 6% घटा है (34.6% से 28.6%)। लगभग 81 लाख तम्बाकू उपभोगी कम हुए- धूम्रपायी तम्बाकू और चबाने वाली तम्बाकू के उपभोगियों में आयी कमी क्रमश: 3.3% और 4.1% है।

आइये जानें कि क्या यह कमी हमारे पुरुष-प्रधान सामाजिक और आर्थिक परिपेक्ष पर भी अपना प्रभाव छोड़ पायी है:

1. **पुरुष- महिला अंतर:** पुरुषों और महिलाओं द्वारा तम्बाकू उपभोग में यह कमी क्रमश: 5.5% और 6.1% हुई। वर्तमान में, धूम्रपान करने वाले पुरुष और महिलाओं में कमी तो आयी है किन्तु महिलाओं में यह अपेक्षाकृत अधिक है- जहाँ धूम्रपायी पुरुषों में 5.3% की कमी हुई है (24.3% से 19.0%), धूम्रपायी महिलाओं 0.9% की हुई कमी (2.9% से 2.0%) कम लगती है परन्तु अनुपातिक तौर पर महिलाओं में धूम्रपान की दर, पुरुषों की अपेक्षा 10% अधिक कम हुई है। इसी तरह चबाने वाली तम्बाकू का पुरुषों में उपभोग 3.5% कम हुआ है (25.9% से 29.6%) जबकि महिलाओं में इसमें 5.6% कमी आयी है। इस श्रेणी में यदि अनुपातिक कमी देखें तो महिलाओं में अनुपातिक कमी 20% अधिक हुई है। अतः इससे स्पष्ट है कि **महिलाओं में, पुरुषों की अपेक्षा, तम्बाकू के उपभोग में पायी गयी कमियाँ बेहतर और सुखदायी हैं।** इससे अपरोक्ष रूप से ही सही, युवाओं में तम्बाकू उपभोग को आरम्भ नहीं करने का एक सकारात्मक सन्देश भी जायेगा क्योंकि महिला जो कि परिवार की धूरी है, अपने बच्चों द्वारा तम्बाकू उपभोग आरम्भ नहीं करने देने के प्रति मात्र अधिक सजग ही नहीं होगी, उनके लिए एक रोल-मॉडल की भूमिका भी बेहतर रूप से निभा पायेगी।

2. **शहर बनाम गाँव:** क्या विगत सात वर्षों में, याने गेट्स-1 और गेट्स-2 के बीच में (2009–10 से 2016–17 तक), गाँव-शहरों की विषमता में भी अपेक्षित सुधार हो पाया है? **शहरों में देखें** तो धूम्रपायी तम्बाकू का उपभोग चबाने वाली तम्बाकू की अपेक्षा अधिक घटा है, क्रमश: 2.9% (11.2% से 8.3%) और 2.5% (17.7% से 15.2%)। **गाँवों में इसका उल्टा हुआ है-** चबाने वाली तम्बाकू का उपभोग धूम्रपायी तम्बाकू की अपेक्षा अधिक घटा है, क्रमश: 4.7% (29.3% से 24.6%) और 3.2% (15.1% से 11.9%)। परन्तु, अनुपातिक रूप से, जहाँ शहरों में धूम्रपायी तम्बाकू का उपभोग गाँवों की अपेक्षा 4% अधिक घटा है (25.9% शहरों में और 21.9% गाँवों में),

चबाने वाली तम्बाकू का उपभोग गाँवों में शहरों की अपेक्षा 1.84% अधिक घटा है (गाँवों में 16.04% और शहरों में 14.2%)। इन आँकड़ों से प्राप्त जानकारी यह इंगित करती है कि **जहाँ शहरों में धूम्रपायी तम्बाकू के नियंत्रण पर अधिक जोर हो, गाँवों में दोनों प्रकार की तम्बाकू को नियंत्रित करने के अधिक प्रयास करने हों।**

3. **तम्बाकू पदार्थों पर खर्च:** साथ ही, क्योंकि मात्र तम्बाकू उपभोग से भारत के 1.5 करोड़ परिवार गरीबी रेखा के नीचे जीवनयापन कर रहे हैं, क्या विगत 7 वर्षों में (2009-10 से 2016-17 तक) तम्बाकू उपभोगियों के औसत मासिक खर्च में कोई बदलाव हुआ है? गेट्स-1 और गेट्स-2 के बीच सिगरेट और बीड़ी पर खर्च क्रमश: 198.7% (रु. 399.2 से बढ़ रु. 1192.5) और 204.1% (रु. 93.4 से बढ़ रु. 284.1) बढ़ा है। इसको आखिरी सिगरेट (रु. 11.5 से रु. 30.0; बढ़ोतरी- 160.8%), आखिरी बीड़ी (रु. 5.6 से रु. 12.5; बढ़ोतरी- 123.2%) और आखिरी चबाने वाली तम्बाकू (रु. 6.0 से रु. 12.8; बढ़ोतरी- 113.3%) की खरीद के सन्दर्भ में भी देखे तो **प्रत्येक तम्बाकू उपभोगी का खर्च इन तीनों श्रेणियों में बढ़ा ही है।** परिणामस्वरूप, **निश्चित ही इन बढ़ोतरियों का प्रभाव समृद्धि और**

खुशहाली पर भी नकारात्मक ही हुआ होगा। इसका मूल्यांकन इन वर्षों में बदली मुद्रास्फीति और मानव विकास सूचकांक के साथ भी करके देखना होगा क्योंकि तम्बाकू उद्योग ने भी समाज के बढ़ते आर्थिक स्तर के साथ कीमतों में वृद्धि तो की ही हैं।

अतः यह सामयिक है और आवश्यक भी कि **तम्बाकू नियंत्रण की राष्ट्रीय नीति और स्वास्थ्य प्रोत्साहन के कार्यक्रमों में सामाजिक-आर्थिक विषमताओं को ध्यान में रख बदलाव किये जाएँ, ताकि जो गाँवों व गरीबी से जुड़े हैं उन्हें इसका अधिकतम लाभ मिल सके।** यह इसलिए भी आवश्यक हो जाता है क्योंकि अब तक तम्बाकू के नियंत्रण के लिए पिछले दशक में किये गए प्रयासों का केंद्र-बिंदु भारत के शहरों के साथ समाज का शिक्षित-समृद्ध वर्ग ही रहा है। अन्यथा, ग्रामीण और गरीब, दोनों के ही तम्बाकू खाते-पीते रहने से, ना केवल वे परन्तु उनके परिवार भी और गरीब होते जायेंगे क्योंकि उनको मात्र तम्बाकू पदार्थ खरीदते रहने के निरंतर खर्च को ही नहीं झेलते रहना होगा बल्कि उन्हें भविष्य में होने वाले रोगों के प्रबंध के खर्च को भी वहन करना पड़ेगा; और, उनकी असामयिक, अपरिपक्व मृत्यु से होने वाली उत्पादकता की हानि (अप्रत्यक्ष हानि) उनके परिवार के अतिरिक्त उनके संस्थान और देश-समाज को उठानी पड़ेगी।

तम्बाकू की हानियों पर वैश्विक समझ

वर्ष 2018 में केप टाउन, दक्षिणी अफ्रीका में तम्बाकू या स्वास्थ्य पर आयोजित 17वीं त्रि-वर्षीय वैश्विक संगोष्ठी में टोबेको एटलस का छठा संस्करण जारी किया गया। इसमें तम्बाकू नियंत्रण के अनेक महत्वपूर्ण मुद्दों पर चर्चा की गयी है। **तो आइये जानें, क्या जानकारी मिली है तम्बाकू से होने वाली सभी हानियों के बारे में इस एटलस से:**

यह तो हम जानते ही हैं कि तम्बाकू से होने वाले रोग और मृत्युओं को रोका जा सकता है याने विश्वभर में प्रत्येक वर्ष होने वाली ~80 लाख मृत्युओं (भारत में वर्तमान में प्रतिदिन 4,000 मृत्युओं से अधिक) की रोकथाम की जा सकती है। इससे यह भी धारणा बनाई जा सकती है कि समूची स्वस्थता को सुधार कर जीवन को बचाने हेतु तम्बाकू के उपभोग को समाप्त करना एक अत्यधिक उपयोगी और प्रभावी तरीका हो सकता है।

धूम्रपान में ~7,000 रसायन होते हैं जिनमें ~5,00 अत्यधिक विषैले और 70 केन्सरकारक होते हैं जबकि चबाने वाली (व अन्य गैर धूम्रपायी) तम्बाकू में ~3000 रसायनों में ~250 विषैले व 30 केन्सरकारक रसायन होते हैं। गर्भवती महिलाओं के धूम्रपान करने से पेट पल रहे भ्रूण को गर्भपात और मृत्यु के खतरों के साथ इनमें शारीरिक विकृतियों के अतिरिक्त जन्म के समय शारीरिक वजन में कमी और माँ से मिलने वाले अति महत्वपूर्ण भोजन- स्तनपान में कमी से भी जूझना पड़ता है।

महिलाओं की चर्चा हो रही है तो यह भी बताना लाभकारी हो सकता है कि जहाँ तम्बाकू की अन्य हानियों से तो वे पीड़ित हो ही सकती हैं, वहाँ अधेड़ महिलाओं में हड्डियों का स्खलन (ओस्टियोपोरोसिस) उनमें फ्रेक्चर की दर बढ़ा देता है तो युवा महिलाओं द्वारा किया गया तम्बाकू उपभोग उनके बाँझ होने का एक महत्वपूर्ण कारण होता है। इसका कारण प्रति माह डिम्बकोश से उत्पन्न डिम्बों की संख्या में कमी होने के साथ उनका अपने प्राकृतिक मार्ग से भटकाव भी होता है। परिणामवश, ऐसी महिलाओं में गर्भ, बच्चेदानी की बजाये, पेट में कहीं और ठहर सकता है जो कि गर्भावस्था की जटिलतायें बढ़ाने के साथ माँ और भ्रूण दोनों के लिए ही जानलेवा हो सकता है।

अब यह तो सब जान ही गए हैं कि **हमारी समूची मृत्युओं का अपेक्षाकृत बड़ा भाग गैर-संक्रामक रोग के होने से जुड़ा है।** इस तथ्य को यों समझा जा सकता है कि भारत में वर्ष 2014 में हुई 10 लाख मृत्युओं में से ~60% मृत्युएँ गैर-संक्रामक रोगों से ही हुई। इनमें से हृदय व संचार तंत्र के रोगों से 26%, सांस के रोगों से 13%, केन्सरों से 7%, मधुमेह से 2% और अन्य गैर-संक्रामक रोगों (तंत्रिका-, मानसिक-, हड्डियों-, माँसपेशियों-, गुर्दे-, इत्यादि के रोग) से 12% मृत्युएँ हुई। प्रमुखता से, इनके कारक रहे: उच्च-रक्तचाप, हार्टअटैक, स्ट्रोक पक्षाघात, अस्थमा, दीर्घावधि की खाँसी, फेंफड़े, मुँह, गले और खाने की नली के केन्सर, मधुमेह की जटिलतायें- गुर्दों का काम करना बंद कर देना, गैंग्रीन (पाँवों में रक्त-संचार की कमी से उत्पन्न सड़न), इत्यादि।

वैश्विक तौर पर इन सभी में तम्बाकू के एक प्रमुख कारक होने की संभावना 20%- 30% तक मानी जाती है। यह तो सभी मानते हैं कि रोगों और मृत्युओं की संख्या, सिगरेटों-बीड़ियों की बढ़ती संख्या के उपभोग और समयावधि से निश्चित ही बढ़ जाती है, परन्तु इस हानि की प्रत्येक शुरुआत इनकी एक छोटी संख्या के उपभोग से ही आरम्भ होती है, अधिकांशतः अपेक्षाकृत कम आयु में ही। **जो तम्बाकू उपभोगी जीवनपर्यंत इसे छोड़ नहीं पाते हैं: (अ)** उनमें इन रोगों के होने का खतरा 30 गुना अधिक होता है; **(ब)** आधे उपभोगी तम्बाकूजनित रोगों से ही मरते हैं; और, **(स)** वे उनके औसत जीवनकाल में से 6-8 वर्ष खो देते हैं।

निष्क्रिय धूम्रपान की समस्या से विश्व तो जूझ ही रहा है, भारत में, घरों की अपेक्षा, कार्यस्थलों पर इसकी समस्या में पिछले आठ वर्षों के अंतराल में तम्बाकू नियंत्रण के लिए किये गए राष्ट्रीय प्रयासों से भी कोई कमी नहीं आ पायी है। जहाँ वयस्कों में इसके

दुष्प्रभाव से अप्रत्याशित हृदयाघात, अस्थमा, इत्यादि, के अतिरिक्त साँस के संक्रमण, फेफड़ें के केन्सर से पीड़ित होने की दरें भी बढ़ जाती हैं, नवजातों में धूम्रपान के धूएँ से गलघोंटू मृत्यु (अंग्रेजी में सडन इन्फेंट डेथ सिंड्रोम–SIDS) के अतिरिक्त बच्चों में साँस– व कान– के संक्रमण अधिकता से होते हैं। अब यह तथ्य भी स्थापित हो चुका है कि धूम्रपान से होने वाली सभी मृत्युओं में 10% मृत्युएँ निष्क्रिय धूम्रपान से ही होती हैं।

धूम्रपान और इसकी हानियों से जुड़ा एक और विषय है जिसकी ओर ध्यानाकर्षण आवश्यक है। जहाँ अब तक उत्तर भारत के ग्रामीण इलाकों में **पारम्परिक हुक्के से जुड़ी सामाजिकता व आवभगत** को हम नियंत्रित कर ही नहीं पाये हैं, वहाँ पिछले डेढ़ दशक में शहरी युवाओं में **हुक्का बार का बढ़ता चलन** पिछले दशक में एक बहुत बड़ी चुनौती बन कर उभरा है। एक ओर जहाँ **ग्रामीणों में** तो यह भ्रान्ति है ही कि हुक्का बीड़ी–सिगरेट पीने से कहीं कम हानिकारक है, दूसरी ओर **शहरी युवा** भी भ्रमित हो हुक्का–बारों में उनके संचालकों द्वारा इसके सुगंधित रूप को परोक्ष–अपरोक्ष रूप में तम्बाकू के परोसे जाने से धूम्रपान के नए ग्राहक बनने के साथ–साथ भविष्य में इसकी सम्भावित हानियों से पीड़ित होने की अनदेखी कर रहें हैं। यहाँ यह उल्लेखित कर देना उचित होगा कि एक ही हुक्के को कई लोगों द्वारा पिये जाने से क्षय रोग (टी.बी.) का खतरा अधिक बढ़ जाता है जो कि संक्रामक रोगों से पीड़ित हो मृत्यु का एक बड़ा कारण है। यह भी जानना ही चाहिए कि टी.बी. में 30% रोगी, इस रोग से नहीं, अपितु धूम्रपान के कारण मरते हैं।

भारत में चबाने वाली तम्बाकू के उपभोग की दर धूम्रपायियों से दोगुने से भी अधिक है। हालाँकि यह एक तकनीकी तथ्य है कि धूम्रपायी तम्बाकूओं की अपेक्षा चबाने वाली तम्बाकू से होने वाली हानियाँ थोड़ी कम होती हैं क्योंकि इसमें पाये जाने वाले रसायनों, विषैले तत्व और केन्सरकारकों की संख्या अपेक्षाकृत कम होती हैं, इससे होने वाली हानियों– रोग व मृत्युओं को कम आंकने की भूल कतई नहीं की जानी चाहिए (समूचे विश्व में प्रतिवर्ष ~6.5 लाख मृत्युएँ व अकेले भारत में इनमें से लगभग आधी)। इससे होने वाले मुँह–गले के रोग, विशेषकर इनके केन्सर या उनकी पूर्वावस्था की संभावनाएँ व दरें, सुपारी और/या शराब के साथ किए उपभोग से और भी बढ़ जाती हैं।

इनके अतिरिक्त, पाठकों द्वारा, तम्बाकू से होने वाली हानियों की सूची में शारीरिक हानियों, मानसिक रोगावस्थाओं, सामाजिक त्रासदियों व वातावरणीय दुष्प्रभावों के साथ होती आर्थिक हानियों को भी जोड़ने से यह समझ में आ जायेगा कि **विश्व का तम्बाकू-मुक्त होना क्यों आवश्यक है!**

अंततः यह जानें और मानें भी कि **तम्बाकू उपभोग और मानवीय अस्तित्व एक-दूसरे के नितांत विरोधाभासी हैं।** और, तब आपको भी सोचना ही होगा कि **सम्पूर्ण तम्बाकू-मुक्ति** की माँग क्यों उचित है और सामयिक भी। और, यदि आप मुझसे सहमत हैं तो क्या इस निर्णय पर पहले से ही बहुत देर नहीं हो चुकी है? अतः शीघ्रातिशीघ्र जुड़ें तम्बाकू नियंत्रण से और **माँग करें वैश्विक-और राष्ट्रीय-तम्बाकू मुक्ति की।**

तम्बाकू से शारीरिक हानियाँ व उपचार–लाभ हेतु आमजन में जागरूकता

लगभग दो वर्ष पूर्व सम्पन्न हुई केन्सर विशेषज्ञों की एक राष्ट्रीय वार्षिक गोष्ठी में आयोजित केन्सर की रोकथाम और शीघ्र निदान पर हुए एक चर्चा में भाग लेने का अवसर मिला। पहला ही बिंदु था– शिक्षा और जन जागरूकता। वैसे तो केन्सर नियंत्रण के सन्दर्भ में यह एक बहुआयामी विषय है, किन्तु इनकी प्राथमिक रोकथाम का एक प्रमुख पहलू है तम्बाकू मुक्ति क्योंकि भारत में पुरुषों के 39%- 54% केन्सर और महिलाओं के 12% से 24% केन्सर तम्बाकू-जनित हैं। याने, क्योंकि तम्बाकू **भारतीय पुरुषों के ~50% और महिलाओं के ~20% केन्सरों का कारक है** जो कि एक सर्वथा रोका जा सकने वाला गुणक है। इस पर सबसे अधिक और प्राथमिकता से ध्यान दें। वर्तमान में रिपोर्ट की गयी, **भारत में केन्सरों बढ़ती दर में प्रभावी रूप से कमी लायी जा सकती है।**

किन्तु, कितने स्वास्थ्यकर्मियों या इस दायरे को और सीमित करते हुए यह जाने कि कितने चिकित्सकों को इसकी जानकारी है तो यह आश्चर्यजनक किन्तु दुःखद तथ्य उभर आता है कि **अधिकांश इस बारे में अनभिज्ञ हैं।** यह जानकारी तो कदाचित केन्सर विशेषज्ञों में भी नहीं मिलेगी कि:

1. तम्बाकू में कितने और कौन से रसायन केन्सर कारक हैं;

2. उनसे से क्या शारीरिक परिवर्तन/हानियाँ होती हैं– मूलतः जेनेटिक स्तर पर;

3. केन्सर हो जाने के बाद भी क्या रोगियों को तम्बाकू उपभोग/रोग हेतु उपचारित किया जाना चाहिए; और,

4. यदि ऐसा किया जाने लगे तो क्या उन्हें इसके उपचार में आसानी होगी; अथवा,

5. उपचार के बाद केन्सर पुनरावृति या नए तम्बाकू-जनित केन्सरों के उत्पन्न होने से में कमी आ सकेगी।

तो उपरोक्त प्रश्नों के क्रमवार उत्तर इस प्रकार है:

1. अधिकतम तम्बाकूओं में हाइड्रोकार्बन्स, नाइट्रेट्रस व भारी धातुएँ जैसे आर्सेनिक, निकल, कैडमियम, इत्यादि, केन्सरकारक होते हैं। इनके जलाये जाने पर इन रसायनों की सूची और भी लम्बी हो जाती है, जैसे कि विकिरणकारी तत्वों की उपस्थिति और उनके स्थापित हानिकारक प्रभाव;

2. तम्बाकू जेनेटिक स्तर पर, कोशिकाओं के डी.एन.ए. को क्षतिग्रस्त कर उनकी अनियंत्रित वृद्धि को तेजी देता है और/अथवा कोशिकाओं में केन्सर-प्रतिरोधी जींस (पी-57) को विफल कर देता है;

3. केन्सर का निदान हो जाने के पश्चात भी रोगी को तम्बाकू उपभोग हेतु उपचारित आवश्यकता से और शीघ्रातिशीघ किया जाना चाहिए;

4. तम्बाकू से उपचारित किये जाने से केन्सर रोगी में उसके विशिष्ट-उपचार की प्रभाविकता को बढ़ाये जाने के साथ इससे उत्पन्न जटिलताओं में भी कमी लायी जा सकती है; और,

5. इससे केन्सर की पुनरावृति में कमी किये जा सकने से अन्य तम्बाकू-जनित केन्सरों की उत्पति को भी रोका जा सकता है। किन्तु इस हेतु केन्सर रोगी का एक लम्बे समय तक तम्बाकू-मुक्त बने रहना आवश्यक होगा या यूँ जान लें कि उसको स्थाई रूप से जीवनपर्यंत तम्बाकू-मुक्त बने रहना होगा।

तो यह तो हुई केन्सर रोग और उसके रोगियों के सन्दर्भ में चर्चा। आइये, अब यह जाने कि एक आमजन तम्बाकू की शारीरिक हानियों और इसके उपचार से मिलने वाले लाभों के प्रति कितना जागरूक है:

इस हेतु मोटे तौर पर यह कहना अनुचित नहीं होगा **कि एक आमजन की तम्बाकू की हानियों के प्रति जानकारी अत्यन्त सीमित/नगण्य ही है**, क्योंकि उसे केवल इसके मात्र केन्सरकारक होने की ही जानकारी है जो कि खुदरा तम्बाकू पैकेजिंग पर आकार में लगातार बढ़ती हुई सचित्र चेतावनियों और उनसे मुँह-गले के केन्सरों को बढ़ी हुई अवस्था में दिखलाने से उत्पन्न हुई है। किन्तु **एक आमजन को यह नहीं पता है कि:**

(1)   तम्बाकू प्रतिदिन 4,000 व्यस्क भारतीयों की मृत्यु का कारण है;

(2)   यह जीवनपर्यंत-उपभोगी के 6 से 10 वर्षों का जीवन कम कर देता है;

(3)   यह उसे सिर-से-पाँव तक: (अ) विभिन्न घातक रोगों (उच्च रक्तचाप, हृदयाघात हार्ट-अटेक, साँस के रोगों- अस्थमा, टी.बी., इत्यादि, 14 प्रकार के केन्सर या/और मधुमेह डायबिटीज) के अतिरिक्त आमाशय या/और छोटी-आंत में सूजन अथवा छाले और छाले से उत्पन्न जटिलतायें, छोटी आंत में संक्रमण, इत्यादि), रक्त संचार की कमी से पाँवों में सड़न, नपुसंकता-नामार्दांगी अथवा बाँझपन और गर्भावस्था में भ्रूण/जन्म-पश्चात शिशुओं को पीड़ित करता है। मुँह-दाँतों के कई रोगों, मोतियाबिंद, समय-पूर्व वृद्ध दिखने, इत्यादि, इसकी अन्य हानियाँ हैं;

(4)   इसका निष्क्रिय धूम्रपान भी सक्रिय धूम्रपान के समान अत्यंत हानिकारक है; और,

(5)   इसके वैकल्पिक उत्पाद, इलेक्ट्रॉनिक सिगरेट, हीट-नॉट-बर्न, इत्यादि, भी हानिकारक ही हैं।

दूसरी ओर, आमजन को तम्बाकू के उपचार से लाभों की जानकारी भी नगण्य ही है। इसका मूल कारण है इस बात की जानकारी नहीं होना कि **तम्बाकू खाना-पीना एक रोग है और इसका उपभोगी** एक रोगी है जब कि यह बहुत समय से स्थापित हो चुका है कि **तम्बाकू खाना-पीना छोड़ना अथवा इसका उपचार किसी भी आयु में लाभकारी होता है;** और, तत्पश्चात् जीवनपर्यंत तम्बाकू मुक्त बने रहने से, मात्र लघुगामी ही नहीं (तम्बाकू छोड़ने के 15-20 मिनटों से) दीर्घावधि में मिलने वाले लाभ (10 से 15 वर्ष पश्चात्; मूलतः हृदयाघात, लकवे, केन्सरों में कमी व साँस के रोगों, डायबिटीज, गुर्दे- व लीवर- के रोगों के उपचार में आसानी), शारीरिक स्वस्थता के अतिरिक्त तम्बाकू व उसके रोगों में खर्च से मुक्ति हेतु अत्यधिक लाभकारी हैं।

इसे यूँ समझ लें कि तम्बाकू छोड़ते समय **तम्बाकू उपभोगी की आयु जितनी कम होगी, अनुपातिक लाभ उतना अधिक होता है; और, यदि उसे अब तक कोई तम्बाकू-जनित रोग नहीं उत्पन्न हुआ है तो उसमें लाभ सम्पूर्णता से मिलेगा!** अतः यदि कोई इसे 30 वर्ष से कम की आयु में छोड़ देता है तो उसे सर्वाधिक लाभ की प्राप्ति निश्चित है। अब क्योंकि भारत में तम्बाकू उपभोग आरम्भ करने की औसत आयु 1 वर्ष बढ़ गयी है (17 वर्ष से बढ़कर 18 वर्ष) और तम्बाकू उपभोग अधिकता से 25 से 34 वर्ष में होने लगा है, नीतिगत रूप से यह अत्यन्त आवश्यक है कि तम्बाकू उपचार को प्राथमिकता से चिकित्सा-क्षेत्र में ही नहीं, सर्वत्र और हर स्तर पर प्राथमिकता मिले: पारिवारिक-, सामाजिक-, कार्य- व लोक- स्थलों- के अतिरिक्त व्यावसायिक स्तर के साथ-साथ बीमा क्षेत्र में भी।

यह निश्चित ही प्रसन्नता देता है कि **तम्बाकू उपचार को अब राष्ट्रीय तम्बाकू नियंत्रण कार्यक्रम में एक महत्वपूर्ण स्थान प्राप्त है;** और, चिकित्सकों (दन्त-चिकित्सकों सहित) को इस हेतु देशभर में प्रशिक्षित किया जा रहा है ताकि वे अपने हर तम्बाकू उपभोगी-रोगी को समय रहते प्रेरित-उपचारित कर सकें। साथ ही, **राष्ट्रीय क्विटलाइन के नि:शुल्क कॉल न. (1800-11-2345) को सभी** खुदरा तम्बाकू पदार्थों पर इसी वर्ष 1 सितम्बर से अनिवार्य रूप से छापने की सरकारी शर्त भी तम्बाकू उपचार में अपेक्षित वृद्धि देगी। अत: जुड़ें-जोड़ें सभी को तम्बाकू-मुक्ति की जन जागरूकता से।

तम्बाकू खाने–पीने पर बातचीत (भाग 1)

कुछ चुनिन्दा प्रश्नों के उत्तर

अब तक तम्बाकू नियंत्रण की इस सतत श्रृंखला में हमने अपने पाठकों को तम्बाकू नियंत्रण के बोझ व इससे होने वाली हानियों की जानकारी उपलब्ध करायी है। फिर भी कुछ प्रश्न ऐसे हैं जो कि आमतौर पर पूछे जाते हैं और जिनके उत्तर प्रत्येक के पास होने पाने चाहिए, चाहे वह तम्बाकू का उपभोग करता है या नहीं। आइये, विस्तार से जाने इनके बारे में:

1. तम्बाकू खाने–पीने को उपभोग कहना क्यों उचित है?

उत्तर– चाहे आप धूम्रपान करते हों (सिगरेट, बीड़ी, हुक्का, चिलम, सिगार, चुरुट,इत्यादि), इसे चबाते हों (जर्दा, खैनी, मावा, मिश्री, गुटके–समान पान मसाले और विशुद्ध तम्बाकू का मिश्रण) या फिर इसे पीते हों (तुइबुर) जैसा कि देश के उत्तर-पूर्वी प्रदेशों में पाया जाता है। तम्बाकू खाने–पीने को एक उपभोग कहना इसलिए उचित है क्योंकि इसका मानव शरीर के अतिरिक्त सम्पूर्ण मानवता के लिए भी इसका कोई अंशमात्र भी लाभ नहीं है। अतः जिस वस्तु के उपयोग से आपको लाभ न हो, फिर भी आप उसे काम में लेते रहें, व्यसन की परिभाषा से परे, उसे तो उपभोग ही कहा जायेगा।

2. फिर तम्बाकू से लाभान्वित कौन हो रहा है?

उत्तर– तम्बाकू पदार्थों के लाभार्थी इसके उत्पादक और विक्रेता ही हैं। इस भ्रान्ति को भी दूर कर लेना आवश्यक होगा कि इसकी खेती करने वाले किसान, तेंदू पत्ता इक्कठे करने वाले आदिवासी और बीड़ी बनाने वाले परिवारों (महिला–बच्चे) को कोई लाभ होता है। हालाँकि, इनके शोषण की कहानी जग–जाहिर है, परन्तु इन्हें अब तक अन्य वैकल्पिक व्यवसायों में लगाने में सरकारें सफल नहीं हो पायी हैं।

3. तम्बाकू हानिकारक है, मारक है, यह सब जानते हैं। फिर सरकार इसे बंद क्यों नहीं कर देती है?

उत्तर– सरकार की विवशता संवैधानिक है। क्योंकि संविधान के अनुसार प्रत्येक को जीविका अर्जित करने का मौलिक अधिकार है, जो किसान तम्बाकू की खेती कर रहा है, जो उत्पादक विभिन्न तम्बाकू पदार्थ बना रहा है और जो भी थोक- अथवा खुदरा- व्यापारी इसे बेच रहा है, उसे ऐसा करने से सरकार रोक नहीं सकती है।

4. कई तम्बाकू उपभोगी इसलिए तम्बाकू नहीं छोड़ना चाहते हैं क्योंकि उन्होंने ऐसे कई लोगों के बारे में सुना है जिन्होंने जीवन भर तम्बाकू का सेवन किया परन्तु उन्हें कोई रोग नहीं हुआ। क्या इन उपभोगियों का यह सोच सही है?

उत्तर– इनमें अधिकांश तम्बाकू की हानि के तथ्यों से परिचित नहीं होते हैं और एक व्यापक सामाजिक भ्रान्ति के चलते इसे छोड़ने से बचते रहते हैं। परन्तु, अब यह तथ्यात्मक रूप से स्थापित हो चुका है कि: (1) तम्बाकू उपभोगियों में तम्बाकूजनित रोगों का खतरा 30 गुना अधिक होता है; और (2) जो लोग जीवन भर तम्बाकू उपभोग करते हैं, उन्हें समयपूर्व मृत्यु के परिणामवश सम्पूर्ण आयु में से 6–10 वर्ष की हानि हो सकती है। अतः उन तम्बाकू उपभोगियों की सोच सही नहीं है।

5. तो, क्या वे लोग सही सोच रहें हैं, विशेषकर युवा और पढ़े लिखे लोग, जो यह सोचते–मानते हैं कि कभी-कभी या ससाहांत (जिसे सोशल स्मोकिंग की तरह भी वर्गीकृत किया जाता है) तम्बाकू खाने–पीने से वे इसकी हानियों से बचे रहेंगे?

उत्तर– बिलकुल नहीं! क्योंकि : (1) धूम्रपान, तम्बाकू चबाने और इसके निश्क्रिय धूम्रपान (दूसरों के धूम्रपान से उत्पन्न धुएँ) को सूँघने की कोई सुरक्षित मात्रा निर्धारित नहीं है (जैसा कि दवाओं की एक निश्चित मात्रा के बाद जाना जाता है); और, (2) ना ही ऐसे कोई टेस्ट उपलब्ध हैं जिससे किसी उपभोगी में तम्बाकूजनित रोगों के होने के खतरे को पहचाना जा सके। इसीलिए तम्बाकू-मुक्त जीवन को ही सर्वोचित माना जाता है। दूसरे तरीक़े से कहें तो: (अ) यदि आप तम्बाकू उपभोगी नहीं हैं तो आप दृढ़ता से इसके उपभोग को हर बार ना कहें चाहे कोई भी आपको इस हेतु कितना भी प्रेरित करे; और,

(ब) यदि आप इसका सेवन करने लगें हैं तो इसे तत्काल छोड़ने का प्रयास करें।

6. क्या तम्बाकू छोड़ने से इससे होने वाली हानियाँ रुक जायेंगी?

उत्तर– जी हाँ! ना केवल आप तम्बाकू से होने वाली हानियों से बच पायेंगे, आपके शरीर में अब तक हुए हानिकारक परिवर्तनों में भी सुधार होने लगेगा। एक और महत्वपूर्ण जानकारी यह भी कि आप किसी भी आयु में तम्बाकू छोड़ें, इससे मिलने वाले लाभ निश्चित रूप से आपको मिलने लगेंगे।

7. वो कैसे?

उत्तर– तम्बाकू छोड़ने से जो लाभ तथ्यात्मक रूप से जाने गये हैं वे निम्न हैं :

(1) 15-20 मिनटों में ही तम्बाकू उपभोगी की हृदय-, नाड़ी- और साँस- की गति की दरें सामान्य होने लगती है;

(2) 48 घंटों में नसों में बदलाव के साथ हाथ-पाँव के तापमान और खाने के स्वाद में सामान्यता आने लगती है;

(3) 3-9 मार्हों में भूख में बढ़ोतरी होने के साथ, रक्त संचार में सुधार सांस लेने में भी आसानी होने लगती है; स्टेमिना बढ़ जाता है जिससे भागने-सीढ़ियाँ चढ़ने में सांस फूलने में कमी होने लगती है; और, सांस के संक्रमणों में कमी होने लगती है;

(4) एक वर्ष बाद हृदयाघात (हार्ट अटैक) का खतरा आधा हो जाता है और 5 वर्षों बाद लकवे (स्ट्रोक) का खतरा लगभग समाप्त हो जाता है;

(5) दस वर्षों बाद फेंफड़े के केन्सर और अन्य तम्बाकूजनित केन्सरों की दर कम होने लगती है;

(6) 15 वर्षों बाद, यदि व्यक्ति में कोई संरचनात्मक परिवर्तन या तम्बाकूजनित रोग स्थापित नहीं हो चुके हों, तो अब तक जीये तम्बाकू-मुक्त जीवन से उसमें तम्बाकू के खतरे एक गैर-तम्बाकू उपभोगी के समान ही हो जाते हैं; और, यदि कोई तम्बाकूजनित रोग उत्पन्न हो भी जाये तो उसका प्रबन्ध आसान और कम जटिलताओं भरा होता है। (**कृपया अगला लेख भी पढ़ें।**)

तम्बाकू खाने-पीने पर बातचीत (भाग 2)

कुछ चुनिन्दा प्रश्नों के उत्तर

पिछले लेख में हमने अपने पाठकों को तम्बाकू उपभोग के विभिन्न पहलूओं की जानकारी उपलब्ध कराई। और भी कुछ प्रश्न ऐसे हैं जो कि आमतौर पर पूछे जाते हैं। इनके उत्तर प्रत्येक के पास होने पाने चाहिए- चाहे वह तम्बाकू उपभोगी है या नहीं; और, उसकी अगली पीढ़ी की तम्बाकू से सुरक्षा के लिए। आइये, विस्तार से जाने इनके बारे में:

1. तम्बाकू में ऐसा क्या है जो कि इसके खाने-पीने वालों को अटकाये रखता है याने छोड़ने में बाधा है ?

उत्तर- तम्बाकू खाने-पीने वालों को छोड़ ना पाना मुख्य तौर पर इसमें **निकोटीन** नामक एक व्यसनी पदार्थ की उपस्थिति से जुड़ा है। यह पदार्थ तम्बाकू के सेवन कुछ ही सेकंडों में रक्त में शोषित हो मस्तिष्क (दिमाग/Brain) में पहुँच एक आनंद प्रदान करने वाला पदार्थ बनाता है जो कि तम्बाकू उपभोगी को चुस्ती-फुर्ती, आनंदित अथवा तनाव-मुक्त होने का अनुभव प्रदान करता है। **यह तो हुआ शारीरिक अनुभूति हेतु इसे खाने-पीने का कारण।**

दूसरा और उतना ही **महत्वपूर्ण कारण है** उपभोगी की **मानसिक निर्भरता** जो कि तम्बाकू खाने-पीने हेतु अन्य व्यक्तियों के साथ, दिन-रात के विशिष्ट क्षणों (समय) और स्थानों (जहाँ व्यक्ति रहता है, काम करता हैं, इत्यादि) से जुड़ी हुई है। जैसे-जैसे ये (व्यक्ति/यों-समय- और स्थानों का/ (of Person/s, Place and Time); इन्हें खटके (triggers) भी कहा जाता है) खटके संख्या में बढते जाते हैं, ये तम्बाकू के उपभोग को एक प्रारंभिक प्रयोग से आदत और अंतत: व्यसन में बदल देते हैं।

तीसरा कारण सामाजिक है- एक कारण है, **क्लासिकल कंडीशनिंग** (Classical Conditioning), जिसके अंतर्गत उपभोगी किसी विशिष्ट स्थान, उत्सव, समय, व्यक्ति, इत्यादि की उपस्थिति में, इन्हें एक संकेत (Clue) मान तम्बाकू खाने-पीने लगता है, उदाहरणार्थ, शादी में या किसी उत्सव पर, अंतरंग दोस्तों से मिलने पर धूम्रपान करने लगना, इत्यादि। दूसरा सामाजिक कारण है, **ओपेरेंट कंडीशनिंग** (Operant Conditioning); इसके अंतर्गत एक तम्बाकू उपभोगी लघुगामी लाभों की प्राप्ति के लिए (चुस्ती-फुर्ती, तनाव से मुक्ति, दोस्तों का साथ, इत्यादि) दीर्घगामी हानियों (तम्बाकू पर खर्च, घातक रोगों पर खर्च और उनसे पीड़ा अथवा अपरिपक्व मृत्यु, इत्यादि) अनदेखी करता है।

अत: जब एक तम्बाकू उपभोगी इन तीनों कारकों के मकड़जाल में फंस जाता है तो बिना उचित परामर्श सेवा और दवाओं के उसका स्वत: तम्बाकू छोड़ना लगभग असंभव हो जाता है। उसको लगता है कि वह मात्र इच्छाशक्ति/स्वनिर्णय से तम्बाकू जब चाहेगा छोड़ देगा। इस भ्रान्ति के परिणामवश ही तम्बाकू उपभोग के व्यसनी 60% से भी अधिक हैं और छोड़ने की दर 2% से भी कम है।

2. तब तो फिर इसको छोड़ पाना असंभव ही है ?

उत्तर- नहीं, ऐसा तो बिलकुल नहीं है। यदि उपभोगियों को: (1) इसके छोड़ने के लाभों की जानकारी व्यापकता और निरन्तरता से मिलती रहे; (2) स्वास्थ्य व्यवस्था में तम्बाकू उपचार हेतु विशिष्ट तम्बाकू उपचार केन्द्र/क्लिनिकं आसानी से उपलब्ध हों; और, (3) इनसे मिलने वाली परामर्श सेवा और औषधियाँ नि:शुल्क मिले तो लाभ और भी अधिक हो जाता है। जिन देशों में ये तीनों गुणक उपलब्ध होते हैं, वहां तम्बाकू छोड़ने की सफलता 30% से 50% तक देखी जाती है। इसलिए, तम्बाकू के व्यसन को छोड़ पाना कठिन अवश्य हैं परन्तु असंभव बिलकुल नहीं।

3. और, ऐसे कौन से गुणक हैं जो कि तम्बाकू छोड़ने और इसे छोड़े रहने में सहायक होते हैं ?

उत्तर- अन्य गुणक जो कि प्रभावकारी माने जाते हैं, वे निम्न हैं:

● तम्बाकू उपभोग को नकारते/निरुत्साहित करते परिवार, समाज, नियोक्ता (Employer) और संस्थान;

- घरों, लोकस्थानों और कार्यस्थलों पर तम्बाकू-मुक्त वातावरण की उपलब्धता;

- सफलता से तम्बाकू छोड़ने वालों द्वारा कम-से-कम छ: महीनों तक तम्बाकू-मुक्ति क्लिनिक से जुड़ा रहना;

- नियोक्ता (एम्पलॉयर) द्वारा उनको सामाजिक स्तर पर सम्मानित करना या/और उन्हें आर्थिक रूप से प्रोत्साहित करना;

- इंश्योरेंस कंपनियों द्वारा या सामूहिक इंश्योरेंस के अंतर्गत उनका प्रीमियम एक तम्बाकू-उपभोगी की अपेक्षा कम कर देना, इत्यादि।

4. ऐसा क्यों देखा जाता है कि तम्बाकू उपभोगी, विशेषकर धूम्रपान करने वाले, अपने घरों, कारों, पार्कों, सामूहिक आयोजनों-उत्सवों, इत्यादि, पर भी इसको खाते-पीते रहते हैं चाहे उनके बच्चे, परिवारजन या मित्र नाक-भौं सिकोड़े या उन्हें इसके लिए रोकें/ मना करे?

उत्तर- देखिये, कारण तो स्पष्ट रूप से उनकी तम्बाकू उपभोग की व्यसनशीलता है अन्यथा कोई क्यों को अपनों को नाराज और दु:खी करेगा। परन्तु, एक बात स्पष्ट है कि यदि कोई इस हेतु मना कर रहा है, तो जहाँ सार्वजनिक रूप से धूम्रपान करना कानून का उल्लंघन तो ही, दूसरों के स्वास्थ्य को हानि होने के कारण भी उन्हें इसे नहीं करना चाहिए।

5. वे माँ-बाप क्या करें जिनके बच्चे चोरी-छिपे तम्बाकू खाने-पीने लगे हैं या जो इस बात से चिंतित हैं कि कहीं उनका बच्चा उनसे इसके उपभोग को छुपा रहा है?

उत्तर- जहाँ माँ-बाप इस बारे में जानते हैं, उनके लिए तो यह आवश्यक हो ही जाता है कि वे **अपने बच्चे को इसे छोड़ने हेतु और तम्बाकू-मुक्त जीवन जीने हेतु प्रेरित करें।** साथ ही, यदि वह इसका आदी या व्यसनी हो गया है, तो वे उसे इसे छोड़ने हेतु **उचित उपचार**

शीघ्रातिशीघ्र दिलवायें। समस्या वहाँ होती है जब बेचारे माँ-बाप इस संशय में है कि शायद उनका बच्चा इसे खा-पी रहा पर बता नहीं रहा है। बच्चों के दाँतों में लगे दाग और पीलापन, अँगुलियों से आती तम्बाकू की दुर्गन्ध, कमीज में हुए महीन छिद्र, उसका घर से बिना कुछ कहे निकल जाना या उन दोस्तों से चोरी छिपे मिलना या बढ़ता मेल-मिलाप जो कि इसके उपभोगी हैं, इत्यादि, कुछ ऐसे लक्षण हैं जो कि इस संशय को मजबूती देते हैं। इस विकट समस्या को धैर्य व शांति किन्तु मजबूती से निपटें-बच्चे के चोरी-छिपे को उपभोग को प्रमाणित कर और इसे छोड़ने हेतु पूरी तरह से उसके सहायक बनें। उन्हें क्रोधित-अपमानित करने से उनके और हठी बन जाने का व अन्य व्यसनों में भी लिप्त हो जाने का खतरा उत्पन्न हो जाता है।

6. यदि तम्बाकू उपभोगी लड़कियाँ-महिलायें हों तो क्या उनमें इसे छुड़वाने का तरीका अलग होता है?

उत्तर- नहीं, तम्बाकू छुड़वाने का तरीका तो उनमें भी लड़कों-पुरुषों के सामान ही है। परन्तु, उनके द्वारा कई बार इसे लम्बे समय तक गुप्त रखने के कारण इसका पता बहुत देर से चलता है। इसलिए उनमें इसकी व्यसनशीलता अधिक जटिल हो जाती है और इसे छुड़वा पाना सामाजिक कुरीतियों, भ्रांतियों-लांछन के चलते और भी कठिन हो जाता है। परन्तु, एक बार महिला इसे छोड़ने का मानस बना ले फिर उसकी भी राह, एक पुरुष तम्बाकू-उपभोगी के समान, आसान हो जाती है।

7. क्या तम्बाकू उपभोगी बिना अस्पताल जायें अथवा चिकित्सकीय सहायता के इसे छोड़ सकते हैं?

उत्तर- जी, बिल्कुल ऐसा किया जा सकता है: (अ) राष्ट्रीय क्विटलाईन (टोल-फ्री नं. 1800-11-2356), और (ब) एम-सिजेशन (मोबाइल फोन न. 011-22900700) पर पंजीकृत होकर क्रमशः, टेलीफोन द्वारा परामर्श या मोबाइल फोन पर प्राप्त हुए संदेशों के द्वारा।

तम्बाकूजनित रोगों की रोकथाम

सुधारें प्रादेशिक तम्बाकू नियंत्रण

नोट- हालाँकि यह लेख राजस्थान के संदर्भ में लिखा गया है किंतु इसकी उपयोगिता प्रत्येक प्रदेश के लिए होगी। अतः, इस मान्यता के साथ, यदि अन्य प्रदेशों के निवासी इसे अपने स्थानीय संदर्भ में पढ़े- समझेंगें, तब ही उन्हें यह अपने लिए अधिक उपयोगी भी लगेगा।

तम्बाकूजनित रोगों से विश्व में हर वर्ष ~80 लाख से अधिक और अकेले भारत में ~15 लाख **मृत्युएँ**, निश्चित रूप से विश्व स्वास्थ्य संगठन द्वारा तम्बाकू खाने-पीने को एक रोग और इसके उपभोगी को एक रोगी वर्गीकृत करने को समर्थित करती है। परन्तु, क्या प्रादेशिक स्तर पर हम इसे स्थापित कर पाए हैं? और, यदि अब तक ऐसा नहीं हो पाया है तो क्या **कमियाँ-चुनौतियाँ** हैं राज्य के चिकित्सा और स्वास्थ्य विभाग में लगभग चार वर्षों से कार्यरत प्रादेशिक तम्बाकू नियंत्रण प्रकोष्ठ की ?

सन् 2008 में विश्व स्वास्थ्य संगठन ने विश्वभर में तम्बाकू नियंत्रण में समानता और गुणवता लाने हेतु **MPOWER** योजना प्रतिपादित करी। इसके अक्षरों को उलटे क्रम में पढ़-समझ कर राजस्थान में तम्बाकू नियंत्रण में सुधार हेतु प्रादेशिक स्थिति का आकलन कर वे उपाय जानें जिन्हें तत्काल लागू करके प्रदेश में कम किया जा सके।

अक्षर 'आर (R- Raise Tax on Tobacco)' के अनुसार **सभी रिटेल तम्बाकू पदार्थों पर समानता से टैक्स** मूल्य का 75% होना चाहिए ताकि युवा और गरीबवर्ग के तम्बाकू उपभोगी इसे ना खा-पी पायें। यदि इस बढ़ोतरी को मूल्य-सूचकांक से जोड़ दें तो तम्बाकू पदार्थों की कुल दर को मुद्रास्फीति से प्रभावित होने से बचाया जा सकता है। राजस्थान सरकार ने सन् 2010 से सन् 2013 तक सभी तम्बाकू पदार्थों पर 65% टैक्स लगा, सन् 2014 में विश्वभर में वाहवाही लूटी। तत्पश्चात् 65% टैक्स को घटा 45% करने और वर्तमान में लागू **जी.एस.टी. प्रणाली** के परिणामवश रिटेल तम्बाकू पदार्थों की दरें पुनः एक बार आमजन की पहुँच में आ गयी है। और भी चिंता की बात है, इन पदार्थों का आवश्यक खाद्य पदार्थों से सस्ता होना। निश्चित ही इससे तम्बाकू खान-पीना बढ़ा है। अतः यह

आवश्यक है कि जी.एस.टी काउंसिल तम्बाकू टैक्स को एक ही बार में प्रचलित रिटेल दर के 75% तक बढ़ाकर इसे सदैव के लिए **वार्षिक मूल्य-सूचकांक से जोड़ दे** ताकि वह हर बार बजट में फेर-बदल करने की झंझट से बच जाये और **तम्बाकू आमजन, विशेषकर बच्चों और गरीबों, की पहुँच से पुनः दूर हो जाये।**

अक्षर 'ई (ए- Enforcement of Legislative Rules)' का प्रादेशिक सन्दर्भ में औचित्य राष्ट्रीय तम्बाकू नियंत्रण अधिनियम, 2003 **(कोटपा) के घोषित नियमों के सभी प्रावधानों को प्रदेशभर में प्रभावी तरीके से लागू करवा पाना है।** ऐसा करके:

(1) गैर-धूम्रपायियों को लोकस्थानों, लोकवाों और कार्यस्थलों पर धूम्रपान से उत्पन्न धुएँ से बचाया जा सकता है (नियम 4) ;

(2) अवयस्कों की तम्बाकू से दूरी बढ़ायी जा सकती है (नियम 6- अ और ब) ; और,

(3) युवाओं और निचले सामाजिक-आर्थिक वर्ग में इसका विज्ञापनजनित आकर्षण कम कर (नियम 5) व प्रभावी सचित्र चेतावनियों के द्वारा (नियम 7) इसे खाने-पीने से रोका जा सकता है।

वर्तमान में इस पर लिपा-पोती की विचित्र स्थिति है। अभी प्रवर्तन की प्रक्रिया तब ही लागू की जाती है जब केंद्र सरकार निर्देशित करे या फिर प्रादेशिक राजधानी, जयपुर में स्थित कुछ गैर-सरकारी संस्थाएँ इस पर आवाज बुलंद करने लगे। **समस्यायें इसलिए बनी हुई हैं क्योंकि निर्धारित प्रवर्तन एजेंसियाँ इसे एक बोझ मानकर प्रायः निष्क्रिय ही बनी रहती हैं; और, तम्बाकू व्यापारी संगठन, विक्रेता और उपभोगी के साथ कई सरकारी और प्राइवेट प्रतिष्ठान इसका सरेआम उल्लंघन करते रहते हैं।** दक्षिणी राजस्थान में एक बड़े तम्बाकू उत्पादक ने तो राजनीतिक पहुँच के चलते, उदयपुर- और राजसमन्द- जिलों में नियम 5 की घोर अवहेलना कई वर्षों से कर रखी है। यहाँ तक कि संभाग के उच्चतम चिकित्सा एवं स्वास्थ्य संस्थान में भी अपना विज्ञापन धड़ल्ले से किया हुआ है। अतः जब

तक कोटपा के नियमों का प्रवर्तन निर्धारित एजेंसियों द्वारा सततता, नियमितता और पारदर्शिता से नहीं किया जायेगा, इनका शर्मनाक उल्लंघन जारी रहेगा। **यह आवश्यक है कि प्रवर्तन एजेंसियाँ किसी भी प्रशासनिक या राजनैतिक दबाव में आये बिना साहस से अपनी जिम्मेदारी निभायें।** यह दुःखद स्थिति अब समाप्त होनी ही चाहिए, विशेषकर जब राज्य-स्तर पर इस हेतु प्रादेशिक प्रकोष्ठ और समूचे राज्य में जिला-स्तर पर जिलाधीशों और मुख्य चिकित्सा एवं स्वास्थ्य अधिकारी की इस हेतु निर्धारित जिम्मेदारी के साथ-साथ आधे जिलों में अब जिला तम्बाकू नियंत्रण दल स्थापित किया जा चुका है। **पंचायतीराज विभाग के द्वारा पंचायतों को सशक्त कर उनसे ग्रामीण इलाकों में प्रवर्तन कार्यवाही करा इसे विशिष्ट मजबूती दी जा सकती है।** (नोट- केंद्र सरकार के स्वास्थ्य विभाग के लिए यह अति आवश्यक है कि वह **कोटपा के अंतर्गत लिए जाने वाले दण्ड में समयानुसार बढ़ोतरी शीघ्रता से करे** क्योंकि प्रभावहीन दण्ड इस क़ानून की उपयोगिता को आज के समय में वैसे ही अत्यधिक कम कर चुका है।)

अक्षर 'डब्ल्यू (W- Warnings)' का सम्बन्ध सभी तम्बाकू पदार्थों की पैकेजिंग पर **स्पष्ट और सारगर्भित सचित्र चेतावनियों** से है जो कि तम्बाकू की हानियों से इसके उपभोगियों को सचेत करती हों। स्वास्थ्य मंत्रालय ने 1 अप्रैल 2016 से सभी तम्बाकू पदार्थों के पैकेजिंग के 85% अगले और पिछले भागों के ऊपरी हिस्से में सचित्र चेतावनियों का होना अनिवार्य कर दिया था। प्रादेशिक प्रकोष्ठ ने कुछ संज्ञान ले और कुछ गैर-सरकारी एजेंसियों के दबाव में प्रवर्तन कार्यवाही राज्यभर में करवाई भी, किन्तु आंशिक प्रारम्भिक सफलता के बाद इसमें व्यापकता और सततता की कमी के चलते आज भी पुरानी, छोटी चेतावनियों वाले उत्पाद प्रदेशभर में बिक रहें हैं। प्रवर्तन एजेंसियों को चाहिए कि गरीब, **अशिक्षित तम्बाकू उपभोगियों के हित में,** तम्बाकू विक्रेताओं से बिना आतंकित हो, वे निरंतरता से तब तक कार्य करें जब तक तम्बाकू कंपनियों द्वारा नई सचित्र चेतावनियों को पूर्णता से लागू ना कर दिया जाये। **पुलिस और खाद्य-निरीक्षणकर्ताओं की सहभागिता और समन्वयता** इसमें पहले से सुनिश्चित किये बिना ऐसा कर पाना असंभव लगता है।

अक्षर 'ओ (O for offer Cessation)' का सम्बन्ध तम्बाकू उपचार याने उसे खाना-पीना छोड़ने से है। हर आयु में ऐसा करना लाभकारी होता है। यदि शरीर में कोई रोग उत्पन्न ना हो चुका हो तो एक पूर्व तम्बाकू उपभोगी 15 वर्षों बाद तम्बाकू के सभी संभावित खतरों से बच जाता है। प्रादेशिक प्रकोष्ठ अब तक तम्बाकू छोड़ने के

लाभों की आई.ई.सी. नहीं कर पाया है। यदि इसे व्यापकता से पिछले छः माहों से 17 जिलों में प्रशिक्षित चिकित्सकों और निशुल्क सरकारी दूरभाष चिकित्सा हेल्पलाइन न. 104 की उपलब्धता की जानकारी हेतु लागू किया जा सके तो जनमानस को इस घातक व्यसन से सफलता से मुक्ति दिलाई जा सकेगी। **तम्बाकू पर प्रभावी टैक्स लगाने और 85% सचित्र चेतावनियों के साथ किसी भी आयु में इसे शीघ्रातिशीघ्र छुड़वा पाने की सफलता इसकी मांग कम करके तम्बाकू उद्योग की रीढ़ की हड्डी तोड़ सकती है।**

अक्षर 'पी (P for Protection from Secondhand Smoke)' का अर्थ है गैर-धूम्रपायियों का तम्बाकू के धूएँ से बचाव। कोटपा कानून के नियम 4 की महती पालना के चलते इसमें कमी तो हुई है, परन्तु फिर भी **सरकारी अस्पतालों, कार्यलयों और लोक वाहनों में सक्रिय धूम्रपान अभी भी दिख जाता है।** जब तक प्रवर्तन एजेंसियाँ ऊँचे सरकारी और प्राइवेट प्रतिष्ठानों और पदासीन अधिकारियों को इस हेतु नियमानुसार व नियमितता से दण्डित नहीं कर पाती हैं, तब तक इसमें और अधिक कमी अब नहीं आ सकती है। साथ ही, **जनमानस को भी चाहिए कि वे युवाओं को धूम्रपान के आकर्षण से बचाएँ और अपने घरों को, जहाँ सरकार की क़ानूनी पहुँच नहीं है, धूम्रपानरहित रखें।** इससे धूम्रपान से होने वाली 10% मृत्युएँ को भी रोका जा सकता है।

आखिर अक्षर 'एम (M- Monitoring)' का सम्बन्ध निगरानी से है। बिना इस आयाम की पालना के तम्बाकू नियंत्रण की प्रभाविकता को नहीं जाना जा सकता है। समाज में कितना तम्बाकू उपभोग हो रहा है, पूर्व की तुलना में इसकी उपभोग-दर में क्या बदलाव आया है, कितने रोगी तम्बाकूजनित रोगों से पीड़ित हैं, कितनी मृत्युएँ तम्बाकू के कारण हैं, इत्यादि, घटकों को जानने से ही **तम्बाकू की विकराल त्रासदी के आकार को जाना-समझा जा सकता है और तब ही इसे कम करने के उपायों को लागू किया जा सकता है।** अब क्योंकि राष्ट्रीय तम्बाकू नियंत्रण कार्यक्रम के अंतर्गत 18 डाटा-एंट्री ऑपरेटर प्रादेशिक प्रकोष्ठ के अंतर्गत हैं, इनका समुचित और सामयिक उपयोग राज्य में तम्बाकू नियंत्रण को सुदृढ़ता प्रदान कर सकता है।

यदि प्रादेशिक तम्बाकू नियंत्रण प्रकोष्ठ उपरोक्त युक्तियों को सामयिकता, तत्परता, सहभागिता और पारदर्शिता से लागू कर पायें, और समस्त जनमानस भी इसमें भागीधारिता निभाये, तब ही प्राप्त होगी इस वर्ष के विश्व तम्बाकू निषेध दिवस की सफलता।

तम्बाकू और गैर-संक्रामक रोग

बोझ, कारण और समाधान

हर वर्ष, समूचे विश्व में होने वाली 5.7 करोड़ मृत्युओं में से 3.9 करोड़ से अधिक मृत्युएँ (39%-67%) गैर-संक्रामक रोगों से होती हैं। ये उच्च-आय वर्ग के देशों की अपेक्षा निम्न- व मध्य-आय वर्ग के देशों में अधिकता से होती हैं (3 करोड़; 80%)। सबसे अधिक मृत्युएँ, हृदय रोगों से होती हैं (1.75 करोड़; 45%), केन्सरों, साँस के रोगों और मधुमेह से क्रमशः 90 लाख (23%), 40 लाख (10%) और 16 लाख (4%) मृत्युएँ होती हैं। प्रतिवर्ष इनमें 1% बढ़ोत्तरी होने की संभावना रहती है। यदि व्यक्तिगत, सामाजिक अथवा सरकारी स्तर पर समुचित और अनुशंसित उपाय समय से लागू नहीं किया जाते हैं तो परिणामवश इनके नये रोगियों की वार्षिक वैश्विक संख्या 215 लाख से कहीं बहुत अधिक बढ़ सकती है।

भारत में वर्ष 1990 में जहाँ गैर-संक्रामक रोगों से 38% मृत्युएँ होती थी, वर्ष 2016 में इनकी संख्या बढ़ कर 62% हो गयी। वर्ष 2014 में, जहाँ 26% मृत्युएँ हृदय रोगों से हुई, साँस के रोगों, केन्सरों और मधुमेह से क्रमश: 13%, 8% और 2% मृत्युएँ होना जाना गया।

उपरोक्त बताये मुख्य चार घातक रोगों को एक समूह के रूप में देखा-रखा जाता है क्योंकि इनके कारक एक समान (कॉमन) हैं- तम्बाकू उपभोग, अस्वस्थ खान-पान, शारीरिक गतिविधि की कमी अथवा अनुपस्थिति, और मदिरा का अस्वस्थ उपभोग (हालाँकि वैज्ञानिक आधार पर, मदिरा सेवन को विभिन्न रोगावस्थाओं को बढ़ाने और जटिल बनाने की हानिकारक भूमिका के अलावा सामाजिक व आर्थिक त्रासदियों के कारण भी समर्थित नहीं किया जाना चाहिये, पाश्चात्य देशों में प्रतिदिन के आधार पर, स्वस्थ मदिरा उपभोग के अन्तर्गत (Healthy use of alcohol) हार्ड लिकर की अधिकतम मात्रा 30 मिलीलीटर निर्धारित की गयी है जबकि वाइन और बीयर की मात्राएँ क्रमश: 175 मिलीलीटर और 300 मिलीलीटर तक ही होनी चाहिए)।

आइये, अब विषयानुसार यह जाने कि तम्बाकू किस प्रकार मानव शरीर में विभिन्न गैर-संक्रामक रोगों को उत्पन्न करता है:

1) **हृदय और रक्त नलिकाओं के रोग:** तम्बाकू मूलतः धमनियों को सिकोड़ और मोटा कर उनकी आन्तरिक व्यास को कम करता है। साथ ही, इन धमनियों की सतही परत (एंडोथिलियम) को क्षति पहुँचा उनमें रक्त की गति को कम करने के साथ उसके जमाव (खून का क्लॉट-कतरा) की संभावना को बढ़ाता है। इसका परिवर्तन का एक बड़ा कारण शारीरिक वसा के एक भाग- ट्राईग्लीसराइड्स की बढ़ोतरी के साथ लाभकारी भाग- एच.डी.एल. (हाई डेन्सिटी लिपिड्स) की कमी का होना है। इन परिवर्तनों के साथ, हृदय के उत्तकों की क्षति भी होती है। यह सभी परिवर्तन उनमें अधिकता से पाये जाते हैं जो मोटे हैं और उच्च-रक्तचाप के रोग से पीड़ित होते हैं। इन परिवर्तनों के परिणामस्वरूप, इनमें पक्षाघात/लकवे (स्ट्रोक) का खतरा भी बढ़ जाता है। लकवा होने के अन्य सहयोगी कारक हैं: (अ) धमनियों में सिकुड़न; और, (ब) उनके असमान तरीके से कमजोर हो फटना (ऍन्युरिस्म)। धूम्रपायियों में लकवे के होने की दर तीन-गुना अधिक होती है। केवल तम्बाकू उपचार से कोरोनरी आर्टरी रोग में 50% कमी पायी गयी है।

2) **साँस के रोग:** इनमें सम्मिलित हैं: (अ) साँस की नलिकाओं और फेंफड़े के तीव्र (एक्यूट) संक्रमण- ब्रोंकाइटिस, निमोनिया, इत्यादि; (ब) दीर्घावधि के संक्रमण- मुख्यतः टी.बी.; और, (स) साँस की नलिकाओं में रूकावट से उत्पन्न रोग (सी.ओ.पी.डी.- क्रोनिक ऑब्स्ट्रक्टिव पल्मोनरी डिजीज)- अस्थमा, दीर्घावधि की ब्रोंकाइटिस, एम्फिसीमा का एक मिलाजुला स्वरूप। तम्बाकू का उपभोग जहाँ संक्रमणों में उत्तकों व द्रव्यों की प्रतिरोधक क्षमता में कमी ला कर, शारीरिक सुरक्षा को तोड़, रोगी में सूक्ष्म-जीवाणुओं के प्रवेश को आसान बनाता है, सी.ओ.पी.डी. में यह उपभोग साँस की नलिकाओं में सिकुड़न, सूजन और जलन के साथ फेंफड़े के उत्तकों को क्षति पहुँचाता है। अतः टी.बी. में जहाँ 30% मृत्युएँ

मात्र धूम्रपान से होती हैं ना कि इस रोग से, फेंफड़े के केन्सर और सी.ओ.पी.डी. में 80% मृत्युएँ धूम्रपान से ही होती हैं। तम्बाकू छोड़ने से न केवल लक्षणिक राहत प्राप्त होती है अपितु संक्रमणों की दरों में कमी आती है, विशेष रूप से औषधि-प्रतिरोधक टी.बी. रोग और कुल मृत्यु-दर में भी।

3) **केन्सर**– भारत में राष्ट्रीय केन्सर रजिस्ट्री के अनुसार पुरुषों के ~45% केन्सर और महिलाओं के ~17% केन्सर तम्बाकू-जनित होते हैं। तम्बाकू उपचार से केन्सर रोगियों में न केवल इसकी विभिन्न उपचार-विधियों से मिलने वाले परिणामों में प्रभावी सुधार प्राप्त होता है बल्कि मृत्यु-दर में भी 30% से 40% कमी आती है। साथ ही, केन्सर रोग के पुन: उभर आने, दूसरा केन्सर होने अथवा केन्सर-रोग या अन्य कारणों से होने वाली मृत्युओं की दरें भी कम हो जाती हैं।

4) **मधुमेह (डायबिटीज)**– धूम्रपान से जहाँ टाइप–1 डायबिटीज (बालपन में होने वाला मधुमेह) वाले रोगियों में गुर्दे, आँखों अथवा तंत्रिकाओं के रोगों की दरें अधिक हो जाने का खतरा होता है, टाइप–2 डायबिटीज में रक्त-संचार और धमनियों पर दुष्प्रभाव के साथ-साथ खून में शक्कर की मात्रा की बढ़ोतरी के कारण कोरोनरी आर्टरी रोग, स्ट्रोक और बाह्य धमनियों (पेरिफेरल धमनियों) के रोग से संक्रमण, घाव हो पाँवों में सड़नशीलता की संभावनाएँ अत्यधिक बढ़ जाती हैं।

तो क्या है तम्बाकू-जनित गैर-संक्रामक रोगों का समाधान? समाधान आसान है:

I) **युवा बचे रहें तम्बाकू उपभोग से**– साहस से ना कहें अन्य उपभोगियों द्वारा इसे दिए जाने पर; और इसके उपभोग के आकर्षक विज्ञापनों से, फ़िल्मी सितारों द्वारा फिल्मों दिखाए गए इसके उपभोग से व परिवारजनों की देखा-देखी;

III) **सभी वर्तमान के तम्बाकू उपभोगी इसे शीघ्रातिशीघ्र छोड़ें**– जहाँ तीस वर्ष से कम आयु में इसे छोड़ पाने से जीवन की 6–10 वर्षों की संभावित क्षति से पूरी तरह बचा जा सकता है, किसी भी आयु में तम्बाकू छोड़ना लाभकारी ही जाना गया है। साथ ही, छोड़े रहने से प्राप्त लाभ इतने अधिक हैं कि 15 वर्षों तक इसे पूर्णतया छोड़े रहने से तम्बाकू-उपभोगी इससे अब तक हुई हानियों को पूर्णतया उलट भी सकते हैं। किसी विशेषज्ञ से गुणवता-भरा तम्बाकू उपचार परामर्श (काउन्सलिंग) और औषधियों को बताये अनुसार एक निर्धारित अवधि तक लेते रहने से इसे छोड़ना आसान हो जाता है। इससे प्रतिकार लक्षण (विथड्रावल सिम्पटमस्) कम होते हैं और उन्हें मात्र लाक्षणिक उपचार से ठीक किया जा सकता है। साथ-ही चिकित्सक से कम-से-कम एक वर्ष तक जुड़े रहने इसके उपभोग की फिर से शुरुआत (रिलेप्स) को रोका जा सकता है (अब तम्बाकू उपभोगी इसे राष्ट्रीय व क्षेत्रीय क्विटलाइनों के द्वारा भी छोड़ सकते हैं– निःशुल्क टेलीफोन सेवा 1800–11–2356 पर कॉल करके); और,

III) **पूर्व-उपभोगी तम्बाकू उपभोग वापस से आरम्भ ना करें**– इसकी सम्भावना तब अधिक होती है जब वे किसी हार्दिक ख़ुशी का अनुभव करते हैं अथवा अत्यधिक अवसाद/दुःख से घिरे होते हैं। तब उन्हें याद रखना होता हैं कि वे अब तम्बाकू नहीं खाते-पीते हैं।

अतः उपरोक्त समाधानों को जितनी शीघ्रता से लागू किया जा सकेगा, उतनी शीघ्रता से गैर-संक्रामक रोगों से होने वाली महामारी में कमी प्राप्त करने में सफलता मिल सकेगी।

केन्सर में तम्बाकू की भूमिका

तम्बाकू खाने-पीने से केन्सर होता है-यह तथ्य अब अधिकांश जनमानस और तम्बाकू उपभोगी याने इसके रोगी भी जानते हैं। **केन्सर जानलेवा है और इसके प्रमुख कारक "तम्बाकू" से ~30% केन्सर होते हैं।** विश्व स्वास्थ्य संगठन की लियों, फ्रांस स्थित अनुसंधान ईकाई- इंटरनेशनल एजेंसी फॉर रिसर्च ऑन केन्सर (इआर्क) ने विगत 50 वर्षों में यह भी स्थापित किया है कि तम्बाकू से 14 प्रकार के केन्सर होते हैं। इसकी शुरुआत हुई वर्ष 1964 में फेंफड़े के केन्सर में धूम्रपान को प्रमुख कारण स्थापित कर। तत्पश्चात, वर्ष 1980 में तम्बाकू को स्वरयंत्र के केन्सर का कारक स्थापित किया गया। इसी प्रकार, तम्बाकू को, वर्ष 1982 में नाक-, मुँह और गले-, खाने की नली- और गुर्दें- के केन्सरों, वर्ष 1990 में पेशाब की थैली, गुर्दें से इसे जोड़ती नलिकाओं (युरेटर)- और अग्नयाशय (पैंक्रियास) ग्रंथि के केन्सरों, वर्ष 2002 में गर्भाशय के मुँह-, लीवर, आमाशय- और रक्त (ल्यूकीमिया)- के केन्सरों का कारक भी स्थापित किया गया।

अब आई.सी.एम.आर की बैंगलूरू स्थित राष्ट्रीय केन्सर रजिस्ट्री ईकाई की वर्ष 2016 में जारी रिपोर्ट से यह भी स्थापित हो चुका है कि भारत में पुरुषों के 39%- 54% केन्सर और महिलाओं के 12% से 24% केन्सर तम्बाकू सम्बन्धित हैं। भारत से ही वर्ष 2012 में केन्सरों में मृत्यु पर प्रकाशित एक रिपोर्ट से यह स्थापित हो चुका है कि **आयु वर्ग 30- 69 वर्ष में, पुरुषों व महिलाओं में केन्सरों से हुई मृत्युओं में से क्रमश: 42% और 18.3% मृत्युएँ तम्बाकूजनित है।** और, स्वास्थ्य मंत्रालय के द्वारा यह भी स्थापित हो चुका है कि मात्र वर्ष 2011 में भारत में तम्बाकूजनित रोगों से सीधे-सीधे रु.16,800 करोड़ की वार्षिक आर्थिक हानि में केन्सर की भागीदारिता (क्रमश: हृदय- व साँस- के रोग और टी.बी. के बाद) रु.1,400 करोड़ (8.33%) की थी- इसकी आधी हानि- 52% हुई देश के केवल तीन प्रदेशों- तमिलनाडु, यू.पी. और बंगाल में। इसी रिपोर्ट में महिलाओं के सन्दर्भ में यह भी बताया गया कि तम्बाकू से चार प्रमुख रोगों (हृदय- व साँस- के रोग, केन्सर और टी.बी.) में से **सबसे अधिक खर्च केन्सर रोग प्रबंध पर ही हुआ**- 32% जबकि हृदय- व श्वास- के रोग, और टी.बी. में खर्च का अनुपात 18%, 17% और 1.4% था।

यहाँ प्रमुख तम्बाकू के प्रकारों- धूम्रपायी और चबाने वाली तम्बाकू के बारे में भी हाल ही में प्राप्त कुछ जानकारियों को उजागर करना उचित होगा। 21वीं सदी में अमेरिका में धूम्रपान की हानियों और इसे छोड़ने से होने वालों लाभों के सर्वेक्षण पर वर्ष 2013 में प्रकाशित एक रिपोर्ट में कुल 2,02,248 व्यक्तियों में (47% धूम्रपायी और 53% गैर-धूम्रपायी) अगले 7 वर्षों में हुई 15,715 मृत्युओं के विश्लेषण में 25.5% मृत्युओं का केन्सरों से होना पाया गया। इनमें से धूम्रपायियों व गैर-धूम्रपायियों में इनका अनुपात 2.03:1 (67%:33%) था; अर्थात, जो **धूम्रपायी** थे उनमें केन्सर से मृत्यु का खतरा दो गुना अधिक था परन्तु जिन्होंने इसे **30 वर्ष से कम आयु में छोड़ दिया, वे इसकी हानियों से सर्वथा बच गए।** केवल फेंफड़े के केन्सर से 30.55% (4002 में से 1223) मृत्युएँ हुई (कुल 15,715 का 7.78%)। इनमें से 89% मृत्युएँ धूम्रपायियों में हुई याने **गैर-धूम्रपायियों की अपेक्षा धूम्रपायियों में फेंफड़े के केन्सर से होने वाली मृत्युओं का खतरा 8 गुना अधिक पाया गया।**

परन्तु, भारत के सन्दर्भ, जहाँ तम्बाकू चबाने वालों का अनुपातिक आँकड़ा ढाई गुना अधिक है (गेट्स- 2 के अनुसार 28.6% व्यस्क तम्बाकू उपभोगियों में से 17.9% इसे चबाने वाले हैं जबकि इसे पीने वाले 7.2% और दोनों प्रकार की तम्बाकूओं के उपभोग वाले 3.2% हैं), प्रति 1,00,000 जनसंख्या पर 4.5-7.2 रोगियों की दर से, **50% से अधिक मुँह-गले के केन्सर तम्बाकू चबाने से होते हैं।** विशेषकर, मुँह के केन्सरों के सन्दर्भ में, जहाँ प्रतिवर्ष दर (इन्सिडेन्स-उस वर्ष में निदानित नये केन्सर की संख्या/प्रतिशत) के हिसाब से पुरुष-महिलाओं में भारत में, स्त्रियों के स्तन- और गर्भाशय- के मुँह के केन्सरों के बाद, ये केन्सर तीसरे स्थान पर हैं, केन्सरों से होने वाली मृत्युओं में, स्तन-, गर्भाशय के मुँह-, फेंफड़े- और आमाशय- के केन्सरों के पश्चात्, इनसे होने वाली मृत्युओं का

स्थान पाँचवा है। केवल पुरुषों में, प्रतिवर्ष दर के तौर पर मुँह के केन्सर दूसरे स्थान पर हैं और केन्सर से होने वाली मृत्युओं में इनका स्थान तीसरा है जबकि स्त्रियों में प्रतिवर्ष दर और मृत्यु के तौर पर ये पाँचवे स्थान पर हैं (सन्दर्भ- ग्लोबाकेन 2012)।

अतः यह कहना-जानना-मानना सर्वथा उचित लगता है कि **केन्सर और तम्बाकू का गठजोड़ अत्यन्त हानिकारक है।** तम्बाकूजनित केन्सर(तम्बाकूजनित हृदय- और साँस- के रोगों से होने वाली मृत्युओं के बाद) भारत में प्रतिदिन होने वाली ~4,000 मृत्युओं के अति महत्वपूर्ण कारक है।

क्या हो सकते हैं उपाय

प्राथमिकता से ये निम्न हो सकते हैं :

1) **सम्पूर्ण तम्बाकू नियंत्रण को मजबूती मिले**- जी.एस.टी. में सिगरेट के समान बीड़ी और चबाने वाली तम्बाकू पर: (अ) सेस की भारी बढ़ोतरी के साथ इनके खुदरा मूल्यों में भी समानता लायी जाये; (ब) इनके छद्म विज्ञापनों पर सम्पूर्ण व प्रभावी रोक लगे; और, (स) कोटपा प्रवर्तन की खामियों पर दंड में प्रभावी बढ़ोतरी के साथ प्रवर्तनकर्ताओं की निष्क्रियता को भी दण्डित किया जाये;

2) तम्बाकू उपभोग की हानियों के साथ, इसे छोड़ने के लाभों की जागरूकता को राष्ट्रव्यापी स्तर पर निरन्तरता से लागू किया जाये- विशेषकर 20 से 34 वर्ष के आयु वर्ग में: (अ) ताकि ये मजबूती व साहस से तम्बाकू को ना कह सकें; (आ) जो इसे खाने-पीने लगे हैं उन्हें शीघ्रातिशीघ्र इसे छोड़ने (उपचार) हेतु भरपूर प्रोत्साहन व आसानी से मिल जा सकने वाली सुविधा व्यापकता से दी जाये (यदि हो सके तो निःशुल्क अथवा प्रायोजित); और, (इ) साथ ही, इनकी शिक्षण संस्थाओं और कार्यस्थलों को नीतिगत तरीके से तम्बाकू-मुक्त रखा जाये;

3) केन्सर नियंत्रण में मुँह- व गर्भाशय के मुँह- के केन्सरों के **शीघ्र निदान व उनकी नवीनतम उपचार विधियों को सर्वत्र लागू किया जाये**; और, केन्सर केन्द्रों में तम्बाकू उपचार क्लीनिकों को अनिवार्यता हो; और,

4) नेशनल हॉस्पिटल एक्रेडिटेशन बोर्ड (एन.ए.बी.एच.) में तम्बाकू उपचार-प्रबंध के आयाम को शीघ्रातिशीघ्र जोड़ा जाये।

अतः विश्व केन्सर दिवस 2018 पर यह सोच देशहित में लगती है कि भारत में तम्बाकू- और केन्सर (अन्य घातक गैर-संक्रामक रोगों सहित)- नियंत्रण सम्बंधित सभी राष्ट्रीय कार्यक्रमों को प्राथमिकता से लागू कर उनकी निगरानी व मूल्यांकन सततता और पारदर्शिता से हो ताकि इनकी गुणवता का आकलन भी होता रहे।

तम्बाकू से केन्सर होता है

यह सब जानते-मानते हैं, मगर डरते क्यों नहीं हैं..?

सभी तम्बाकू पदार्थों पर सचित्र चेतावनी के अतिरिक्त अधिकाँश तम्बाकू-विक्रेताओं के विज्ञापन बोर्डों पर यह बड़े-बड़े अक्षरों में लिखा होता है कि तम्बाकू से केन्सर होता है। पर क्या इसे खाने-पीने वाले इससे सन्देश से डरते हैं? युवा तो संभवतः बिलकुल नहीं, पर व्यस्क और अधेड़? इनको भी जब पता लगता है कि किसी तम्बाकू चबाने वाले के मुँह में केन्सर का संदेह है या कोई बीड़ी-सिगरेट पीने वाला फेंफड़े के केन्सर से जूझ रहा है, तब वे इस शौक को कुछ समय के लिए बंद कर देते है या फिर कम कर देते हैं। परन्तु, कुछ समय के बाद, फिर उसी व्यसनी स्थिति में पंहुच जाते हैं- बिना इसे छोड़ने के प्रयास के और/या यह सोच कर कि **केन्सर मुझे तो नहीं होगा!** अतः इन सभी का यह जानना लाभकारी होगा कि तम्बाकू खाने -पीने वालों में केन्सर का खतरा 30-गुना अधिक होता है। साथ ही, यह भी जाने कि अब तक तम्बाकू खाने-पीने की कोई सुरक्षित मात्रा निर्धारित नहीं की जा सकी है। अतः कुछ उपभोगियों को यह रोग (या अन्य तम्बाकूजनित रोग- हृदयाघात, अस्थमा, लकवा, इत्यादि) एक लम्बे समय तक खाने-पीने के पश्चात् भी नहीं होता है; और, कुछ को मात्र कुछ वर्षों के पश्चात् ही। **विज्ञान की सीमितता** यह है कि अब तक ऐसे कोई परीक्षण (टेस्ट) सामान्य स्तर पर उपलब्ध नहीं हैं कि जो कि यह बता सकें कि इस तम्बाकू उपभोगी को केन्सर होगा और इसको/उसको/अन्य को नहीं।

आइये, अब यह भी जाने कि तम्बाकू खाने-पीने से केन्सर क्यों होता है। तम्बाकू में 30 से 70 तक **केन्सरकारक तत्व** होते हैं- इनकी संख्या इस बात पर निर्भर करती है कि कोई किस प्रकार की तम्बाकू का सेवन कर रहा है। इन तत्वों में महत्वपूर्ण हैं- तम्बाकू-विशिष्ट नाईट्रोसेमाईंस, नाइट्रेट्स, नाइट्राईस, बेंजीन, पॉलोनियम-210 (एक विकिरण-युक्त पदार्थ), पोलीसाइक्लिक हाइड्रो-कार्बन्स, भारी धातुएँ, इत्यादि। ये पदार्थ कोशिकाओं में उपस्थित डी.एन.ए. पर चिपक उसे विकृत कर क्षति पहुँचाते हैं अथवा इनमें सुरक्षा हेतु उपस्थित जीन पी-53 में बदलाव ला देते हैं। इसके अतिरिक्त, आर्सेनिक और निकल जैसे रसायन क्षतिग्रस्त जीनों को ठीक हो

पुनर्जीवित होने से रोक देते हैं। इन मिलेजुले प्रभावों से एक केन्सर-युक्त कोशिका उत्पन्न होती है जो कि उचित समय और वातावरण पाकर शरीर में केन्सर प्रक्रिया को उभारती है।

कुल मिलाकर लगभग 14 केन्सरों का तम्बाकूजनित होना जाना गया है- होंठ, मुँह, गले, फेंफड़े, स्वरयंत्र, खाने-की-नली, पैंक्रियास, बड़ी आँत, गुर्दा, मूत्राशय, आमाशय, गर्भाशय के मुँह, ड़ीम्बकोश, लीवर और ल्यूकीमिया। राष्ट्रीय केन्सर रजिस्ट्री प्रोजेक्ट, आई.सी.एम.आर. यूनिट, बेंगलुरु द्वारा प्रकाशित आंकड़े बताते हैं कि भारत के विभिन्न भागों में पुरुषों में तम्बाकूजनित केन्सरों की दर 39%- 56% और महिलाओं में ये दर 12%- 24% तक है। **पुरुषों के जहाँ प्रथम पाँच अधिकतम केन्सरों में से चार तम्बाकूजनित हैं- होंठ-मुँह, फेंफड़े, गले-स्वरयंत्र व खाने-की-नली के केन्सर, महिलाओं में प्रथम पाँच में से तीन केन्सर तम्बाकूजनित होते हैं-** होंठ-मुँह फेंफड़े और गर्भाशय के मुँह के केन्सर (ग्लोबाकेन, 2012 के अनुसार)। भारतवर्ष में सभी केन्सरों से होने वाली मृत्युओं में से 45% तम्बाकूजनित केन्सरों से होती हैं- होंठ, मुँह और गले के केन्सरों से होने वाली मृत्युओं की संख्या, स्वरयंत्र, सांस-की-नली और फेफड़ों से होने वाली मृत्युओं से लगभग दो गुना अधिक हैं (13.8% की बजाये 22.8%)।

होंठ, मुँह-गले, स्वरयंत्र, मूत्राशय, गर्भाशय के मुँह, इत्यादि, के तम्बाकूजनित विशिष्ट केन्सरों को तो प्रायः इनकी प्रारंभिक अवस्था के लक्षणों और चिन्हों की जानकारी होने से इनकी पूर्वावस्था में ही जाना जा सकता है (इन अंगों की सतही झिल्ली पर उभरते खुरदरे, टेढ़े-मेढ़े सफ़ेद-लाल छाले या घाव के रूप में; इसे अल्सरेटेड ल्यूकोप्लेकिया, एरिथ्रोप्लाकिया या एक गाँठ के रूप में निदानित किया जाता है)। **अतः इनकी संभावित उपस्थिति के लक्षणों -चिन्हों की ना तो अनदेखी की जाये और ना ही इन्हें टाला जाये।**

इन प्रायः पाये जाने वाले तम्बाकूजनित केन्सरों के उपचार-

पक्ष का एक और सकारात्मक पहलू है, इनका सफलता से उपचार किया जा सकना, यदि इन्हें इनकी पूर्वावस्था में निदानित किया जा सके। और, क्योंकि शरीर में केन्सर की निश्चित उपस्थिति को बायोप्सी कर के ही जाना जा सकता है, अतः यह अत्यंत आवश्यक है कि चिकित्सक द्वारा एक तम्बाकू उपभोगी में केन्सर होने की संभावना बताये जाने पर निदान की इस प्रक्रिया को नकारा/टाला नहीं जाये अन्यथा रोग के अनुपचारित हो जाने का खतरा बढ़ जा सकता है।

अन्य केन्सरों जैसे फेंफड़े, खाने-की-नली, पैंक्रियास (अग्न्याशय), इत्यादि के केन्सरों की उपस्थिति भी प्रारंभिक अवस्था में जानी जा सकती है यदि इनकी प्रारंभिक अवस्था के लक्षणों और चिन्हों की जानकारी व्यापकता से दी जा सके। तब ही, वर्तमान में इनको सफलता से उपचारित न किये जा सकने की निराशाजनक स्थिति से बचा जा सकेगा।

अंत में, **तम्बाकू खाने-पीने को सर्वथा और सदैव ना कह पाना ही तम्बाकूजनित केन्सरों से मुक्ति पाने का सबसे सफलतम और सस्ता उपाय है।** और, यदि आप वर्तमान में इसके उपभोगी हैं तो तत्काल छोड़ें इसे और सालों-साल तम्बाकू-मुक्त बने रहें क्योंकि इनका खतरा तम्बाकू छोड़ने के लगभग दस साल के बाद ही कम हो समाप्त होने लगता है।

तम्बाकूजनित केन्सरों की रोकथाम

विश्व तम्बाकू केन्सर दिवस (4 फरवरी 2019) के संदर्भ में

इस विशिष्ट दिन का मेरे 144 लेखों की श्रृंखला द्वारा तम्बाकू नियंत्रण व मुक्ति पर लेख के लिए विशेष महत्व है क्योंकि यह दिन इस लेखमाला के लिए चौथे वर्ष में पदार्पण का दिवस भी था। तो आइये, एक बार फिर से जाने क्या कुछ नया या बदला था केन्सर और, विशेष रूप से, तम्बाकूजनित केन्सरों के सन्दर्भ में, पिछले तीन वर्षों में:

विश्व केन्सर दिवस प्रति वर्ष 4 फरवरी को इसलिए मनाया जाता है कि समूचा विश्व संगठित हो इस वैश्विक महामारी से निपटने को प्रतिबद्ध हो। इसका मुख्य उद्देश्य इस रोग की रोकथाम हेतु जनमानस को शिक्षित और जागरूक करना है ताकि लाखों लोगों को इससे होने वाली मौतों से बचाया जा सके। साथ ही, सरकारों और नीतिनिर्धारकों पर इस हेतु समुचित दबाव भी बन सके। क्योंकि **'भविष्य में विश्व को केन्सर-मुक्त बनाने हेतु सक्रिय होने का समय अब है'**, अगले तीन वर्षों का थीम है **'आई केन एण्ड आई विल'** (I Can And I will), याने मैं ऐसा कर सकता हूँ और मैं ऐसा करूँगा भी'। इसे तीन वर्ष के लिए (2019 से 2021 तक) इसलिए निर्धारित किया गया है ताकि लोग इससे प्रोत्साहित हो जुड़े रहें बजाये इसे एक दिवसीय घटना मान-मना रोजमर्रा की जिंदगी जीते रहें। और, **कोई भी जुड़ सकता है इस मुहिम में**- कई तरीकों से, अपनी क्षमताओं के अनुसार। इसके लिए आपको इस लिंक पर जा अपने को पंजीकृत करना होगा-https://www.worldcancerday.org/take-action

ऐसा निश्चय करना उचित भी होगा क्योंकि **एक-तिहाई केन्सरों को होने से रोका जा सकता है** तो **अन्य एक-तिहाई केन्सरों को उपचारित भी किया जा सकता है**, यदि इनका निदान और उपचार समय से हो सके! यदि हम अपने संसाधनों को रोकथाम, निदान और उपचार हेतु उचितता से काम में लें तो वर्ष 2030 तक 37 लाख जिंदगियों को बचाया जा सकता है। ऐसा इसलिए भी संभव है क्योंकि हम अब इस रोग के सभी पहलूओं को पहले से अधिक जानते और समझते हैं। साथ ही, इस रोग के प्रति व्यास भय- भ्रान्ति- और मिथकों- में कमी के साथ-साथ इसके प्रति व्यवहार, रवैये और प्रबंधन में सकारात्मक परिवर्तन आया है एवं जनमानस - और राजनैतिक - इच्छा-शक्ति भी बढ़ी है।

फिर भी, वैश्विक स्तर पर केन्सर की समस्या में बढ़ोत्तरी देखी जा रही है- **प्रति वर्ष 1.4 करोड़ नए रोगियों के साथ इससे मरने वालों की संख्या 70 लाख हो चुकी है।** जहाँ नये केन्सरों की दरों में विकसित राष्ट्रों में कमी हो रही है, **विकासशील व अन्य गरीब-पिछड़े राष्ट्रों में इस रोग की दरों में बढ़ोत्तरी देखी जा रही है** जो कि समूचे विश्व की केन्सर समस्या का 65% से जूझ रहा है। दुर्भाग्यपूर्ण, **इसका प्रमुख कारण, बदलती किन्तु हानिकारक जीवन-शैली तो है ही, किन्तु एक और कारण** जनस्वास्थ्य और साथ-साथ केन्सर की उपस्थिति के प्रति **बढ़ती जागरुकता के साथ स्वास्थ्य-तंत्र में केन्सर के निदान व उपचार की बढ़ती सुविधायें** भी है।

और, जब बात केन्सर की हो रही है तो इसे बिना **तम्बाकूजनित केन्सरों** के बारे जाने पूरा नहीं किया जा सकता है, विशेषकर तब जब कि विश्व स्वास्थ्य संगठन यह घोषित कर चुका है कि दो में से एक जीवनपर्यंत धूम्रपायी युवाओं में से एक इनसे पीड़ित होगा।

क्यों होते हैं तम्बाकू उपभोग से केन्सर? इस हेतु हम इसकी जैविक प्रक्रिया में ना जाकर पाठकों को केवल इतना-सा बताना चाहेंगे कि हर बार धूम्रपायी तम्बाकू के उपभोग से एक **धूम्रपायी** अपने शरीर को 70 केन्सरकारकों से सींच लेता है **तो एक तम्बाकू चबाने वाला हर बार इसको खाने से 30 केन्सरकारकों से अपने शरीर को प्रदूषित करता है।** हालाँकि एक राष्ट्रीय केन्सर रजिस्ट्री की अनुपस्थिति में अब भी यह सटीक तरीके से नहीं कहा जा सकता है कि देश के विभिन्न भौगोलिक क्षेत्रों में इनकी समस्या कितनी बड़ी है, फिर भी सभी **27 जन-आधारित रजिस्ट्रियों से** (जो कि देश की 7% जनसंख्या को ही सम्मिलित करती हैं) निम्न जानकारियों को जान हम इस बारे में कुछ और अधिक सक्षमता का अनुभव कर सकते हैं:

1. हमारे देश में इन तम्बाकूजनित केन्सरों का सबसे अधिक प्रकोप

उत्तरपूर्वी प्रदेशों में है, तत्पश्चात दक्षिणी और पश्चिमी प्रदेशों में। और, सबसे कम ग्रामीण पश्चिमी क्षेत्र में;

2. **पुरुषों में** जहाँ तम्बाकूजनित केन्सरों के होने की संभावना की सीमा 27 से 146 में से एक पुरुष की है, **महिलाओं में** इनकी संभावना 66 से 333 महिलाओं में से एक महिला की है;

3. यहाँ केन्सरों की क्षेत्रवार दर को पूरी तरह बताना संभव नहीं है किन्तु यह जानना अवश्य लाभकारी होगा कि जहाँ वर्ष 2004 में प्रकाशित एक अध्ययन के अनुसार 35 से 70 वर्ष के आयु वर्ग में पाए जाने वाले केन्सरों में तम्बाकूजनित केन्सरों के भाग पुरुषों में ~45% और महिलाओं में ~20% थे, इसी संस्था (राष्ट्रीय केन्सर रजिस्ट्री) ने वर्ष 2011 में इनकी दर पुरुषों में 11% से 25% और महिलाओं में 3% से 18% रिपोर्ट करी है; **याने पिछले 7 वर्षों में इन तम्बाकू जनित केन्सरों के होने की दरों में कमी आयी है; और,**

4. उत्तरपूर्वी प्रदेशों में जहाँ केन्सरों का प्रकोप अधिकतम है (संभवत: यह जेनेटिक संरचना के कारण भी है- दक्षिणपूर्वी एशिया के जनमानस से जेनेटिक समानता के चलते), **वहाँ पुरुषों में अधिकता से पाए जाने वाले केन्सर,** खाने की नली (इसोफेगस), फेंफडों और गले के निचले भाग (ओरो-या हायपो-फेरिंक्स) में होते हैं और **महिलाओं में ये अधिकता से होते हैं** - खाने की नली (इसोफेगस) व फेंफडों में। फिर भी, यह निश्चित ही तम्बाकू नियंत्रण की मुहीम की सफलता को इंगित करता है कि देश के इस उत्तरपूर्वी क्षेत्र में तम्बाकूजनित केन्सरों की दर वर्ष 2004 में 61% से घट कर वर्ष 2011 में 25% हो गयी थी;

5. मुंबई के डॉ. प्रकाश गुप्ता व सहयोगियों के द्वारा वर्ष 2005 में प्रकाशित अध्ययन ने पुरुषों में धूम्रपान और चबाने वाली **तम्बाकूओं से मृत्यु की सापेक्ष दरें (रिलेटिव रेट्स)** क्रमश: 2.6 और 1.4 और महिलाओं में 1.85 और 1.57 रिपोर्ट करी हैं;

6. तम्बाकूजनित केन्सरों के प्रकोप को गरीबी से जोड़ देखें तो वर्ष 2014 की भारत में तम्बाकू के आर्थिक बोझ की रिपोर्ट के आँकड़ों से मिली जानकारी के अनुसार **जहाँ तम्बाकू से होने वाली मृत्युएँ 69% आर्थिक हानि के लिए उत्तरदायी हैं, तम्बाकू उपभोग से उत्पन्न कुल आर्थिक बोझ का 38% केन्सरों के कारण है।**

अतः जहाँ यह आशा करी जा सकती है कि नवीनतम आँकड़ों की उपलब्धिता संभवत: इनमें और अधिक कमी दर्शायेगी, इन सभी उपरोक्त जानकारियों-तथ्यों के आधार पर यह भी निष्कर्ष निकला जा सकता है कि **यदि हर किसी को तम्बाकू के उपभोग से जीवनभर बचाया जा सके तो निश्चित ही निकट भविष्य में केन्सर पर विजय आसान हो सकेगी। और तब हम सब और अधिकता से पा सकेंगे इस विश्व केन्सर दिवस मनाने की उपयोगिता।**

महिलाओं के तम्बाकूजनित केन्सर

विश्व महिला दिवस 2017 पर- राजस्थान के संदर्भ में

क्योंकि महिलाओं में तम्बाकू उपभोग पुरुषों की तुलना में अपेक्षाकृत कम है, औसतन इनमें तम्बाकूजनित केन्सरों की दर भी कम ही है। परन्तु, चूँकि इन्हें काफी सीमा तक रोका जा सकता है, आइये चर्चा करें इस **विश्व महिला दिवस** पर भारतवर्ष से जुड़े इस विषय के कुछ तथ्यों और महिलाओं में तम्बाकू उपभोग रोकने के उपायों की।

महिलाओं में तम्बाकू उपभोग की दर: देश के व्यस्क 35% तम्बाकू उपभोगियों में से व्यस्क पुरुष तम्बाकू उपभोगियों की तुलना में व्यस्क महिला तम्बाकू उपभोगियों का अनुपात 2.36:1 (पुरुष 47.9%: महिला 20.3%) है जब कि राजस्थान में यह अनुपात 3.9:1 (पुरुष 50.5%: महिला 12.9%) है, याने राजस्थान की महिलाओं में तम्बाकू उपभोग, राष्ट्रीय स्तर की तुलना में **कम है।**

महिलाओं में तम्बाकूजनित केन्सरों की दर: धूम्रपान के सन्दर्भ में विश्व स्वास्थ्य संगठन की यह मान्यता है कि यदि दो धूम्रपायी आजीवन धूम्रपान करते हैं तो उन दोनों में से एक तम्बाकूजनित केन्सर से पीड़ित होगा। भारत में 35 से 70+ आयु वर्ग में पूर्व में किये गए एक अन्य अध्ययन से यह जानकारी मिली थी कि महिलाओं में पुरुषों की अपेक्षा तम्बाकूजनित केन्सर की संभावना आधी से थोड़ी-सी कम हैं (महिला 2.16%; पुरुष 4.75%)। इसी अध्ययन से यह भी पता लगा था कि महिलाओं के सभी केन्सरों में से **तम्बाकूजनित केन्सर ~20%** होते हैं (जबकि पुरुषों में ये ~45% तक होते हैं)। किन्तु, क्योंकि यह अध्ययन दस सालों पूर्व प्रकाशित हुआ था, वर्तमान के एक समान आधार पर किये गए **अध्ययन (2007-2011)** से यह पता लगा है कि महिलाओं और पुरुषों दोनों में ही तम्बाकूजनित केन्सरों की दर में कमी हुई है- जहां पुरुषों में मात्र एक-चौथाई केन्सर तम्बाकूजनित हैं (24.5%), महिलाओं में भी इनकी संख्या 20% से भी कम हुई है (18.4%) हालाँकि यहाँ एक विचित्र तथ्य सामने आ रहा है- वह यह कि जहां पुरुषों में यह कमी 45.5% हुई है महिलाओं में यह कमी मात्र 8% है। फिर भी, समूची कमी को

निश्चित रूप से पिछले डेढ़ दशक के देश में हुए तम्बाकू नियंत्रण हेतु स्थापित नीतियों और संपन्न किये गए कार्यों के परिणामस्वरूप जाना-माना जा सकता है। पाठकों को यहाँ **अध्ययन की इस सीमितता** को भी बताना उचित होगा कि ये जानकारियाँ भी समूचे भारत की मात्र 7.5% जनसंख्या से देश के विभिन्न भौगोलिक क्षेत्रों में कार्यरत 25 **जनसंख्या केन्सर रजिस्ट्रियों** से ही प्राप्त हुई हैं। अतः केन्सर रजिस्ट्री के क्षेत्र में समूचे भारत को अभी एक बहुत लम्बे समय तक और निरन्तरता से प्रगति करते रहने की आवश्यकता है।

महिलाओं में प्रमुख तम्बाकूजनित केन्सर: क्योंकि राजस्थान प्रदेश में अब तक एक भी प्रादेशिक या शहरी जनसंख्या आधारित केन्सर रजिस्ट्री की स्थापना नहीं हो पायी है, अतः राष्ट्रीय केन्सर रजिस्ट्री प्रोजेक्ट के अंतर्गत कार्यरत सभी 25 जनसंख्या केन्सर रजिस्ट्रियों से प्राप्त आँकड़ों के विश्लेषण के आधार पर और उनकी एक औसत अधिकतम दर के अनुसार, महिलाओं में जो केन्सर तम्बाकूजनित जाने गए हैं, वे हैं: (1) फेफड़े का केन्सर; (2) खाने की नली का केन्सर; (3) मुँह का केन्सर; (4) गले के निचले भाग का केन्सर; (5) जीभ का केन्सर; (6) पेशाब की थेली का केन्सर; (7) होंठ का केन्सर; (8) स्वरयंत्र का केन्सर; (9) गले के पिछले भाग का केन्सर; और (10) गले का केन्सर।

सुझाव: इस संदर्भ में राजस्थान प्रदेश ही नहीं, देश के हर प्रदेश में **जनसंख्या- आधारित केन्सर रजिस्ट्री की स्थापना एक प्राथमिक आवश्यकता है।** जितना शीघ्रातिशीघ्र ऐसा हो सकेगा, उतनी ही त्वरितता से सभी केन्सरों में से तम्बाकूजनित केन्सरों की संख्या (बोझ) को महिलाओं (और पुरुषों) में जाना जा सकेगा। साथ ही, यह भी नितांत आवश्यक होगा कि तम्बाकू नियंत्रण के प्रयासों में कोई ढील न आने दी जाये। शीघ्रातिशीघ्र और नीतिगत रूप से यह निर्धारित करना आवश्यक होगा कि महिलाओं में तम्बाकू के **(1)** निरंतर बढ़ते और **(2)** कुछ हद तक बदलते उपभोग के स्वरूप- **(अ)** शहरी महिलाओं में सिगरेट के बढ़ते उपभोग और **(ब)** युवतियों

लेख संख्या : 34

द्वारा हुक्के से धूम्रपान के साथ-साथ (स) बालिका-वर्ग में अपेक्षाकृत कम आयु में तम्बाकू उपभोग की शुरुआत के चलते कैसे उन्हें इससे दूर रखा जाये। इस हेतु चिकित्सा एवं स्वास्थ्य विभाग के जनस्वास्थ्य निदेशक और उनके मातहत कार्यरत **प्रादेशिक तम्बाकू नियंत्रण कोष्ठ द्वारा जन-जागरुकता बढ़ाये जाने हेतु समयबद्ध रूप से नापे जा सकने वाले विशिष्ट प्रयास किये जाने चाहिए** क्योंकि एक सक्षम और सशक्त महिला मात्र स्वयं को ही नहीं अपितु समूचे परिवार को तम्बाकू-मुक्त रखे जाने हेतु प्रभावी हो सकती है।

अंत में, उन सभी महिलाओं को जो कि वर्तमान में तम्बाकू उपभोगी हैं, इसे शीघ्रातिशीघ्र छुड़ा तम्बाकू-मुक्त जीवन जीने हेतु उचित प्रेरणा, सहायता और वातावरण दिलवाना होगा। तब ही हमारे देश-प्रदेश की महिलायें तम्बाकू-मुक्त हो पायेंगी।

तम्बाकू और होंठ–मुँह–गले के केन्सर

विश्व सिर–गला कैंसर दिवस के उपलक्ष्य में..

इस दिवस को सर्वप्रथम न्यूयॉर्क में 27 जुलाई 2014 को अंतर्राष्ट्रीय फेडरेशन ऑफ़ हेड एंड नैक ऑन्कोलॉजी सोसाइटीज के पाँचवे वैश्विक सम्मलेन में स्थापित किया गया (http://www.ifhnos.org/world-cancer-day)। इसे विश्व के 45 राष्ट्रों की 52 हेड एंड नैक केन्सर सोसाइटीज का समर्थन प्राप्त है। इस दिवस के दो मुख्य उद्देश्य हैं:

1. स्वास्थ्य सेवा तंत्र को मजबूती देने हेतु समर्थन प्रदान करना और सिर–गले (होंठ, मुँह, गला और गर्दन) के केन्सरों की जागरूकता, खतरों, रोकथाम और शीघ्र निदान हेतु सामाजिक तरीकों को प्रारम्भ करना ; और,

2. निरंतर मेडिकल शिक्षा कार्यक्रमों के द्वारा चिकित्सकों को शिक्षित कर उनकी दक्षता और क्षमता को बढ़ाना।

वैश्विक सिर–गले के स्क्वेमस कोशिका केन्सरों से प्रतिवर्ष 5,00,000 लोग पीड़ित होते हैं और 2,00,000 इन्हीं केन्सरों के कारण मर जाते हैं। ये केन्सर अपेक्षाकृत छोटी और एक उत्पादक आयु में होते हैं, अतः इनके द्वारा हुई मृत्युओं और विकलांगता को रोका जाना आवश्यक है और ऐसा किया भी जा सकता है।

हर वर्ष लगभग 3,00,000 व्यक्ति होंठ–मुँह के केन्सर से पीड़ित होते हैं और 1,50,000 इनसे मर जाते हैं। पुरुष में बहुलता से पाया जाने वाला यह केन्सर विकासशील राष्ट्रों में अधिक होता है। क्षेत्रीय विविधता के सन्दर्भ में, दक्षिण, और दक्षिण–पूर्वी एशिया में होंठ–मुँह के केन्सरों की दर बहुत अधिक है। इस दिवस का महत्व भारतवर्ष के लिए सबसे अधिक है क्योंकि सभी केन्सरों में इनकी दर 9.4% है और इनमें से 50% निदान के पहले वर्ष में रोग से मर जाते हैं– ~50,000। इसीलिए, वैश्विक स्तर पर, मधुमेह के समान, भारत मुँह के केन्सरों की राजधानी के रूप भी में कुख्यात है। यह भी दुखद है कि पुरुषों और महिलाओं में समान दर से पाये जाने वाले ये केन्सर अपेक्षाकृत छोटी आयु में पाये जाने लगे हैं।

इन केन्सरों की रोकथाम हेतु इनके कारकों व इनके शीघ्र निदान हेतु प्रारंभिक लक्षणों की सूची लम्बी है– पाठक इसकी जानकारी अन्य स्रोतों से प्राप्त कर सकते हैं (http://www.ahns2014.org/video-replay/oral-cancer-awareness-early-detection-prevention/)&

हमारी तम्बाकू–नियंत्रण मुहिम के अंतर्गत यह जान लेना उपयोगी होगा कि इनमें से 50% धुआँरहित (मूलतः चबाने वाली) तम्बाकू के उपभोग से होते हैं। इस तम्बाकू के बारे में पूर्व में भी इस श्रृंखला में जानकारी दी गयी थी जो कि राजस्थान के प्रादेशिक परिपेक्ष्य और नियंत्रण के सन्दर्भ में थी। अतः यह आवश्यक है कि इसके राष्ट्रीय स्तर पर किये जाने वाले प्रभावकारी नियंत्रक कदमों की जानकारी भी ले ली जाये।

क्यों धुआँ रहित (चबाने वाली) तम्बाकू से होंठ–मुँह–गले के केन्सर अधिकतम होते हैं ? इसके कारण निम्न हैं:

(1) इनकी विभिन्न किस्मों में निकोटीन, मुक्त–निकोटीन और कैंसरकारकों की मात्रा बहुत अधिक होती है;

(2) इनका विषैलापन (अ) तम्बाकू के प्रकार/जाति, उत्पादन की परिस्थितियों (मिट्टी में नाइट्रेट और धातुओं की मात्रा), (ब) सुखाने के तरीके (हवा– अथवा आग– के उपयोग से), (स) प्रोसेसिंग (पास्चुरिकरण अथवा फर्मेंटेशन), (द) उत्पादन तरीकों (सुपारी, चुना, सुगन्धित पदार्थों, इत्यादि, के मिश्रण) और (ध) संग्रहण के तरीकों पर निर्भर करता है; साथ ही,

(3) तम्बाकू अथवा इनके फर्मेंटेशन में सूक्ष्म जीवाणुओं (उदाहरणार्थ, बैक्टीरिया, फफूंदी) की उपस्थिति भी कुछ केन्सरकारकों और विषों की मात्रा को बढ़ा देती है।

अतः आग–से–सुखाने की प्रक्रिया–, 'सूक्ष्म जीवाणुओं से संक्रमण–, फर्मेंटेशन– और सुपारी, इत्यादि के मिश्रण को कम करने

से या पूरी तरह समाप्त कर देने से और/या संग्रहण के तरीकों में सुधार ला कर ही केन्सरकारकों और अन्य विषैले पदार्थों की मात्राओं को घटाया जा सकता है। इस प्रकार धुआँरहित (चबाने वाली) तम्बाकूओं में निकोटीन की मात्रा में कमी लायी जा सकेगी और तम्बाकू की व्यसनशीलता को घटाया जा सकेगा।

साथ ही, इन धुआँरहित (चबाने वाली) तम्बाकूओं की दरों पर प्रभावी नियंत्रण के साथ अंतर्राष्ट्रीय स्तर पर सुझाये अधिकतम टैक्स को लगा और इसे (टैक्स को) मूल्य सूचकांक से जोड़ना और कर-चोरी रोकना आवश्यक है। इनकी विभिन्न नित नए ब्रांडों का

व्यापकता से विश्लेषण (Analysis) और विनियम (Regulation) व विपणन (Marketing), इत्यादि, की नीतियों और तरीकों के प्रति सजगता व उनको लागू कर पाना, समयानुसार उनमें प्रभावी सुधार और उनकी कड़ाई से पालना भी आवश्यक है। इसके साथ तम्बाकू छोड़ने की सर्वत्र आसान उपलब्धता के महत्व को कम नहीं आँका जा सकता है। उपरोक्त सभी उपायों को लागू करके ही तम्बाकूजनित होंठ-मुँह-गले के केन्सरों के रोकथाम और नियंत्रण पर प्रत्याशित सफलता पायी जा सकती है।

जब एक केन्सर-रोगी तम्बाकू-उपभोगी भी हो..!?

यूँ तो तम्बाकू उपभोग सर से पाँव तक कई प्राणलेवा रोगों और मृत्यु का एक अति महत्वपूर्ण कारक है ही, परन्तु, इसके अतिरिक्त, जिन तम्बाकू उपभोगियों को अन्य रोगों के प्रबंधन से गुजरना होता है, उनकी समस्याएँ तम्बाकू उपभोग के कारण और भी जटिल हो जाती हैं। विशिष्ट रूप से, गैर-संक्रामक रोगों के सन्दर्भ में, जिनमें जीवनपर्यंत उपचार लेते रहने की आवश्यकता पहले से ही रोगी व उसके परिवार के लिए चिंता से अधिक समयानुसार कई परीक्षणों और उपचार की जटिलताओं से झूझते रहने की होती है। इस लेख में हम देखेंगे कि किस प्रकार तम्बाकू उपभोग केन्सर-रोगियों को प्रभावित करता है:

वैसे तो कई केन्सर तम्बाकूजनित ही होते हैं परन्तु क्योंकि अब तक केन्सर रोगियों में अधिकांश अध्ययन धूम्रपान करने वाले रोगियों में ही हुए हैं, अत: केवल इसे (धूम्रपान को ही) केन्सर की शीघ्रावस्था के साथ-साथ रोग की बड़ी अवस्था के रोगियों में बढ़ी हुई मृत्यु-दर का कारण बताया जाता है जबकि केन्सर गैर-धूम्रपायी, मुख्यत: चबाने वाली तम्बाकूओं से भी होते हैं। इन रोगियों में कई बार केन्सर की अपेक्षा रोगी की मृत्यु का कारण उपचार-सम्बन्धी कठिनाइयाँ भी होती हैं, जैसे:

(1) **केन्सरों** औषधियों को देने से जुड़ी समस्याएँ- खुराक, औषधियों के दुष्प्रभावों की अधिकता व उन्हें प्रबंधित करने) की जटिलताएँ;

(2) **केन्सरों** के ऑपरेशन के पश्चात् रोगी के घावों का एक निश्चित अवधि में न भर पाना; या, उनमें संक्रमण की अधिकता, ऑपरेशन के पश्चात् होने वाले दुष्प्रभाव जैसे फेफड़ों में निमोनिया, पाँवों की शिराओं (वेंस) में खून जमने की दरों में बढ़ोतरी, इत्यादि;

(3) रेडियोथेरेपी के दौरान म्युकोसाईटिस की दर में बढ़ोतरी, इत्यादि;

(4) अन्य कारक जो कि रोग से सीधे-सीधे नहीं जुड़े होते हैं जैसे, मोटापा, अल्कोहल सेवन, इत्यादि, का रोग के उपचार व परिणामों को प्रभावित करना;

(5) केन्सर रोगियों में दूसरे केन्सर की उत्पति की दर भी अधिक होती है, जो कि तम्बाकू उपभोग के अतिरिक्त केन्सर के उपचार हेतु दी गयी रेडियोथेरेपी व कीमोथेरेपी (केन्सर का औषधिक उपचार) के देने जुड़ी होती हैं।

दूसरी ओर, **जो केन्सर रोगी उपचार पूर्व तम्बाकू उपभोग को छोड़ पाते हैं, उनमें उपचार सरल हो जाता है- सर्जिकल जटिलताओं में कमी** के अलावा हॉस्पिटल में **इनके भरती रहने की अवधि व अन्य उपचारों से जुड़ी जटिलताओं** (सिर व गले के केन्सरों में रेडियोथेरेपी से उत्पन्न म्युकोसाईटिस) **की दर भी कम हो जाती है।** इनमें दूसरे केन्सर की उत्पति की दर भी कम होती है, जैसे स्तन केन्सर के रोगियों में दूसरे स्तन में नए प्राथमिक केन्सर की दर।

तो, **क्या केन्सर रोग विशेषज्ञ उपचार के पूर्व अपने रोगियों को तम्बाकू छोड़ने हेतु उपचार लेने को नहीं कहते हैं?** एक अध्ययन के आँकड़े बताते हैं कि इनमें से लगभग 56% तम्बाकू उपभोग छोड़ने को तो कहते हैं, परन्तु मात्र 35% ही तम्बाकू से जुड़ी स्वास्थ्य हानियों की जानकारी अपने रोगियों को देते हैं। केवल 5% ही उन्हें तम्बाकू छोड़ने की दिनांक/दिन निश्चित करने हेतु सहायक होते हैं। इसके अतिरिक्त, केवल 17% विशेषज्ञ ही उन्हें इस सम्बन्ध में कोई सामग्री उपलब्ध कराते हैं और मात्र 19% कोई निकोटीन-रिप्लेसमेंट औषधि देते हैं। कुल मिला कर यह कहना अनुचित न होगा कि **तम्बाकू-उपभोगी केन्सर-रोगियों को उनके चिकित्सकों द्वारा तम्बाकू छोड़ने हेतु दी जाने वाली अपेक्षित सहायता मोटे तौर पर अपर्याप्त ही होती है।** एक और अमरीकी अध्ययन से यह भी पता लगा कि हालाँकि 90% केन्सर रोग विशेषज्ञ यह तो मानते हैं कि तम्बाकू एक प्रमुख केन्सरकारक है, **मात्र 40% ही इसे छोड़ने में सहायता प्रदान कर पाते हैं।** एक अन्य

अध्ययन में तो तम्बाकू उपभोग मात्र 29% रोगियों में ही रिपोर्ट किया गया; और, इनमें से किसी भी रोगी को इसे छोड़ने की सुविधा नहीं दी गयी। भारत में अधिकांश केन्सर केन्द्रों पर कुछ ऐसी ही स्थिति देखने मिल सकती है। इन केन्द्रों में लाखों-करोड़ों रुपयों की खरीद औषधियों, उपकरणों, इत्यादि, की होती है परन्तु वहां के रोगियों को यह साधारण-से खर्च वाली सेवा उपलब्ध नहीं कराई जाती है। इसकी एक बड़ी हानि क्लिनिकल ट्रायल्स से मिलने वाले उन परिणामों से जुड़ी है जिनमें तम्बाकू उपभोग के प्रभाव का आकलन ही नहीं हो पाया है।

तम्बाकू छोड़ने की दरों को भी कई कारक प्रभावित करते हैं। परन्तु, जो सबसे अधिक महत्वपूर्ण हैं उनमें सम्मिलित हैं: (अ) रोगी को उसके केन्सर-सर्जिकल, रेडियोथेरेपी और कीमोथेरेपी के उपचार अंतर्गत तम्बाकू छोड़ने की सहायता दे पाना, (ब) उसका उपचार पश्चात्, एक पर्याप्त समय तक, फोलो-अप कर पाना! प्राय: **तम्बाकू छोड़ने की सफलता की दर** बढ़ती भी तब ही है: (1) जब चिकित्सकीय-समूह रोगी को इस हेतु उत्साहित और सजग रख पाते हैं; (2) जब कि रोगी का केन्सर ही तम्बाकूजनित हो (जैसे कि फेंफड़े, मुँह, गले अथवा खाने की नली का केन्सर); (3) जिन रोगियों में तम्बाकू उपभोग कम अवधि अथवा कम मात्रा का होता है; और, (4) जिन रोगियों को इससे होने वाली शारीरिक हानियों/रोग के उपचार पर पड़ने वाले प्रभावों की जानकारी होती है और वो इसे छोड़ने को तत्पर होते हैं। तत्पश्चात् ही उनके द्वारा इसे छोड़ना सरल होता है। इसके विपरीत **वे रोगी इसे छोड़ने में कम सफल हो पाते हैं जो: (1) इसके भारी उपभोगी होते हैं; (2)** हताशा का भाव लिए हुए होते हैं; **(3)** जिन्हें इसकी शारीरिक हानियों या रोग के उपचार पर होने वाले नकारात्मक प्रभावों और छोड़ने के लाभों की जानकारी नहीं होती है, उदाहरणार्थ, कम शिक्षित, निचले आर्थिक-सामाजिक वर्ग के केन्सर रोगी (जिन्होंने तम्बाकू सेवन कम आयु में आरम्भ कर दिया

हो, इसका उपभोग अधिकता से करते हों या जो इसे छोड़ने के प्रति तत्पर नहीं हैं)।

तो, केन्सर रोगियों को तम्बाकू उपभोग छोड़ने से प्रेरित करने हेतु क्या कुछ कर सकते हैं आप और हम, उनके द्वारा तम्बाकू को ना कहने और इसे छोड़ने हेतु सतत् जनजागरण के अतिरिक्त:

1. प्रत्येक केन्सर केंद्र में तम्बाकू उपचार क्लिनिक की स्थापना तो हो ही, अस्पताल के प्रबंधन में हर तम्बाकू-उपभोगी रोगी को पहचानने, उपचार लेने हेतु प्रोत्साहित करने, हर चिकित्सक-परिचारिका से उपचार मिलने और उपचार पश्चात् उसके फॉलो-अप की सुविधा भी हो;

2. हर चिकित्सक के कार्य के ऑडिट में उसके द्वारा रोगी को दिए गए तम्बाकू-उपचार अथवा उसे चिकित्सालय स्थित तम्बाकू-मुक्ति क्लिनिक-ईकाई में रेफर किये जाने का आकलन भी हो;

3. क्योंकि चिकित्सकों-परिचारिकाओं के कोर्स में इस विषय को अब तब जोड़ा नहीं गया है, हर केन्सर केंद्र पर उनके उचित व पर्याप्त प्रशिक्षण और सर्टिफिकेशन की व्यवस्था हो; व,

4. नेशनल हॉस्पिटल एक्रेडिटेशन बोर्ड (एन.ए.बी.एच.) में तम्बाकू उपचार के प्रबंध के आयाम को शीघ्रातिशीघ्र जोड़ा जाये।

उपरोक्त उपाय ही दिलवा पायेंगे तम्बाकू-उपभोगी केन्सर रोगियों को उनके द्वारा लिए जा रहे केन्सर-उपचार की अधिकतम सफलता; और, केन्सर की पुनरावृति अथवा एक और नए केन्सर के उत्पन्न होने की संभावना में कमी।

तम्बाकूजनित हृदयरोग

हृदयरोग– और न्यूरो– आपातकालीन इकाइयों में युवाओं की बढ़ती संख्या का कारण

भारत सरकार में रजिस्ट्रार जनरल की 2010– 13 की रिपोर्ट के अनुसार भारत में सबसे अधिक मृत्यु हृदय– और रक्तसंचार तंत्र– के रोगों से होती हैं (इस लेख में आगे इन्हें सुविधा हेतु ''हृदय रोगों'' से ही संबोधित किया गया है)। जहाँ 2004– 06 में इनसे 20% मृत्युएँ हुईं, 2010– 13 में इनसे 23% मृत्यु होना पाया गया। सबसे अधिक प्रभावित वर्ग 30 से 69 आयु वर्ग के पुरुष थे।

हृदयरोगों का वर्गीकरण: हृदयरोगों में निम्नलिखित रोग सम्मिलित किये जाते हैं:

1. **हार्ट अटैक–** जब हृदय के किसी भी भाग में रक्तसंचार रुक जाये अथवा इसकी मांसपेशियों का एक भाग चोटिल हो जाये अथवा मर जाये;

2. **हार्ट फ़ैल होना–** जब हृदय में उचित मात्र में रक्त– अथवा ऑक्सीजन– ना पंहुचा पाए;

3. **ऐरिद्दमिया–** जब हृदयगति अत्यधिक तेज, कम अथवा असमान्य हो जाये;

4. **स्ट्रोक–** जब रक्त प्रदान करने वाली नलिका अत्यधिक रक्तचाप से फटकर– अथवा जमे हुए रक्त के कतरे (Blood Clot) से बंद हो– मस्तिष्क के उत्तकों की मृत्यु कर दे (रोगी इस अवस्था में शरीर के किसी भाग में मांसपेशी की कमजोरी, लकवे अथवा बोलने– या याददाश्त– में कमजोरी अनुभव करने लगता है); न्यूरोलॉजी विभाग में आपातकालीन भर्तियों में 40% स्ट्रोक के रोगी होते हैं।

आइये, अब जान लें कि तम्बाकू और हृदयरोगों के विषय पर वैश्विक नेतृत्व प्रदान करने वाली संस्थाएँ– वर्ल्ड हार्ट फेडरेशन, सेन्टर फॉर क्रोनिक डिसीसेज, इत्यादि, क्या कहती हैं:

- धूम्रपान से हृदय रोगों और स्ट्रोक का खतरा 2 से 4 गुना बढ़ जाता है।

- धूम्रपान से हृदय रोगों से होने वाली 10% मृत्युएँ होती हैं।

- क्योंकि हर एक सिगरेट पीने से भी हृदय रोग का खतरा 5.6% बढ़ जाता है, और दिन भर में 1 से 2 सिगरेट पीने वालों में भी यह बना रहता है, कम मात्रा में किया गया धूम्रपान किसी भी तरह से सुरक्षित नहीं है।

- महिलाओं में पुरुषों की अपेक्षा धूम्रपान से कोरोनरी आर्टरी रोग होने की संभावना 25% अधिक होती है।

- तम्बाकू चबाने से हृदयरोगों का खतरा दो गुना हो जाता है।

- दूसरों का धूँआ सूंघने वालों गैर–धूम्रपायियों में भी यह खतरा 25% से 30% होता है। अतः निष्क्रिय धूम्रपान से होने वाली 10% तम्बाकूजनित मृत्युओं में यह एक महत्वपूर्ण कारण है।

क्यों होते हैं तम्बाकू खाने–पीने से हृदयरोग?

- तम्बाकू उपभोगियों में रक्त में व्याप्त फेट्स में अधिक–घनत्व वाले फेट्स (HDL) कम हो जाते हैं और कम घनत्व वाले (LDL) बढ़ जाते हैं; परिणामवश, रक्त में गाढ़ापन बढ़ जाता हैं और रक्त संचार की गति कम हो जाती है;

- तम्बाकू खाने–पीने से रक्त–नलिकाएँ सिकुड़ जाती हैं और कमजोर भी हो जाती हैं;

- इन नलिकाओं की सतही कोशिकाओं के चोटग्रस्त होने पर उस स्थान पर रक्त–, फेट (कोलेस्ट्रॉल)–, कैल्शियम– अथवा अन्य पदार्थों के कतरे जमा हो जाते हैं।

- परिणामवश, रक्त नलिकाओं के संकरे होने से हुई रक्तसंचार की गति धीमी होने से अथवा पूरी तरह रुक जाने से, तम्बाकू उपभोगी हार्टअटैक– अथवा स्ट्रोक– (अथवा हाथ–पांवों में सड़न– गेंग्रीन) से पीड़ित हो जाता है।

अब यह भी उचित होगा कि तम्बाकू छोड़ने और तत्पश्चात एक तम्बाकू-मुक्त जीवन बिताने से होने वाले लाभों को भी जान लिया जाये:

1. 20 मिनटों में नाड़ी- और हृदय- की गतियाँ व रक्तचाप सामान्य होने लगते हैं;

2. 8 घंटों में रक्त में ऑक्सीजन का स्तर बढ़ने लगता है;

3. 24 घंटों में कार्बन-मोनो-ऑक्साइड का स्तर घटने लगता हैं;

4. 1 वर्ष के बाद, हार्टअटैक का खतरा कम होने लगता है;

5. 5 वर्षों बाद, हार्टअटैक और स्ट्रोक का खतरा, एक गैर-उपभोगी के समान हो जाता है; और,

6. शेष जीवन में, यदि आप पूर्व में किसी तम्बाकूजनित रोग से पीड़ित हो भी गए हों तो उसका उपचार आसान (व कम जटिल) होने के परिणामवश सस्ता भी हो जाता है।

उपरोक्त वैज्ञानिक तथ्यों से यह भी स्पष्ट हो जाता है कि **युवाओं का तम्बाकू को सदैव ना कहना और वर्तमान में तम्बाकू खा-पी रहे उपभोगियों द्वारा इसे शीघ्रातिशीघ्र छोड़ना** कितना अधिक आवश्यक है। तो सोचिये मत, यदि आप या आपका कोई प्रिय सम्बन्धी, मित्र, सहकर्मी, जानकार या अनजान भी तम्बाकू खाता-पीता (तम्बाकू-पीड़ित) दिखे तो उसे तम्बाकू-मुक्त जीवन व्यतीत करने की सही राह (विनम्रता से) अवश्य सुझाइये। और, उसे एक बार अपना पूरा स्वास्थ्य-परिक्षण करा वर्तमान में रोगमुक्त होने हेतु आश्वस्त हो जाने के लिए कहें।

हर वर्ष विश्व हार्ट दिवस 29 सितम्बर को मनाया जाता है। तो अब से आप भी उस दिन को सफलता से मनाने में जुट जाइये।

धूम्रपान से स्ट्रोक (लकवा)– एक दु:खद सच्चाई

वर्ल्ड स्ट्रोक आर्गेनाइजेशन (डब्ल्यू.एस.ओ.) ने वर्ष 2006 से हर वर्ष 29 अक्टूबर को **वर्ल्ड स्ट्रोक डे (विश्व लकवा दिवस)** मनाना आरम्भ किया। वर्ष 2010 में इसकी घोषणा एक जनस्वास्थ्य आपदा की तरह भी करी गयी। इसका वार्षिक दिवस का उद्देश्य (1) स्ट्रोक के प्रबंध हेतु व्यापक समर्थन जुटाना, (2) इसकी नीतियों की संरचना और दिशा निर्धारित करना और (3) इसके प्रभावितों और उनके परिवारों तक पहुँच उन्हें समर्थित करना है।

हर वर्ष इसका एक थीम भी होता है। वर्ष 2007 में यह था– **स्ट्रोक को उपचारित किया जा सकता है** और इसकी रोकथाम भी करी जा सकती है; और, उच्च रक्तचाप इसका एक प्रमुख और उपचारित किये जा सकने वाला कारक है। वर्ष 2009 में इसका थीम था– **स्ट्रोक, व्हाट कैन आई डू** जिसका अर्थ था कि स्ट्रोक (के प्रबंधन) के लिए मैं क्या कर सकता हूँ। वर्ष 2010 में यह था **1 इन 6 कैंपेन** (1 में छः अभियान) जिसका उद्देश्य यह बताना था कि क्योंकि स्ट्रोक किसी भी आयु में हो सकता है, हर एक को इसके बारे में सीखने और इसकी जानकारी औरों तक पहुँचाने के लिए कार्य करना चाहिये। वर्ष 2013 में इसे **बिकॉज़ आई केयर** (क्योंकि मैं चिंतित हूँ) से जोड़ा गया। इस वर्ष इसका थीम है **अप अगेन आफ्टर स्ट्रोक** (स्ट्रोक से पीड़ित होने के पश्चात् पुन: ठीक हो जाना)।

दुनिया भर में किसी भी एक समय पर स्ट्रोक से पीड़ित हुए रोगियों की संख्या 8 करोड़ है; और, इनमें से 5 करोड़ किसी एक तरह या उससे अधिक हुई व्याधि से स्थाई रूप से विकलांग हैं। **प्रतिवर्ष लगभग 1.5 करोड़ व्यक्ति इस रोग प्रभावित होते हैं– हर 6 सेकंड में दुनिया भर में एक व्यक्ति!** इनमें से 6 लाख की मृत्यु हो जाती है और 5 लाख इससे स्थाई तौर पर विकलांग हो जाते हैं।

स्ट्रोक एक रोग है जो कि मस्तिष्क के किसी भाग में रक्तप्रवाह में कमी/ रुकने (**इस्किमिक स्ट्रोक**– 85% में) अथवा रक्तस्राव (**हैमरहेजिक स्ट्रोक**– 15% में) से होता है। हालांकि लकवे (स्ट्रोक) को एक मस्तिष्क के रोग की तरह जाना जाता है परन्तु यह भी सच है कि यह रोगी के सारे शरीर को प्रभावित करता है। इसके प्रारम्भिक लक्षणों में जो मुख्य लक्षण हैं, वे हैं–

1. शरीर के आधे भाग में सुन्नता अथवा कमजोरी– चेहरा, कंधे से हाथ व कुल्हे से पाँव तक;

2. भ्रमित होना अथवा समझने में परेशानी अनुभव करना;

3. एक या दोनों आँखों से देखने में कठिनाई;

4. अचानक चक्कर आना, चलने में परेशानी, संतुलन नहीं रख पाना, इत्यादि;

5. अकारण, अचानक से अति तीव्र सिर–दर्द।

इन लक्षणों को आसानी से पहचानने के लिए **"फास्ट"** शब्द का भी उपयोग किया जाता है जिसमें एफ (फेस) का अर्थ है– चेहरे में झुकाव (कमजोरी); ए (आर्म्स) का अर्थ है– भुजाओं को ऊपर नहीं उठा पाना; एस (स्पीच) का अर्थ है– बोलने में अस्पष्टता या शब्दों का एक दूसरे में मिला प्रतीत होना; और, टी (टाइम) का अर्थ है– सीधे आपातकालीन सेवा को कॉल करना।

स्ट्रोक के मुख्य कारक हैं– उच्च रक्तचाप, धूम्रपान, मोटापा, रक्त में कोलेस्ट्रॉल की अधिकता, मधुमेह, पूर्व में मस्तिष्क में रक्त के दौरे में अस्थाई रूकावट अथवा हृदय गति की अस्थिरता (एट्रियल फिब्रीलेशन)। **इन सभी कारकों को नियंत्रित अथवा उपचारित किया जा सकता है। परन्तु, इससे भी अधिक महत्वपूर्ण है इसकी रोकथाम।**

धूम्रपान का आमजन, विशेषकर युवाओं में, हर दिन बढ़ता प्रचलन स्ट्रोक के सन्दर्भ में चिंता का विषय है। यदि आप धूम्रपान करते हैं और आप स्ट्रोक से पीड़ित होते हैं तो, एक गैर–धूम्रपायी की अपेक्षा, आपकी मृत्यु की संभावना दुगनी है। और, यह भी एक तथ्य है कि जितना अधिक आप धूम्रपान करते हैं, उतना ही अधिक आपके धूम्रपान से पीड़ित होने की संभावना है।

क्यों होता है धूम्रपान करने से स्ट्रोक? इसके प्रमुख कारक निम्न हैं:

1. धूम्रपान करने से 7,000 रसायन शरीर में प्रविष्ट करते हैं। इनमें से प्रमुख- कार्बन-मोनो-ऑक्साइड, फोर्मेल्डीहाईड, आर्सेनिक, सायनाइड, इत्यादि, से शारीरिक कोशिकाओं को हानि से स्ट्रोक के अवसर बढ़ जाते हैं;

2. धूम्रपान करने से रक्तप्रवाह धीमा पड़ जाता है,जिससे कारण प्लेटीलेट एग्रीगेशन से उत्पन्न हुए रक्त के थक्के, मस्तिष्क को प्रवाहित रक्तसंचार को धीमा कर देते हैं/रोक देते हैं। परिणामस्वरूप, रक्त में ऑक्सीजन की कमी के साथ कार्बन-मोनो-ऑक्साइड की बढ़ती मात्रा, मस्तिष्क की कोशिकाओं की क्षति को और अधिक बढ़ा देती है।

3. धूम्रपान से शरीर में वसा, विशेषकर बुरे कोलेस्ट्रॉल (एल.डी.एल.) की मात्रा बढ़ जाती है और अच्छे कोलेस्ट्रॉल (एच.डी.एल.) की मात्रा घट जाती है। इसके कारण मस्तिष्क की खून की नलिकाओं (धमनियों) में वसा के थक्के बनने से भी रक्तसंचार में रुकावट आ जाती है जो कि अधिकता से पाए जाने वाले इस्किमिक स्ट्रोक (ख़ून की कमी से उत्पन्न) का एक मुख्य कारण है;

4. धूम्रपान से धमनियों की दीवाल मोटी होने लगती है और ये सिकुड़ भी जाती हैं जो कि रक्त के प्रवाह को और भी धीमा करती हैं;

5. दूसरों का धुआँ (निष्क्रिय धूम्रपान) सूंघने से भी स्ट्रोक की संभावनाएँ बढ़ जाती हैं।

यह भी एक तथ्य है कि जिन्होंने स्ट्रोक के होने के पहले से ही धूम्रपान बंद कर दिया होता है, उनमें स्ट्रोक के उपचार के परिणाम अपेक्षाकृत अधिक अच्छे होते है। एक अध्ययन से यह भी पता लगा कि जिन्होंने कभी भी धूम्रपान नहीं किया उनकी अपेक्षा:

1) जिन्होंने कभी भी धूम्रपान किया होता है, उनमें स्ट्रोक पश्चात उपचार का परिणाम 30% कम लाभकारी होने का खतरा होता है;

2) जो स्ट्रोक के रोगी पहले 28 दिन जीवित रह जाते हैं,उनमें से जो वर्तमान में धूम्रपायी होते हैं (करेंट यूज़र्स), उनमें से 48% में उपचार परिणाम कम लाभकारी होने का खतरा होता है; और, इसी तरह,

3) पूर्व के धूम्रपयियों में भी उपचार का परिणाम 18% कम लाभकारी होने का खतरा होता है।

साथ ही, स्ट्रोक के उपचार के पश्चात् यदि रोगी फिर से धूम्रपान करना आरम्भ कर देते हैं तो उनकी मृत्यु की संभावना तीन-गुना अधिक हो जाती है।

अतः यह आवश्यक है कि धूम्रपान कतई नहीं किया जाये। और, यदि आप वर्तमान में इसे करते हैं तो तत्काल छोड़ें। और, यदि दुर्भाग्यवश आप स्ट्रोक- पीड़ित हैं तो उपचार के दौरान/पश्चात तो धूम्रपान कभी नहीं करें। आपका जीवन, आपके साथ-साथ, आपके परिवार व अन्य लोगों से भी जुड़ा होता है, इसलिए **अपने लिए ही नहीं, अपनों के लिए भी धूम्रपान-रहित (याने स्वस्थ) होकर जीयें।** तब ही मिल पायेगी हम सभी को, वर्ल्ड स्ट्रोक-डे मनाने की सार्थकता।

यदि हृदयरोग विशेषज्ञ जुड़ जाएँ, तम्बाकू नियंत्रण में

भारत में 72% मृत्युएँ गैर-संक्रामक रोगों से होती हैं। यदि इनमें से 36% मृत्यु अर्थात कुल मृत्युओं में से 26% मात्र हृदय और रक्तसंचार के रोगों से होती हैं (सुविधा के लिए इस लेख में अब से इन्हें ''हृदय रोग/रोगों'' की तरह ही संबोधित किया जा रहा है)। हालाँकि हृदय रोगों से होने वाली मृत्युओं में 10% तम्बाकूजनित होती हैं, युवाओं में यह संख्या 35% है- स्पष्ट रूप से युवाओं का तम्बाकू खाना-पीना उनके लिए अपरिपक्व आयु में जीवन क्षति का बड़ा खतरा है, पाठक यह भी जान लें कि निष्क्रिय धूम्रपान (अन्य के धूम्रपान से उत्पन्न धूएँ को सूँघना) से होने वाली मृत्युओं में 25% से 35% हृदय रोगों से ही होती हैं।

जब हानि इतनी बड़ी है तो क्या हृदय रोग से पीड़ितों को यह जानकारी मिल पाती है? उत्तर है- बहुत ही कम, क्योंकि एक और अध्ययन (भारत का गेट्स-1) वर्ष 2010 में यह बता चुका है कि वर्तमान के तम्बाकू उपभोगियों में से मात्र 10%- 15% को ही इसे छोड़ने हेतु एक चिकित्सकीय सहायता प्राप्त हो पाती है। यह भी जानकारी उपलब्ध है कि चिकित्सक अपनी व्यस्तता के अतिरिक्त विषय की जानकारी नहीं होने और वर्तमान में इस हेतु प्राइवेट स्वास्थ्य सेवा सेक्टर द्वारा कोई अतिरिक्त सेवा-शुल्क निर्धारित नहीं होने के चलते ऐसा नहीं कर पा रहे हैं। यहाँ मैं इसे चिकित्सकों के साथ स्वास्थ्य तंत्र की भी कमी मानता हूँ जो कि भारत में प्रतिदिन होने वाली ~4000 से अधिक तम्बाकूजनित मृत्युओं के पश्चात पिछले दो वर्षों में ही सजग हो पाया है। फिर भी, चिकित्सकों को तो कोई रोक नहीं रहा कि वे स्वयं शिक्षित हो रोगियों से तम्बाकू तो उपभोग ना छुड़ा पायें!

तो फिर, हृदय रोगों से होने वाली तम्बाकूजनित मृत्युओं में कमी करने का दायित्व हृदयरोग विशेषज्ञों का हो जाता है। परन्तु, क्या ऐसा हृदयरोग विशेषज्ञ भी सोचते हैं? कुछ तो निश्चित रूप से ऐसा कर भी पा रहें- इन्होंने तम्बाकू नियंत्रण कार्यक्रम को भारत में ही नहीं अपितु वैश्विक स्तर पर भी नेतृत्व प्रदान किया है, जैसे एम्स के कार्डियोलॉजी के पूर्व विभागाध्यक्ष और पी.एच.एफ.आई. के अध्यक्ष डॉ. श्रीनाथ रेड्डी। परन्तु, अधिकांश अब तक तम्बाकू नियंत्रण से नहीं जुड़ पायें हैं।

ऐसा अनुभव किया जा रहा है कि इस हेतु एक राष्ट्रीय नीति हो जो कि एक मार्गनिर्देशिका की तरह लाभकारी हो। आशा की जानी चाहिये कि निकट भविष्य में भारत सरकार और तम्बाकू नियंत्रण से लम्बे समय से जुड़े गैर-सरकारी संस्थान, भारत के अग्रणी हृदयरोग विशेषज्ञों के संगठनों से सहभागिता कर ऐसा कर पायें।

फिर भी, इसमें महत्वपूर्ण कारक है एक हृदयरोग विशेषज्ञ की सोच के परिवर्तन का, क्योंकि तब ही तो वह अपना व्यवहार बदल पायेगा और एक तम्बाकू उपभोगी को रोगी मान उसे उपचारित करने को तत्पर हो पायेगा। यदि उसे यह विचार स्वीकृत नहीं है तो उसे इसका भी आत्म निरिक्षण करना होगा कि क्या वे उच्च रक्तचाप के कारक/वृद्धिकारक (तम्बाकू व्यसन) को उपचारित नहीं करेंगे? क्या उनकी निष्क्रियता व्यावसायिक और/या नैतिक होगी!?

और, यदि वह सहमत है इस हेतु, तो वह जहाँ कार्यरत है उस संस्था में तम्बाकू उपभोगी रोगियों हेतु एक ऐसी व्यवस्था फलीभूत करा पायेगा जो कि (उन्हें- रोगियों को) पहचान कर (स्क्रीनिंग द्वारा) तम्बाकू उपचार प्राप्त करने हेतु प्रोत्साहित करे। और, जो इस हेतु स्वीकृति दें, उन्हें तम्बाकू उपचार दिला पाए; और, जो इस हेतु तैयार नहीं हैं, उन्हें भी इसे छोड़ने हेतु परामर्श प्रदान करे ताकि ऐसे रोगी स्वयं के लिए हानिकारक रवैये को परिवर्तित करने हेतु प्रेरित हो सकें। इतना ही नहीं, उपचार पश्चात् ऐसे सभी रोगियों का संतोषजनक तरीके से कम से कम छः माह तक फॉलो-अप भी करे- व्यक्तिगतरूप से ना भी कर पाए तो उन्हें टेलीफोन करे, ताकि वह यह जान पायें कि रोगी उपचार पश्चात तम्बाकू खाना-पीना सफलता से छोड़ पाया या नहीं अथवा सफलता से छोड़ने के बाद फिर से खाने-पीने लगा है याने 'रिलेप्स' की अवस्था में चला गया है। और, यदि रोगी तम्बाकू उपभोग छोड़ने में असफल रहा तो क्या कारण रहे उसके असफल रहने

के; और, अब वह (रोगी) क्या करे तम्बाकू खाना पीना फिर से छोड़ने हेतु।

परन्तु, **जब अधिकांश हृदयरोग विशेषज्ञ ऐसा नहीं कर पा रहे हों तो जिम्मेदारी हो जाती है उनके व्यावसायिक संगठन/संगठनों की,** जो कि अपनी वार्षिक गोष्ठियों (एनुयल कांफ्रेंसेस) में तम्बाकू नियंत्रण और उपचार में प्रशिक्षण और रिव्यु हेतु विशिष्ट सत्रों अथवा कार्यशालाओं के अतिरिक्त, कांफ्रेंस के मुख्य कार्यक्रम में विशिष्ट/ अनुभवी तम्बाकू नियंत्रण और/या उपचार विशेषज्ञों को बुला कर उन्हें सुनें, सीखे और समझें भी, इस महती आवश्यकता के सशक्तिकरण की। इस हेतु गोष्ठी व्यवस्थापकों के लिए आवश्यक होगा कि वे अन्य समवर्ती (बराबर/ कोनकरेंट) सत्र ना रखें। इसमें और अधिक भागीदारिता बढ़ाने हेतु इस सत्र में उपस्थित सहभागियों को अतिरिक्त सतत मेडिकल शिक्षा अंक (सी.एम.ई. स्कोर) प्रदान किये जाएँ। अतिरिक्त प्रोत्साहन हेतु, उन्हें आगामी कांफ्रेंस में भाग लेने की फीस में रियायत भी दी जा सकती है।

इस प्रकार से सशक्त हृदयरोग विशेषज्ञ यदि इस विषय के विभिन्न पहलूओं (उपचार, सहभागिता, समर्थन, इत्यादि) पर कार्य/अनुसंधान करें तो आगामी कांफ्रेंस में इन विशिष्ट तम्बाकू नियंत्रण/उपचार सत्रों में उन्हें अपने कार्य को सहभागियों के बीच साझा करने हेतु आमंत्रित किया जाये। उनके कार्य को राष्ट्रीय और स्थानीय मीडिया तक और इन मीडिया के माध्यमों द्वारा जन साधारण तक भी पहुँचाया जाये; व, साथ ही संगठन के जर्नल में भी इसे प्रकाशित किया जाये। यदि इन हृदयरोग विशेषज्ञों को उनके तम्बाकू नियंत्रण/उपचार के कार्य को अन्य विशेषज्ञों (मधुमेह विशेषज्ञों, साँस के रोगों के विशेषज्ञों, शल्य-चिकित्सकों, निश्चेतनकर्ताओं,

इत्यादि) की गोष्ठियों में स्थान दिलाया जाये (एक रोल मॉडल/ समर्थनकर्ता/ संदेशवाहक की भांति) तो और भी अच्छा।

कइयों को आपत्ति हो सकती है इस प्रकार की प्रोत्साहन योजनाओं पर। परन्तु, फिर वे यह भी बताएँ कि क्यों अब तक ऐसा नहीं हो पाया है जब कि तम्बाकू से उत्पन्न हृदय रोगों से हजारों-लाखों तम्बाकू उपभोगी मर रहें हैं! **क्या व्यवहार परिवर्तन एक व्यक्तिगत विषय/पहलू माना जाना चाहिए अथवा जब आवश्यकता सामाजिक या राष्ट्रीय हो तो उसमें समाज या व्यावसायिक संगठनों को भी अपनी भूमिका निभानी चाहिए कि नहीं !?**

निश्चित ही, उचित तरह से सशक्त हृदयरोग विशेषज्ञ, राष्ट्रीय- अथवा प्रादेशिक स्तर पर स्वास्थ्य-मंत्रालयिक/-विभागीय मीटिंगों में एक महत्वपूर्ण योगदान दे सकते हैं। इनकी बतौर एक चिकित्सक के अतिरिक्त एक संदेशवाहक के भी, नेताओं, प्रशासनिक अधिकारीयों व अन्य सामाजिक हस्तियों तक पहुँच और निकटता (उनके हृदय रोगों के उपचारकर्ता होने के कारण), उनसे तम्बाकू नियंत्रण की प्राथमिक आवश्यकताओं को नीतिगत रूप दिलवाने और कार्यान्वित कराने में अत्यंत लाभकारी हो सकती है।

अंत में, **एक सुदृढ़ राष्ट्रीय नीति तो होनी ही चाहिए हृदयरोग विशेषज्ञों व अन्य चिकित्सकों की तम्बाकू नियंत्रण/उपचार में सहभागिता की।** इसके साथ, यदि उनके चिकित्सकीय संगठन भी अपनी जिम्मेदारी और संज्ञान ले जुट जायें इस तम्बाकूजनित घातक रोगों की रोकथाम के महायज्ञ में, केवल तब ही भारत में तम्बाकू जनित रोगों और मृत्युओं में एक महती कमी आ पायेगी।

तम्बाकू खाते-पीते रहे तो ऑपरेशन होगा कठिनाई भरा

ऑपरेशन (शल्य चिकित्सा/सर्जरी) के पहले किसी भी तम्बाकू उपभोगी को यह एक सुनिश्चित निर्देश होता है कि वह इसे बंद कर दे, नहीं तो ऑपरेशन नहीं हो पायेगा या उसकी जटिलताओं से बचा नहीं जा सकेगा। परन्तु ना तो रोगी या उसका कोई सम्बन्धी इसका कारण पूछता है और ना ही कोई चिकित्सक- सर्जन, एनेस्थेटिस्ट (निश्चेतना विशेषज्ञ) या कोई परिचारिका उसे इसकी विस्तृत जानकारी देते हैं कि ऐसा करना क्यों आवश्यक है। तो, आइये जाने, क्या होता है इस निर्देश का आधार:

यह तो हम जानते हैं कि तम्बाकू उपभोग हमारे शरीर को सिर से पाँव तक हानिकारक रूप से प्रभावित करता है। सर्जरी के सन्दर्भ में, जहाँ धूम्रपायियों में इसका उपभोग हृदय- व रक्त-संचार- तंत्र (धमनियों और शिराओं) और श्वसन तंत्र (साँस की नालियों और फेंफड़ों) को प्रभावित करता है, तम्बाकू चबाने वालों में मूलतः मुँह, दांत, गले के अतिरिक्त हृदय व रक्त संचार तंत्र में भी इसके दुष्प्रभाव चिंताजनक हो सकते हैं।

शल्य चिकित्सा के पहले तम्बाकू उपभोग ना छोड़ पाना केवल रोग की स्थिति/तीव्रता को ही नहीं प्रभावित करता है परन्तु इससे (1) निश्चेतना की क्रिया, (2) ऑपरेशन पश्चात् घाव भरने की अवधि और इससे उत्पन्न जटिलतायें, (3) अस्पताल से छुट्टी होने में विलम्ब, इत्यादि, भी प्रभावित होते हैं।

हालाँकि ऑपरेशन हेतु मूलतः शल्य चिकित्सक (सर्जन) की भूमिका को ही प्रमुख जाना और माना जाता है, तम्बाकू उपभोग की दृष्टि से निश्चेतना विशेषज्ञ (एनेस्थेटिस्ट) की भूमिका भी कम महत्वपूर्ण नहीं होती है। यह उसका भरसक प्रयास होता है (और सर्जन के साथ संयुक्त दायित्व भी) कि शल्य चिकित्सा के दौरान रोगी की शारीरिक स्थिति सामान्य बनी रहे; और, कोई भी शल्य चिकित्सा सुनियोजित रूप से की जाये बजाये एक आपातकालीन प्रक्रिया के रूप में।

इसके लिए वह (एनेस्थेटिकस्ट) रोगी से विस्तार में उसके रोग- और औषधि- संबंधी जानकारियाँ, किसी भी एलर्जी की उपस्थिति, और यदि पूर्व में कोई ऑपरेशन हुआ हो तो उस प्रक्रिया के दौरान दिए गए एनेस्थेसिया की जानकारी के अतिरिक्त उसके वर्तमान/पूर्व के तम्बाकू उपभोग का इतिहास (तम्बाकू उपभोग के प्रकार, अवधि, छोड़ने के प्रयास, इत्यादि) भी प्राप्त करता है।

प्राय: एनेस्थेसिया का प्रकार मुख्य रूप से रोगी की अवस्था, रोग की शारीरिक उपस्थिति अथवा जटिलता और रोगी की सामान्य स्थिति व मानसिकता पर निर्भर करता है। परन्तु, एक तम्बाकू उपभोगी में इसे उच्च रक्तचाप, मधुमेह अथवा फेंफड़ों की कार्य- अक्षमता की उपस्थिति में बजाये पूरी निश्चेतना (जनरल एनेस्थीसिया) के स्थानिक निश्चेतना (लोकल एनेस्थीसिया) दे शल्य चिकित्सा करवा पाने की संभावना के अतिरिक्त (अ) रोगी की ऑपरेशन-पूर्व तम्बाकू उपभोग को छोड़ पाने की तत्परता और (ब) यदि वह शराब का सेवन भी करता हो (जिससे निश्चेतना का रिस्क बढ़ जाता है) तो उससे उत्पन्न दुष्प्रभावों, विशेषकर रक्तचाप, लीवर व गुर्दे के रोग की उपस्थिति व रोगी द्वारा इसे भी छोड़ने की सहमती का आकलन भी उसके एनेस्थेटिस्ट द्वारा किया जाता है। आमतौर से तम्बाकू और शराब का सेवन कम-से-कम चार सप्ताह पहले तो बंद किया ही जाना चाहिए, हालाँकि यदि इसे दो माह पहले बंद कर दिया जाये तो और भी अच्छा। परन्तु वर्तमान में आम जीवन की बढ़ती आपा-धापी में इस रिस्क-गुणक की अनदेखी कर वर्तमान में मात्र यह ही सुनिश्चित करने का प्रयासभर ही किया जाता है कि रोगी कम-से-कम इसे ऑपरेशन के पश्चात् अस्पताल से छुट्टी होने तक और रोग से ठीक होने तक तो बचा रहे। यह दु:खद ही है कि फिर भी कई रोगी इतने समय तक भी तम्बाकू के सेवन से दूर नहीं रह पाते हैं अथवा इसका उपभोग ना कर पाने से, इस अंतराल में, बिना तम्बाकू उपचार के इसके प्रतिकार लक्षणों से अप्रत्याशित रूप से पीड़ित रहते हैं!

तम्बाकू उपभोगियों में ऑपरेशन के दौरान एनेस्थेसिया देते समय

श्वसन-तंत्र सम्बन्धी जटिलताओं- स्वरयंत्र- अथवा साँस नली- में संकुचन को रोक पाना या इन्हें पहचान कर तवरितता से उपचारित कर पाना, फेफड़ों के कृत्रिम वेंटिलेशन में सावधानी, रक्तसंचार में गड़बड़ियों से बचाव, माँसपेशियों को शिथल करने वाली औषधियों और दर्दनिवारकों विशेषकर अधिक प्रभावशाली ओपिओइड्स की मात्रा (डोस) का सावधानीपूर्व संचालन, ऑपरेशन के दौरान शारीरिक-द्रव्य के संतुलन को बनाये रखना (आई.वी. फ्लुइड्स देने और अनुपातिक पेशाब की मात्रा ताकि हार्ट फेलियर न उभर आये), इत्यादि, सावधानियों का पालन एक विशिष्ट सजगता से किया जाना आवश्यक होता है। ऑपरेशन के तत्काल पश्चात भी इन सभी सावधानियों की पालना किया जाना अति आवश्यक होता है। फिर भी, कुछ तम्बाकू उपभोगी रोगियों में एनेस्थेसिया से देरी से रिकवरी, सांस-संबंधी जटिलतायें, अत्यधिक शिथलता, चक्कर आना, मिचली-उल्टी होना, धूजनी छूटना, अस्पताल से देरी से छुट्टी, इत्यादि, समस्याएँ उत्पन्न हो ही जाती हैं।

तम्बाकू उपभोगियों में सर्जिकल घावों के भरने की जटिलतायें एक और बड़ी समस्या है। मूलतः इसे (अ) ऑपरेशन के चिरे तक पहुँचने वाली ब्लड-सप्लाई में कमी, (ब) श्वेत रक्तकोशिकाओं व मेक्रोफेजेस के कार्य में अवरोध से उत्पन्न संक्रमण, (स) घाव भरने हेतु कोलेजन से मिलने वाली मजबूती में व्यवधान, इत्यादि, के कारण (1) घाव में संक्रमण की अधिकता, (2) टाँके निकालने से घाव अथवा आँतों के जोड़ खुल जाने की जटिलता, (3) प्लास्टिक सर्जरी में काम लिए गए त्वचा के फ्लैप्स में सड़न, इत्यादि, के रूप में देखा जाता है। ये जटिलतायें ना केवल अस्पताल में रहने की अवधि में बढ़ोतरी करती हैं, इनसे रोगी की अपेक्षित रिकवरी और ऑपरेशन पश्चात् जीवन की गुणवता भी प्रभावित होती है। कई बार इनमें एक से अधिक ऑपरेशन की आवश्यकता और उससे होने वाली अनेकों परेशानियों से रोगी स्वयं, उसका परिवार और उसको उपचारित करने वाली टीम को भी जूझना होता है; और, उपचार खर्चीला होता है सो अलग! एक और ध्यान देने वाला तथ्य यह भी है कि जो रोगी तम्बाकू उपभोगी नहीं होते हैं, उनमें इन जटिलताओं की दर भी अपेक्षाकृत कम ही होती है।

जहाँ तक बात तम्बाकू (और शराब) छुड़वाने की सफलता की है, रोगी के जीवनकाल में इससे अच्छा समय- और उससे से अपनी बात मनवाने हेतु एक एनेस्थेटिस्ट अथवा सर्जन से अच्छा संदेशवाहक और कोई नहीं हो सकता है। और, यदि ऐसे रोगियों का ऑपरेशन पश्चात् भी लगातार फोलो-अप किया जाता रहे और उन्हें पुनः इनके सेवन से दूर रखा जा सके तो उनके द्वारा तम्बाकू सेवन छोड़ने की सफलता की दर में एक महत्वपूर्ण बढ़ोत्तरी देखी जा सकती है।

अतः ईश्वर-प्रदत इस अद्भुत शरीर को तम्बाकू खा-पी आमजन/रोगी इसे खोखला ना करें तो अति उत्तम! क्या पता कब उन्हें ऑपरेशन की आवश्यकता हो जाये (जिसकी संभावनायें अब जीवनकाल में वृद्धि के साथ बढ़ गयी हैं); और, तब क्या पता कब उन्हें उपरोक्त वर्णित संभावित खतरों का सामना करना पड़ जाये- उपचार के अधिक खर्च और जटिलताओं के साथ। अंत में, **एक बार फिर यह दोहराना अनुचित नहीं होगा कि यदि आप तम्बाकू उपभोगी नहीं हैं तो सदैव इससे बचे रहें इसे खाने-पीने से; और, यदि वर्तमान में इसके उपभोगी हैं तो तत्काल छोड़ें इसे।** और, दूसरों को भी सचेत करें इस बारे में- क्योंकि जीवन में आपदा-विपदा (शल्य चिकित्सा की आवश्यकता भी) कह कर नहीं आती है..!!

तम्बाकू उपभोग और टी.बी.

अगर छोड़ देंगे धूम्रपान, तो और सफल हो जायेगा टी.बी. का उपचार

भारत सरकार के स्वास्थ्य मंत्रालय द्वारा जारी सन् 2014 में टी.बी. पर जारी रिपोर्ट के अनुसार प्रत्येक एक लाख भारतीयों में से 230 टी.बी. के रोगी होते हैं। जहाँ हर वर्ष नए टी.बी. के रोगियों की दर 176 प्रति लाख है, टी.बी. से पीड़ित 22 रोगी प्रति लाख मर भी जाते हैं। इन आंकड़ों के अनुसार सन् 2014 में भारत में टी.बी. रोगियों के कुल संख्या 24,25,602 थी जिसमें 23,69,515 टी.बी. नियंत्रण के राष्ट्रीय कार्यक्रम (आर.एन.टी.सी.पी.) में पंजीकृत थे और शेष 56,087 (23%) गैर-पंजीकृत रोगी थे।

अब यह स्थापित हो चुका है कि **21% रोगियों में टी.बी. धूम्रपान के कारण होती है।** निष्क्रिय धूम्रपान भी टी.बी. होने की संभावना में बढ़ोतरी करता है। जहाँ पूर्व- या वर्तमान- धूम्रपायियों और कभी-भी धूम्रपान करने में वालों में टी.बी. होने का अनुपातिक रिस्क 2.0 से 2.3 होता है, इन धूम्रपायी रोगियों में मृत्यु हेतु यह रिस्क 2.0 आँका गया है। और, यदि ऐसे रोगी अपना पूरा उपचार ना लें अथवा पूरी तरह से ठीक ना हों तो उनके परिवारजनों में टी.बी. होने का खतरा बढ़ जाता है। साथ ही, क्योंकि शराब का सेवन करने वाले अथवा मानसिक रोगों या एच.आई.वी. संक्रमण से पीड़ित धूम्रपान अधिक करते हैं, इनमें टी.बी. होने की संभावना अधिक होती है।

टी.बी., फेफड़ों में कई प्रकार की विकृतियाँ उत्पन्न करती है (साँस की नालियों में संक्रमण, उनका अनियमित चोड़ापन या बराबर सिकुड़ा बना रहना, फाइब्रोसिस, केविटेशन, इत्यादि)। अतः इसके रोगियों द्वारा धूम्रपान करते रहने से इन विकृतियों में बढ़ोतरी होती है। परिणामवश, क्योंकि फेफड़ों- और साँस-नालियों को साफ रखने की एवं शारीरिक प्रतिरोध-क्षमता में कमी आ जाती है, इनमें टी.बी. के उपचार-परिणाम तो प्रभावित होते ही हैं (उपचार पूरा ना कर पाने से अथवा संक्रमण के लम्बे समय तक बने रहने से), इनके साथ रहने वालों में भी टी.बी. होने का खतरा बढ़ जाता है। **ऐसा नहीं है कि यह खतरा मात्र धूम्रपायियों में ही है, टी.बी. के जो रोगी तम्बाकू चबाते हैं, उनमें भी रोग के पुनरावृति की संभावनाएँ बढ़ जाती हैं।** अतः यदि कोई

धूम्रपायी नासमझी में धूम्रपान छोड़ तम्बाकू चबाने की सोचे तो वह एक अविवेकी और गलत निर्णय ही होगा।

कैसे छोड़ें तम्बाकू खाना-पीना? इस बारे में पूर्व में भी इस श्रृंखला में बताया गया। परन्तु, उसे यहाँ, संक्षिप्त में, एक बार फिर से बता देना उचित ही होगा:

(1) सबसे महत्वपूर्ण **पहला कदम** है, इसे छोड़ने हेतु दिन/दिनांक निश्चित करना बिना इस बात की चिंता किये कि तम्बाकू खाना-पीना मुझे अच्छा लग रहा है तो मैं इसे छोड़ूँ कैसे। जिसने इस दुविधा को छोड़ सकारात्मक सोच के साथ इसे छोड़ने का निर्णय कर लिया, उसकी सफलता की संभावना भी अधिक हो जाती है। साथ ही, तत्काल अथवा 3-5 दिनों में छोड़ने का निर्णय अत्यंत लाभकारी होता है।

(2) **दूसरा कदम** है तम्बाकू-मुक्ति की तैयारी का- यह निर्णय करना कि अब इसे खरीदूँगा नहीं, मांगूंगा नहीं, किसी से खरीदवाऊँगा/मंगवाऊँगा नहीं और इसे घर, कार्यस्थल अथवा गाडी में रखूँगा नहीं।

(3) **तीसरा क़दम** है यह जानने का कि जिन परिस्थितयों में पहले वह तम्बाकू खाता-पीता था, अब उन परिस्थितयों में बिना तम्बाकू के कैसे रह पायेगा। इस हेतु तम्बाकू खाने-पीने की ललक से ध्यान हटाने (डिस्ट्रेक्शन)की युक्तियों को याद करके उन्हें काम में लेना आवश्यक होता है- अन्य किसी कार्य में मन लगा ले लेने से, किसी गैर-उपभोगी के साथ बात करने से या उसके साथ समय बिताने से, मुँह से कोई मुखवास चबाने से, खाना समय से खाने से और मुख्य खाने के बीच अल्पाहार करने से, प्रणायाम करने से अथवा धीरे-धीरे पानी पीते रहने से जब तक की यह ललक समास न हो जाये, पुनः तम्बाकू खाने-पीने से बचा जा सकता है।

(4) **चौथा क़दम है**, सामाजिक समर्थन प्राप्त करने का, उनसे जो चाहते हैं कि वह तम्बाकू त्याग दे, वे उसका तम्बाकू छोड़ने का उत्साह बनाये रखेंगे और जिनकी सोच उसके तम्बाकू-मुक्त बने रहने हेतु सकारात्मक होगी।

(5) **पाँचवा क़दम है**, अत्यधिक प्रसन्नता अथवा दुःख में (रिस्की परिस्थितयों में) यह याद रखना कि कुछ भी हो, तम्बाकू नहीं खाना-पीना है। तम्बाकू उपभोगी द्वारा यह ध्यान रखना भी आवश्यक होता है कि वह इसे सफलता से छोड़ने के बाद अपने-आप को जाँचे नहीं (कि एक बार फिर से इसका उपभोग कर देख लेता हूँ); और, यदि गलती से कभी खा-पी भी ले, तो फिर से व तत्काल तम्बाकू-मुक्ति की राह पकड़ लें।

तम्बाकू-मुक्ति की सफलता तब अधिक बढ़ जाती है जब इसके उपभोगियों को इसे परामर्श और औषधियों का मिलाजुला उपचार मिल जाता है। अब समूचे देश में, ज़िला स्तर पर कई चिकित्सक (व परामर्शदाता) इस उपचार को दे सकते हैं। उनसे माँग करें इसकी। कोई भी तम्बाकू उपभोगी सप्ताह के सातों दिन (24×7) निःशुल्क राष्ट्रीय क्विटलाईन (1800-11-2356), एम सिजेशन (11-2290170)1 अथवा राजस्थान में प्रादेशिक चिकित्सा हेल्पलाइन न. 104 पर सवेरे 7 बजे से रात्रि 9 बजे तक कॉल कर इस हेतु परामर्श सेवा प्राप्त कर सकता है।

सन् 2008 में पहली बार पता लगा कि भारतवर्ष में टी.बी रोगियों में होने वाली 30% मृत्युएँ धूम्रपान से होती हैं, टी.बी. रोग से नहीं। अतः टी.बी. रोगियों से तम्बाकू उपभोग को शीघ्रातिशीघ्र छुड़वा पाने से उनमें रोग के उपचार की अधिक सफलता के साथ-साथ उनमें मृत्यु का खतरा भी कम किया जा सकता है। **आवश्यकता है (1)** टी.बी. रोग विशेषज्ञों को तम्बाकू-उपचार में सामयिक प्रशिक्षण देने की; और **(2)** उनके द्वारा टी.बी. के साथ-साथ तम्बाकू छोड़ने हेतु उपचार एक साथ दे पाने की। आशा है, देशभर के सभी प्रादेशिक चिकित्सा विभागों के टी.बी. नियंत्रण प्रकोष्ठ इस प्राथमिकता को शीघ्रता से और प्रभावी रूप से संबोधित कर पायेंगे।

तम्बाकू और टी.बी. नियंत्रण में समन्वय बढ़े

तम्बाकू उपभोग को गैर-संक्रामक रोगों के प्रमुख कारक के अतिरिक्त टी.बी. रोग में भी एक महत्वपूर्ण और स्वतंत्र कारक के रूप में उल्लेखित किया जाता है। किन्तु, अब तक इस तथ्य की अनदेखी होती रही है और उसे पर्याप्त उचितता से प्रबंधित भी नहीं किया गया है। परिणामस्वरूप, टी.बी. के धूम्रपायी रोगियों में इस रोग का प्रबंध जटिल हो अपेक्षित परिणाम नहीं दे पाता है। तो आइये जानें, इन दोनों ही के बारे में; और, इनके समाधानों और आवश्यकताओं के बारे में:

यद्यपि विश्व में हो रही मृत्युओं के 10 कारणों में से टी.बी. एक प्रमुख कारण के अतिरिक्त एक महती जनस्वास्थ्य समस्या है, टी.बी. के वैश्विक बोझ में पिछले 15 वर्षों में (2000-2015 तक) एक महती कमी देखी गयी है। फिर भी, अकेले भारत में, जहाँ विश्व का एक-चौथाई भाग टी.बी. रोगियों का है, मात्र वर्ष 2018 में 21.5 लाख नए रोगियों के साथ 2.2 लाख रोगी की मृत्यु इसी रोग से ही हुई। साथ ही, भारत में प्रतिवर्ष एम.डी.आर.-टी.बी. (मल्टी-ड्रग रेसिस्टेंट/ अनेक दवाओं से प्रतिरोधित) के प्रतिवर्ष 1.3 लाख नए रोगियों के जुड़ जाते हैं। इसके अतिरिक्त भारत विश्व के उन दो देशों में भी जाना जाता है जहाँ एच.आई.वी. संक्रमित टी.बी. रोगियों की संख्या उच्चतम स्तर पर है- अकेले वर्ष 2018 में 92,000 रोगियों के साथ प्रति लाख जनसंख्या पर 6.6 रोगी मर भी गये हैं।

जहाँ वैश्विक और एशिया के स्तरों, पर धूम्रपान, गैर-संक्रामक रोगों से होती मृत्युओं के प्रमुख कारक में स्थापित हो चुका है, विशेषरूप से हृदय-, साँस- व केन्सर- रोगों हेतु, भारत में भी वर्ष 2008 में डॉ. प्रभात झा और सहयोगियों के प्रकाशित हुए एक अध्ययन को उल्लेखित करना उचित होगा। इस अध्ययन से यह तो प्रमाणित हुआ ही कि हर पाँच पुरुषों और बीस महिलाओं की मृत्युओं में से एक की मृत्यु का कारक धूम्रपान है। साथ ही, यह भी जाना गया कि धूम्रपायी पुरुषों और महिलाओं में टी.बी. से होने वाली मृत्युओं का खतरा (रिस्क-रेश्यो) क्रमशः 2.3 और 3.0 गुना अधिक है।

और भी कई अध्ययन हैं जिन्होंने तम्बाकू और टी.बी. के सम्बन्ध के प्रमाणों को मजबूती दी है। अतः अब यह विश्वसनीयता से कहा-माना-जाना सकता है कि **धूम्रपान निश्चित ही टी.बी. रोग की हर अवस्था को एक बाधित-स्वरूप में प्रभावित करता है।** धूम्रपायियों के टी.बी. से संक्रमित होने का खतरा दो-गुना अधिक तो है ही, रोग के सक्रिय अवस्था में परिवर्तित होने, टी.बी. की पुनरावृति और रोग से मृत्यु होने का खतरा भी एक गैर-धूम्रपायी की अपेक्षा दुगना होता है।

तकनीकी तौर पर धूम्रपायियों में रोग की सुप्त/अप्रकट अवस्था होने, टी.बी. के जीवाणुओं की उत्पत्ति (कल्चर कन्वर्शन), थूक में जीवाणुओं की उपस्थिति (स्मीयर पाजिटिविटी), फेफड़ों में केविटी/केवीटियाँ का बन जाना (सूक्ष्म झिल्लियों के नष्ट होने से खोखलापन), रोग के उपचार में देरी, चूक या इसके परिणामों में कमी अथवा इसके फैलने की सम्भावनायें बढ़ जाती हैं।

ऐसा नहीं है कि यह खतरा मात्र धूम्रपायियों में ही है। **जो टी.बी. रोगी तम्बाकू चबाते हैं, उनमें भी रोग की पुनरावृति की संभावनाएँ बढ़ जाती हैं।** अतः यदि कोई धूम्रपायी नासमझी में धूम्रपान छोड़ तम्बाकू चबाने की सोचे तो वह एक अविवेकी व गलत निर्णय होगा। इसके साथ, यह भी जानना उपयोगी होगा कि निष्क्रिय धूम्रपान टी.बी. की सुस अवस्था और सक्रिय अवस्था के बढ़े हुए खतरे से तो जुड़ा हुआ है ही, जिन देशों (स्थानों) में यह अधिकता से होता है, वहाँ टी.बी. का बोझ भी अधिक है।

परिणामस्वरूप, वैश्विक स्तर पर टी.बी. के नए रोगियों की संख्या और इससे होने वाली मृत्युओं में कमी हेतु तम्बाकू नियंत्रण और तम्बाकू उपचार को सततता से मजबूती दी जा रही है। यह दोनों ही सस्ते उपाय होने के साथ-साथ एक-दूसरे के सम्पूरक भी हैं। इसकी शुरुआत हुई, वर्ष 2006 में जब विश्व स्वास्थ्य संगठन ने इसकी आंतरिक संस्था स्टॉप टी.बी. और दी यूनियन (दी यूनियन फॉर ट्यूबरक्यूलोसिस एंड लंग डिजीजेज) की सहभागिता से फेफड़ों के स्वास्थ्य के व्यावहारिक प्रबंध के अंतर्गत तम्बाकू नियंत्रण को टी.बी.

नियंत्रण कार्यक्रम के साथ जोड़ एक नीतिपत्र तैयार किया। इसमें टी.बी. नियंत्रण कार्यक्रम के अंतर्गत प्राथमिक स्वास्थ्य कार्यकर्ता को: (1) धूम्रपायियों को चिन्हित कर उन्हें व्यवहार परिवर्तन हेतु परामर्श (काउन्सलिंग) और धूम्रपान को रोकने हेतु औषधिक उपचार जिसमें निकोटीन रिप्लेसमेंट (शारीरिक निकोटीन आपूर्ति हेतु) और अन्य दवाओं के उपयोग के अतिरिक्त (2) जब आवश्यक और संभव हो तो धूम्रपायियों को इसे रोकने हेतु विशिष्ट तम्बाकू उपचार सेवा को रेफर करना और (3) प्राथमिक स्वास्थ्य सेवाओं को एक धूम्रपान– रहित वातावरण दे पाना, सम्मिलित किया गया।

उपरोक्त सन्दर्भ में भारत के **आर.एन.टी.सी.पी. (रिवाइज्ड नेशनल टी.बी. कण्ट्रोल प्रोग्राम)** को विश्व के एक सबसे बड़े और त्वरित गति से बढ़ते कार्यक्रम के रूप में जाना जाता है। इस कार्यक्रम के अंतर्गत टी.बी. रोगियों और जिनमें इस रोग की उपस्थिति का संदेह भी है, उनको नि:शुल्क तरीके से निदानित कर इस कार्यक्रम को देने वालों के नेटवर्क द्वारा एक गुणवत्ता भरा नि:शुल्क उपचार प्रदान करना निहित है।

पिछले दो दशकों में **एन.टी.सी.पी. (राष्ट्रीय तम्बाकू नियंत्रण कार्यक्रम)** भी एक मजबूत जनस्वास्थ्य कार्यक्रम के रूप में स्थापित हो चुका है। इसमें तम्बाकू उपभोगियों की उपचार-व्यवस्था को तेजी व समय से उपचारित करने को परिभाषित कर, प्रशिक्षित चिकित्सकों और परामर्शदाताओं (कौंसिलर्स) द्वारा उचित व गुणवत्ता भरे उपचार देने के प्रावधानों को समूचे देश के प्रादेशिक स्वास्थ्य तंत्रों की व्यवस्थाओं में लागू भी किया जा चुका है।

अत: अब यह आवश्यक है कि इन दोनों जनस्वास्थ्य कार्यक्रमों को राष्ट्रीय स्वास्थ्य मिशन के अंतर्गत स्थापित निर्धारित जुड़ाव को अपेक्षित मजबूती मिले। इस सहभागिता में निम्न बिन्दुओं को सम्मिलित किया जाना चाहिए:

1. स्वास्थ्य-तंत्र के हर स्तर पर– राष्ट्रीय, प्रादेशिक, जिला और उप–जिला स्तरों पर, एक सहभागी समन्वय स्थापित किया जाये;

2. आर.एन.टी.सी.पी. में तम्बाकू उपभोगियों को उपचार हेतु एक संक्षिप्त परामर्श बिना किसी चूक के मिले;

3. एन.टी.सी.पी. के अंतर्गत पंजीकृत तम्बाकू उपभोगियों की सक्रिय टी.बी. के लक्षणों हेतु जाँच की जाये और इसके फील्ड– कार्यकर्ताओं को टी.बी./तम्बाकू प्रबंध की गतिविधियों की जानकारी दी जाये; और,

4. टी.बी. और तम्बाकू नियंत्रण की जागरूकता और जनशिक्षा की सहभागिता के साथ इसकी साझा देखभाल को, आकलन और मूल्यांकन की व्यवस्थाओं के साथ, विकसित किया जाये।

अंत में, यह उल्लेखित करना उचित लगता है कि आर.एन.टी.सी.पी. और एन.टी.सी.पी. के एकीकरण हेतु एक **समर्थित वातावरण तैयार किया जाये जहाँ चिकित्सा-/ स्वास्थ्य– कर्मी: (1)** संयुक्त टी.बी. और तम्बाकू नियंत्रण को अपनी जिम्मेदारी मानें; **(2)** अभिनव तरीकों से सशक्त हों; और, **(3)** इस संयुक्त-सेवा को तम्बाकू-मुक्त वातावरण में प्रदान कर सकें। तब ही, हो सकेगा भारत टी.बी. मुक्त।

तम्बाकू या मुँह का स्वास्थ्य: आपको चुनना ही होगा

विश्व मुँह स्वस्थता दिवस 2018 के उपलक्ष्य में

विश्व मुँह स्वस्थता दिवस प्रतिवर्ष 20 मार्च को मनाया जाता है। इसे वर्ष 2013 में वर्ल्ड डेन्टल फेडरेशन द्वारा आरम्भ किया गया था। कारण है वैश्विक स्तर पर 90% लोगों का उनके जीवनकाल में मुँह के रोगों से पीड़ित होना। इस दिवस को मनाने का उद्देश्य है मुँह की स्वस्थता के प्रति एक वैश्विक जागरूकता उत्पन्न करना, मुँह को साफ़ रखने के महत्व को बताना और उसका उत्सव मनाना है, ताकि सरकारें संस्थाएँ और आमजन **स्वस्थ मुँह और प्रसन्न जीवन** के लक्ष्य को प्राप्त कर सकें। इस दिवस को मनाने का एक और उद्देश्य भी है, दन्तरोग– और मुँह– की स्वस्थता में जुटी संस्थाओं को एक मंच प्रदान कराना ताकि वे सक्रिय हो मुँह के रोगों के बोझ को कम करने में सहायक हो सकें। विभिन्न गतिविधियों को सम्पन्न करते हुए, इस दिवस को अब लगभग 130 देशों द्वारा मनाया जाता है।

मुँह के स्वास्थ्य को सम्पूर्णता से प्राप्त कर पाने के उद्देश्य हेतु वर्षानुसार इसके संदेशों (थीम) में भी परिवर्तन किये जाते रहे हैं:

● 2013– स्वस्थ जीवन के लिए स्वस्थ दाँत (हेल्दी टीथ फॉर हेल्दी लाइफ);

● 2014– स्वस्थ मुँह हेतु ब्रश करें (ब्रश फॉर हेल्दी माउथ);

● 2015– जीवन हेतु मुस्कराएँ (स्माइल फॉर लाइफ);

● 2016– स्वस्थता की शुरुआत यहीं से. स्वस्थ मुँह. स्वस्थ शरीर (इट आल स्टार्टस हियर. हेल्दी माउथ. हेल्दी लाइफ);

● 2017– जियें, स्मार्ट मुँह के साथ (लिव माउथ स्मार्ट)

● 2018– ''आ'' कहें. स्वस्थता की सोचें तो मुँह की सोचें (से आहह. थिंक माउथ. थिंक हेल्थ): इस वर्ष इस थीम को तीन वर्षों के अभियान के लिए लागू किया गया है। इसका पहला भाग है– स्वस्थता की सोचें तो मुँह की सोचें (थिंक माउथ, थिंक हेल्थ)। इसका उद्देश्य एक स्वस्थ मुँह हेतु सशक्तिकरण प्रदान कर आपको एक समूची स्वस्थता और खुशहाली प्रदान

करना है क्योंकि स्वस्थ मुँह और स्वस्थ शरीर एक दूसरे हेतु अभिन्न है। जीवन की गुणवता व स्वस्थता को बनाये रखने के लिए, मुँह का सुचारू रूप से कार्य करते रहना महती आवश्यकता है। अतः इस वर्ष इस दिवस को मनाते हुए निम्न चार संदेशों को दिया जाएगा:

1. एक स्वस्थ मुँह, एक आकर्षक मुस्कराहट से कहीं अधिक लाभदायी है;

2. मुँह की स्वस्थता और सामान्य स्वस्थता में सम्बन्ध दो–तरफा है;

3. मुँह को शेष शरीर से अलग करके नहीं देखा जा सकता है; और,

4. अधिकांश मुँह के रोग, अन्य रोगों के साथ, समान खतरे (कारक) साझा करते हैं।

अंतर्राष्ट्रीय दन्त फैडरेशन (एफ.डी.आई.) का कथन है कि गैर–संक्रामक रोगों में मुँह के रोगों को वैश्विक स्तर पर 390 करोड़ लोगों के इनसे शारीरिक और मानसिक रूप से पीड़ित होने के पश्चात् भी इन्हें अब तक भी यथोचित महत्व नहीं दिया गया है। परिणामवश, **लिवरपूल घोषणा** में मुँह के स्वास्थ्य को सामान्य स्वस्थता और खुशहाली का अभिन्न अंग और एक मूलभूत अधिकार मान, सामाजिक–आर्थिक विषमताओं से परे, राष्ट्रीय सरकारों द्वारा मुँह के रोग–प्रबंधन को प्राथमिकता देने को कहा गया।

सभी प्रकार की तम्बाकूओं (भारत के परिपेक्ष्य में मुख्यत: धूम्रपायी और चबाने वाली तम्बाकू के अतिरिक्त तम्बाकू-युक्त दंतमंजन और निश्क्रिय धूम्रपान) का उपभोग मुँह के स्वास्थ्य को नकारात्मक रूप से ही प्रभावित करता है। धूम्रपान के सन्दर्भ में इन प्रभावों का गहनता से अध्ययन किया गया है।

तम्बाकू उपभोग के स्थानिक और सर्वांगी परिणामों का मुँह के

स्वास्थ्य पर असर इसे खाने-पीने के तरीकों, 24-घंटों में उपभोग की संख्या व मात्रा और समयावधि के अनुसार पड़ता है। मूलतः इन परिणामों को दाँतो के ढीले पड़ने (लूज टीथ), कीड़े लगने (डेन्टल केरिज), मसूड़ों के रोगों (पेरीओडॉटल डिसिसेज), मुँह के मुलायम ऊतकों में परिवर्तन (ओरल सॉफ्ट टिश्यू चेन्जेस), दाँतों के आरोपण में असफलता (फेलियर इन डेन्टल इम्प्लान्ट), आरोपण से जुड़े रोग (पेरी-इम्प्लान्ट रोग)और मुँह-गले के केन्सर अथवा केन्सर की पूर्वावस्था (ल्यूकोप्लाकिया, एरिथ्रोप्लाकिया, लाइकेन प्लेनस, सबम्यूकस फाईब्रोसिस, इत्यादि) के रूप में देखा जाता है। इनका कारण रक्त-संचार (वेस्कुलेरैजेशन), दैहिक द्रव्यों (ह्यूमोरल फ्लुइड्स) और ऊतकों (सेल्लयुलर) की प्रतिरक्षा (इम्युनिटी)और दाहक (इन्फ्लामेटोरी) प्रतिक्रियाओं (रेस्पोंसेस) में बदलाव का मिला-जुला प्रभाव माना जाता है।

इनके अतिरिक्त, तम्बाकू उपभोग, मुँह में शल्य-क्रियाओं के परिणामों को भी प्रभावित करता है। इसका प्रमाण उन रोगियों में स्पष्ट दिखता है जो कि शल्यक्रिया से पहले तम्बाकू उपभोग को छोड़ देते हैं। हालाँकि तम्बाकू के सभी दुष्प्रभावों को तम्बाकू का उपभोग छोड़ने से निष्प्रभावी नहीं किया जा सकता है जैसे कि मसूड़ों में सिकुडन, फिर भी एक समयावधि पश्चात् मुँह के विभिन्न भागों में बदरंगता (पिगमेंटेशन) अथवा मुँह की दाहकता (स्टोमेटाईटिस) से मुक्ति मिल सकती है।

इस पुस्तक की लेख संख्या 31 के द्वारा भी पाठकों को यह जानकारी दी जा चुकी है कि किस प्रकार तम्बाकू के अनेक विषैले तत्व केन्सरकारक हो इनकी दर को प्रभावित करते हैं। भारत में पुरुष में बहुलता से पाये जाने वाले इस केन्सर की दर 9.4% है और इनमें से 50% निदान के पहले वर्ष में ही रोग से मर जाते हैं याने 50,000।

यदि इनमें गले के तम्बाकूजनित केन्सरों को और जोड़ लें तो इन केन्सरों के रोगियों में से आधे ही 5-वर्ष या उससे अधिक जी पाते हैं। जहाँ तम्बाकू का अधिकता से किया गया उपभोग इनकी दर को 5-से 25 गुना अधिक बढ़ा देता है तो तम्बाकू के साथ शराब का सेवन इस दर को 35 गुना तक बढ़ा देता है।

विशेषकर धुआँरहित (**चबाने वाली**) तम्बाकू की विभिन्न किस्मों में निकोटीन, मुक्त-निकोटीन और केन्सरकारकों की मात्रा बहुत अधिक होती है। **इनका विषैलापन** तम्बाकू के प्रकार/जाति, उत्पादन की परिस्थितियों (मिट्टी में नाइट्रेट और धातुओं की मात्रा), सुखाने के तरीके (हवा- अथवा आग- के उपयोग से), प्रोसेसिंग (पास्चुरिकरण अथवा फर्मेंटेशन), उत्पादन तरीकों (सुपारी, चुना, सुगन्धित पदार्थों, इत्यादि, के मिश्रण) और संग्रहण के तरीकों पर निर्भर करता है। साथ ही, तम्बाकू अथवा इनके फर्मेंटेशन में सूक्ष्म जीवाणुओं (उदाहरणार्थ, बैक्टीरिया, फफूंदी) की उपस्थिति भी कुछ केन्सरकारकों और विषों की मात्रा को बढ़ा देती है।

तो कैसे हो **विश्व मुँह स्वस्थता दिवस** की सार्थकता, तम्बाकू उपभोग के सन्दर्भ में? निश्चित ही, सबसे कारगर उपाय हैं: **(अ)** सभी प्रकार की तम्बाकूओं के उपभोग से बचे रहना (साहस से इसे सदैव ना कहना); और, **(ब)** सभी उपभोगियों द्वारा इसे शीघ्रतिशीघ्र छोड़ा जाना। **क्योंकि देश में तम्बाकू चबाने वालों की बहुलता है, इसके नियंत्रण के विशिष्ट उपाय किये जाएँ, उदाहरणार्थ, इसका विक्रय टिन के 50 ग्राम के डिब्बों में ही हो, ना कि सस्ते पाऊचों में, ताकि गरीब, ग्रामीण और युवा इसे सहजता से न खरीद पायें।** ऐसा करके ही हम पा सकेंगे, मुँह के केन्सरों से मुक्ति। तो क्या अब भी आप तैयार नहीं हैं इस त्रासदीपूर्ण रोग से निपटने में?

तम्बाकू खाने-पीने में कमी हेतु एन.ओ.एच.पी

एन.ओ.एच.पी. याने मुँह के स्वास्थ्य का राष्ट्रीय कार्यक्रम

मुँह का स्वास्थ्य वर्तमान में जन-स्वास्थ्य के सन्दर्भ में चर्चा का एक महत्वपूर्ण विषय है क्योंकि इसकी रोगावस्था मानव विकास के सभी पहलूओं को नकारात्मकता प्रदान करती है। इसकी आवश्यकता इसलिए भी है क्योंकि स्वस्थ जीवनयापन और इसकी गुणवत्ता हेतु यह एक अहम पहलू है। देश में डेन्टल काउन्सिल ऑफ़ इंडिया के ऑंकड़ों से ज्ञात होता है कि 130 करोड़ जनमानस (72%, ग्रामीण भूभाग में), के लिए उपलब्ध दन्त-चिकित्सकों की संख्या 1.5 लाख ही है। इस समस्या से निपटने के लिए भारत सरकार ने वर्ष 2014-15 में **नेशनल ओरल हेल्थ प्रोग्राम** (एन.ओ.एच.पी.) की स्थापना करी। इसके मुख्य लक्ष्य हैं:

1. मुँह के स्वास्थ्य-निर्धारकों जैसे स्वस्थ भोजन, मुँह की स्वस्थता में सुधार और शहरी और ग्रामीण क्षेत्रों में मिलने वाली मुँह की स्वास्थ्य सुविधाओं के अंतर को मिटाना;

2. मुँह के रोगों से होने वाली रुग्णावस्था में कमी हेतु जिला और ब्लाक स्तर के चिकित्सालयों में उपलब्ध मुँह की स्वास्थ्य-सेवा को सुदृढ़ बनाना;

3. मुँह की स्वस्थता के प्रोत्साहन और इसके रोगों की रोकथाम को सामान्य स्वास्थ्य सेवातंत्र व उन अन्य सेक्टरों से जोड़ना जो कि मुँह के स्वास्थ्य को प्रभावित करते हैं, मुख्यतः अन्य राष्ट्रीय स्वास्थ्य कार्यक्रम; और,

4. जन-स्वास्थ्य के ध्येयों (गोल्स) की प्राप्ति हेतु पब्लिक-प्राइवेट पार्टनरशिप को प्रोत्साहित करना।

इस कार्यक्रम को और अधिक उपयोगी बनाने हेतु भारत सरकार के स्वास्थ्य एवं परिवार कल्याण मंत्रालय ने वर्ष 2017 में वैश्विक मुँह स्वास्थ्य दिवस के उपलक्ष्य में एक इंटरेक्टिव वाईस रेस्पोंस सिस्टम (आई.वी.आर.एस.) सेवा भी स्थापित की है जिसका लाभ कोई भी व्यक्ति निःशुल्क (टोल-फ्री) न. 1800-11-2032 डायल कर प्राप्त कर सकता है।

यह आशा की सकती है कि कोई भी इस बात से विस्मित नहीं होगा कि किस प्रकार तम्बाकू खाना-पीना मुँह की रोगावस्थता से भी संबन्धित है। परन्तु, इस समझ की अभी भी भारी कमी है कि ऐसे किसी भी व्यक्ति को एक गुणवत्ता-भरा उपचार शीघ्रातिशीघ्र मिले/दिया जाये। तो आइये, इस बारे में अधिकता-से जाने:

1) **तम्बाकू और मुँह का स्वास्थ्य:** गेट्स-2 के अनुसार हालाँकि भारत के लगभग साढ़े 26 करोड़ तम्बाकू उपभोगियों में से धूम्रपयियों की तुलना में गैर-धूम्रपायियों (मुख्यतः तम्बाकू चबाने वालों) का अनुपात 1.68 गुणा है। मुँह के रोग दोनों प्रकार उपभोग से ही होते हैं। मुँह में दुर्गन्ध, दाँतों का बदरंग होना, पेरीओडोन्टाइटिस, डेन्टल केरिज, खाने के स्वाद में परिवर्तन, निकोटिन-जनित स्टोमेटाइटिस के अतिरिक्त मुँह में सफ़ेद-लाल चकते (लयूकोप्लाकिया, एरीथ्रोप्लाकिया, इत्यादि) और मुँह का केन्सर कुछ सामान्यता से पाए जाने वाले रोग हैं। जो जितना अधिक तम्बाकू उपभोग करता है, उसमें इन रोगों की उपस्तिथि भी उतनी ही अधिकता से होती है। यह सब इसलिए भी होता है क्योंकि तम्बाकू उपभोग से लस की गुणकारिता प्रभावित होने से इसकी रोग-प्रतिरोधक क्षमता (एंटी-ओक्सिडेंट क्षमता) कम हो जाती है। इसके अतिरिक्त, मुँह के रोगों से पीड़ित एक व्यक्ति में हृदय- व साँस- के रोगों के अतिरिक्त 13 तरह के केन्सर, डायबिटीज, गर्भावस्था के समय गर्भपात, पेट में पल रहे बच्चे की मृत्यु, जन्म के साथ शारीरिक विकृतियाँ अथवा नवजात के वजन या स्तनपान में कमियाँ भी हो सकती हैं;

2) **मुँह से तम्बाकू उपभोग की रोकथाम:** यह सर्वश्रेष्ठ तरीका है तम्बाकू-मुक्त जीवनयापन है। जीवनपर्यंत तम्बाकू उपभोग अनेक घातक रोग उत्पन्न कर औसत आयु में से 6 से 8 या 10 वर्ष घटा भी सकता है। अब तक 90% जनमानस तम्बाकू की हानियों की जानकारी से आंशिक रूप से ही परिचित है कि यह हानिकारक है या इससे केन्सर होता है। किन्तु, उसे जागरूक

बनाने और साहस से तम्बाकू-उपभोग को ना कह सकने हेतु सशक्तिकरण के लिए उसकी उपरोक्त वर्णित रोगों के बारे में जानकारी को बढ़ाने की आवश्यकता है। **मुँह के सन्दर्भ में यह सशक्तिकरण भी आवश्यक होगा कि इसे कूड़ा-पत्र या धुआँ फूंकने वाला इंजन की तरह काम में न लें**; वैसे यह मूल्यांकित करना उपयोगी हो सकता है कि "**तम्बाकू को मुँह से ना खाएँ-पीयें**" कितना प्रभावी सन्देश हो पायेगा!

3) **तम्बाकू- उपचार हेतु जानकारियाँ:** वैसे तो तम्बाकू में उपचार के सिद्धान्तों और इसकी प्रक्रिया की जानकारी पहले भी दी जा चुकी है, फिर भी मुँह के सन्दर्भ में सबसे अधिक उपयोगिता दन्त-रोग विशेषज्ञों की मानी-समझी जा सकती है, यदि जनमानस उन तक पहुँच सके! हालाँकि वर्तमान में केंद्र व प्रदेशों की सरकारों के दन्त-चिकित्सकों को आमजन तक पहुँचाने के प्रयास अत्यधिक सराहनीय हैं, इंडियन डेन्टल कौंसिल (आई.डी.ए.) के पिछले 25 वर्षों के प्रयास भी प्रशंसनीय हैं।

दन्त-चिकित्सकों ने **तम्बाकू-उपचार में भागीदारिता** हेतु अपनी मंशा भी अनेक सर्वेक्षणों के माध्यम से प्रकट करी है। और, यों देखें तो **एक दन्त-चिकित्सक के पास इसका सबसे अच्छा अवसर भी होता है क्योंकि तब रोगी उसके समक्ष मुँह खोले** (बिना उत्तर दिए क्योंकि खुले मुँह से बोला भी नहीं जा सकता है) **उसके हर निर्देश को सुनने-समझने और उनकी पालना हेतु तत्पर/समर्पित भी होता है।** फिर भी, तम्बाकू-उपचार देने हेतु मंशा प्रकट करने और उसको समय पर सफलता से दे पाने में अब भी एक बड़ी दूरी बनी हुई है। इसके कारण एक आम-चिकित्सक में देखे जाने वाले गुणकों के समान ही हैं: (1)

तम्बाकू-उपचार ना दे पाने की अज्ञानता; (2) अत्यधिक व्यस्तता; (3) आर्थिक लाभ/प्रोत्साहन का अभाव; अथवा (4) एक रवैया/नजरिया कि "यह काम मेरा नहीं है।"

इन सभी कमियों को दूर करने की **एक त्वरित आवश्यकता** के साथ हमें यह भी देखना होगा कि किस प्रकार हम विश्व स्वास्थ्य संगठन के सक्रियता हेतु बताये ढाँचे को लागू कर पाते हैं। इसके विभिन्न पहलू हैं: (अ) सेवा दिया जाना (सर्विस डिलीवरी), (आ) जनबल (वर्कफोर्स), (इ) सूचना तंत्र (इनफार्मेशन सिस्टम), (ई) फाईनेंसिंग (वित्तीय पोषण), (उ) औषधियों की उपलब्धता (एक्सेस तो मेडिकेश्स) और (ऊ) नेतृत्व व संचालन (लीडरशिप एंड गवर्नेंस)।

निश्चित ही, इसमें स्वास्थ्य मंत्रालय एवं प्रादेशिक स्वास्थ्य एवं चिकित्सा विभागों की सहभगिता से प्रदत्त डेन्टल काउन्सिल ऑफ इंडिया और इण्डियन डेन्टल एसोसिएशन के टोबेको इन्टरवेन्शन इनिशियेटिव (टी.आई.आई.) द्वारा प्रशिक्षण-नियमन की एक महती भूमिका है। परन्तु, साथ ही (1) सूचना-तंत्र को मजबूती देने हेतु तकनीकी सुधार, (2) तम्बाकू-उपचार हेतु उपयोगी औषधियों की नि:शुल्क नहीं तो सस्ती दरों पर व्यापक उपलब्धता, (3) बीमा-तंत्र द्वारा (विशेषकर प्राइवेट सेक्टर में प्राप्त किये गए) तम्बाकू-उपचार पर हुए खर्चों की पूरी-पूरी भरपाई को मान्यता-सुलभता, और (4) सम्पूर्ण चिकित्सा-सेवा में तम्बाकू-उपभोगी-रोगी की डब्ल्यू.एच.ओ. आई.सी.डी.–10 के अनुसार कोडिंग किये जाने हेतु एक सम्पूरक राष्ट्रीय नीति भी बने तब ही मिल पायेगी मुँह के स्वास्थ्य हेतु स्थापित राष्ट्रीय कार्यक्रम (एन.ओ.एच.पी.) की उपयोगिता।

तम्बाकू से घटती प्रजनन शक्ति और बढ़ता बाँझपन

वैसे तो कई कारण हैं पुरुष-महिलाओं में घटती प्रजनन शक्ति और बढ़ते बाँझपन के, जैसे संरचनात्मक, हार्मोनल, अप्रत्यक्ष संक्रमण, जीवन शैली और उससे जुड़े रोग, मधुमेह, इत्यादि, परन्तु तम्बाकू के बढ़ते उपभोग ने इस समस्या को और बोझिल बना दिया है। इसका एक प्रत्यक्ष प्रमाण है– वर्तमान में शहरों में फर्टिलिटी केन्द्रों की निरन्तर बढ़ती संख्या। आईये जाने, किस प्रकार से धूम्रपान और चबाने वाली तम्बाकू इस युवा देश के नौनिहालों के वैवाहिक जीवन की एक महत्वपूर्ण परिणिति– संतान उत्पत्ति में बाधक है:

(अ) पुरुषों में: महिलाओं के बांझपन में 30%-40% भागीदारिता पुरुषों की होती है।

(1) **धूम्रपान:** वर्ष 2016 के यूरोपियन यूरोलॉजी जर्नल में ऋचा शर्मा और अन्य अनुसंधानकर्ताओं ने सिगरेट पीने से पुरुषों में वीर्य पर हुए प्रभाव हेतु एक वृहद आकलन किया। इसका मूल उद्देश्य था वर्ष 2010 में स्थापित विश्व स्वास्थ्य संगठन की वीर्य-परीक्षण की तकनीक का पूर्व में प्रचलित विभिन्न तकनीकों से प्राप्त अलग-अलग परिणामों से एक तुलनात्मक अध्ययन कर यह जानना कि क्या यह अनुशंसित तकनीक वांछित गुणात्मकता और समानता प्रदान कर पायेगी।

अनुसंधानकर्ताओं ने इसे अपेक्षित रूप से उपयोगी भी पाया; और, साथ ही, 5,865 पुरुष प्रतिभागियों में किये 20 अध्ययनों के इस चयनित आकलन से यह भी जाना कि **सिगरेट व बीड़ी पीने से शुक्राणु संख्या, गतिशीलता और संरचना में सांख्यिकी रूप से महत्ती कमी आ जाती है** जब कि वीर्य की मात्रा (मिलीलीटर) में कोई कमी नहीं होती है। ये परिवर्तन, आमजन की अपेक्षा, बाँझ पुरुषों में और कम सिगरेट पीने वालों की अपेक्षा मध्यम- से अधिकता- से सिगरेट पीने वालों की श्रेणियों में होते हैं।

(2) **चबाने वाली तम्बाकू:** वर्ष 2014 में भुवनेश्वर, ओडिशा स्थित एस.ओ.ए. विश्वविद्यालय में प्रियदर्शिनी सुनंदा और सहकर्मियों द्वारा 642 में से पाए 194 तम्बाकू चबाने वाले 20 से 40 वर्ष की आयु वाले बाँझ पुरुषों में वीर्य परिक्षण के परिणाम भी चौंकाने वाले हैं। जर्नल ऑफ़ रिप्रोडक्टिव साइंस में प्रकाशित इस अध्ययन में **शुक्राणुओं की संख्या व गतिशीलता में कमी और संरचनात्मक दोष** सांख्यिकी रूप से महत्ता के साथ क्रमश: 66%, 85.5% और 28.4% पुरुषों में देखे गए। **ये सभी दोष उनमें अधिकता से पाए गए जिनमें तम्बाकू चबाने की दर दिन में 10 से अधिक बार थी।**

पाठकों के लिए यह भी जानना उपयोगी होगा कि लियों, फ्रांस स्थित विश्व स्वास्थ्य संगठन की अनुसंधान ईकाई– इंटरनेशनल एजेंसी फॉर केन्सर रिसर्च (इआर्क) पहले ही यह स्थापित कर चुकी है कि 8- से 10- बार तम्बाकू चबाने वालों और 30- से 40- सामान्य सिगरेट पीने वालों में व्यसनी निकोटीन का जमाव लगभग बराबर होता है। और, यह भी कि यह निकोटीन ही है जो कि अन्य रसायनों की अपेक्षा वीर्य में हानिकारक संरचनात्मक परिवर्तन सबसे अधिकता से उत्पन्न करता है।

इसके अतिरिक्त पुरुष तम्बाकू उपभोगियों में एक और समस्या नपुंसकता, तम्बाकू में उपस्थित व्यसनी पदार्थ– निकोटीन के कारण हुए धमनियों के संकुचन से भी जुड़ी है। **जब उनके लिंग में रक्तप्रवाह की ये नलियाँ (धमनियाँ) निकोटीन के दुष्प्रभाव से सिकुड़ जाती हैं तो ऐसे पुरुषों के लिंग में संभोग-क्रिया के दौरान कमजोरी आ जाती है। परिणामवश, ये सम्भोग सुख पाने-देने दोनों ही में असमर्थ-असहाय हो जाते हैं।**

(ब) महिलाओं में:

महिलाओं में तम्बाकू उपभोग में जो अध्ययन हुए हैं अधिकांश धूम्रपायी महिलाओं तक ही सीमित हैं। ऐसी महिलाओं में गर्भपात और पेट में ही भ्रूण की मृत्यु के अतिरिक्त इनमें गर्भ का गर्भाशय की

बजाये पेट में कहीं और (डिम्बकोष, फेलोपियन ट्यूब, इत्यादि में) ठहर जाना, समय पूर्व प्रसव, कम वजन के शिशु का जन्म, इत्यादि, जटिलतायें सामान्य रूप से पायी जाती हैं। इनके साथ बालिका-भ्रूण के डिम्बकोशों में संरचनात्मक परिवर्तन के अतिरिक्त इनकी गर्भाशय तक पहुँच और गर्भाशय में मिलने वाला वातावरण भी दुष्प्रभावित होता है।

क्या इन पुरुष-महिलाओं को तम्बाकू छोड़ने से लाभ मिल सकता है ? इसका उत्तर सकारात्मकता लिए हुए है:

(1) **पुरुषों में :** इनमें तम्बाकू त्यागने के तीन माह के पश्चात् (शुक्राणुओं की औसत आयु-अवधि) इनमें वीर्य में लाभकारी परिवर्तन दिखने लगते हैं;

(2) **महिलाओं में:** (1) सामान्य प्रजनन क्षमता की प्राप्ति और धूम्रपान के दुष्प्रभावों को उलटने में लगभग एक वर्ष का समय लगता है; (2) गर्भधारण के पहले अथवा पहले तीन माहों में धूम्रपान त्यागने से समय पूर्व प्रसव होने की संभावनाएँ एक गैर-धूम्रपायी के समतुल्य हो जाती हैं; और, (3) गर्भधारण के तीन माहों में धूम्रपान त्यागने से शिशु के प्रसव-पश्चात् सामान्य वजन का होने की संभावनाएँ एक गैर-धूम्रपायी के समतुल्य हो जाती हैं।

अंत में, युवाओं के लिए तम्बाकू उपभोग को प्राय: केन्सर, हृदयघात, अस्थमा, मधुमेह, इत्यादि, जैसे घातक रोगों से अपने आप को जोड़ पाना कठिन होता है, परन्तु वे निश्चित ही तम्बाकू से उत्पन्न नपुंसकता/नामर्दानगी और बांझपन जैसे शारीरिक दुष्प्रभावों के सन्देश से लाभान्वित हो तम्बाकू के उपभोग से बच सकते हैं। इनके अतिरिक्त, क्योंकि ये दुष्प्रभाव युवाओं को मानसिक व सामाजिक रूप से भी प्रभावित करते हैं, इस जानकारी को सामुदायिक व सामाजिक स्तरों पर साझा करना उपयोगी होगा। यदि वे तम्बाकू खाने-पीने को हर बार ना कह सकें तो वह उनके लिए श्रेष्ठतम होगा। और, यदि वे वर्तमान में इसके उपभोगी हैं तो इसे तत्काल छोड़ें- कम से कम विवाह पश्चात तो आवश्यक रूप से! प्रादेशिक चिकित्सा विभाग से सहभागिता कर, शिक्षा विभाग द्वारा सभी स्कूलों, विद्यालयों में नीतिगत रूप से इस सन्देश को व्यापकता से प्रचारित-प्रसारित करना अत्यंत लाभकारी होगा। तब ही बचा पाएँगे हम युवा पीढ़ी को तम्बाकू के उपभोग से उत्पन्न नपुंसकता- नामर्दंगी अथवा बांझपन से।

तम्बाकू के नशे की समझ और समाधान

यह एक तथ्य है कि **यदि तम्बाकू में व्यसनी पदार्थ 'निकोटीन' नहीं होता तो विश्व में इतने तम्बाकू खाने-पीने वाले ना होते और ना ही विश्व तम्बाकू की महामारी से पिछले 80 वर्षों से जूझ नहीं रहा होता।** तो आइये जानें कि क्या है निकोटीन से उत्पन्न तम्बाकू की व्यसनशीलता/नशा और कैसे हो इसका प्रबन्ध:

आप तम्बाकू कैसी भी खा-पी रहें हैं और कितनी भी मात्रा में इसका उपभोग कर रहें हैं, आप इसके नशे से प्रभावित हुए बिना नहीं रह सकते हैं। क्योंकि चाहे आप धूम्रपान करें अथवा इसे चबाएँ, केवल 10-20 सेकंडों में इनका नशीला तत्व- निकोटीन, आपके फेफड़ों की महीनतम वायु की थैलियों (एल्विओलाई) से रक्त की धमनियों (केपिलरिज) द्वारा अथवा मुँह की आंतरिक परत (म्युकोसा) के नीचे उपस्थित रक्त की शिराओं के स्नायुजाल (वीनस प्लेक्सस) द्वारा खींचे जाने के बाद रक्त से संचारित हो मस्तिष्क के मध्य भाग में उपस्थित 'निकोटीन रिसेप्टर्स' पहुँच जाता है। यहाँ पर यह कोशिका के स्तर पर क्रियाशील हो 'डोपामीन'को स्रावित (सिक्रीट) करवाता है। यह डोपामीन मस्तिष्क के अगले भाग में जा चुस्ती-फुर्ती/आनंद-दायी अथवा तनाव-मुक्ति देने वाले पदार्थों को उत्पन्न करता है।

तो यह प्रश्न करना स्वाभाविक लग सकता है कि जो पदार्थ यदि किसी को आनन्दित करता है अथवा तनावमुक्त करता है, उसे लेने को मना क्यों किया जा रहा है या उसे शीघ्रातिशीघ्र छोड़ने को क्यों कहा जा रहा है। तो, उसका उत्तर है **'तम्बाकू का विषैलापन'** जिससे प्रतिदिन 4,000 वयस्क भारतीय मर जाते हैं! पाठक यह भी जानें कि धूम्रपायी और चबाने वाली तम्बाकूओं में क्रमशः 7,000 और 3,000 रसायन होते हैं जिनमें से 5,00 और 2,50 विषैले होते हैं और 70 व 30 केन्सरकारक होते हैं। जब हम जान कर एक भी विष को खाने-पीने का सोच भी नहीं सकते हैं अथवा ऐसा किसी और के लिए करने को जब क़ानूनी तौर पर एक घोर-दंडनीय अपराध की श्रेणी में भी वर्गीकृत किया जाता है- उदाहरणार्थ, आई.पी.सी. धारा 328, ड्रग्स एंड कॉस्मेटिक एक्ट ऑफ 1940, इत्यादि, तो फिर कैसे हम कैसे ऐसे विषैले पदार्थ को खा-पी सकते हैं!?

यहाँ यह बताना उचित लगता है कि सभी तम्बाकू उपभोगियों को मुख्य रूप से **तीन श्रेणियों में वर्गीकृत किया जाता है**- (अ) **प्रयोगात्मक** (एक्सपेरिमेंटल- कभी-कभार, सामाजिक, साप्ताहिक, इत्यादि), (ब) **आदी** (हेबिचुअल- आदतन जो कि व्यक्ति, समय और स्थान अथवा सामाजिक कारणों से जुड़ी होती है) और (स) **व्यसनी** (एडिक्ट- जो कि इसके हानिकारक प्रभावों को जानते हुए भी इसके नशे की बाध्यता के कारण इसे किसी भी गतिविधि के पहले और बाद इसे खाने-पीने को विवश होता है)।

आइये अब देखें कि कैसे किसी तम्बाकू उपभोगी को फौरी तौर पर एक व्यसनी की तरह वर्गीकृत किया जाता है:

1. यदि वह उठने के 30 मिनटों में इसे खाता-पीता है;

2. यदि वह इसे न खाये-पीये तो उसमें प्रतिकार लक्षण (विथड्रॉवल सिम्पटम्स) उभर आते हैं;

3. यदि वह इसे 24 घंटों में 10 से अधिक बार खाता-पीता है; या/और,

4. वह रुग्णावस्था में बिस्तर पर लेटा रहे, तब भी इसे खाता-पीता रहे।

क्या है भारत में तम्बाकू उपभोग से नशे की स्थिति? इस हेतु हमें भारत में हुए वैश्विक व्यस्क तम्बाकू सर्वेक्षण के पहले व दूसरे चक्रों (गेट्स- 1 और 2) से मिले आँकड़ों का मूल्यांकन करना होगा। निश्चित ही, पिछले वर्ष प्राप्त हुए गेट्स 2 के आँकड़े कोई महती सकारात्मकता नहीं देते हैं क्योंकि गेट्स-1 के सात वर्ष बाद हुए इस सर्वेक्षण से यह ज्ञात होता है कि जब व्यसनशीलता को सवेरे उठने के आधे घंटे में तम्बाकू खाने-पीने की आवश्यकता के आधार पर आँका गया तो इसकी दर में आई कमी मात्र 1.7% ही थी (61.2% से 58.5%)। यह जानकारी तम्बाकू खाने-पीने वालों के इसे छोड़ने की अल्पतम- और उनकी इसे ना छोड़ने की ऊँची- दरों में झलकती है।

जहाँ धूम्रपान और गैर-धूम्रपायी तम्बाकू के वर्तमान उपभोगियों में इसे छोड़ने की दरें क्रमश: 4.6% और 1% ही बढ़ी, वहाँ 78.5% धूम्रपायी और उससे 2% अधिक गैर-धूम्रपायी (80.5%) इन्हें अगले 12 महीनों में छोड़ने की नहीं सोचते हैं। फिर भी गेट्स–2 में सिगरेट और बीड़ी छोड़ने वालों की मंशा में 24% बढ़ोत्तरी व तम्बाकू चबाने वालों में 12% की बढ़ोत्तरी एक सकारात्मक सूचना है।

फिर भी प्रश्न यह उठता है कि क्या देश के तम्बाकू उपभोगियों को इसके **निकोटीन से पनपे नशे से मुक्ति** कैसे मिल सकती है? **वर्तमान में व्याप्त चुनौतियाँ** निम्न हैं:

1) तम्बाकू छोड़ने की दरों और इसे खाने-पीने वालों में इसे **छोड़ने की प्रवृति में कमी के दो प्रमुख कारण** रहे हैं- (अ) तम्बाकू नियंत्रण कार्यक्रम के अंतर्गत किये गए **जागरुकता** के प्रयासों में तम्बाकू उपभोग की **हानियों** पर तो बहुत ध्यान दिया गया परन्तु इसे छोड़ने से मिलने वाले **लाभों** के बारे में जनमानस को दी गयी जानकारी अब तक नगण्य ही रही है; और **(ब)** क्योंकि तम्बाकू उपचार को अब तक चिकित्सकों और परिचारिकाओं के **पाठ्यक्रम** में समाहित नहीं किया जा सका है और ना ही इस हेतु वर्तमान की चिकित्सा व्यवस्था में उन्हें इसे देने हेतु किसी भी तरह का प्रोत्साहन मिल रहा है, हर तम्बाकू उपभोगी रोगी को दिए जाने वाले उपचार के प्रति न तो चिकित्सा व्यवस्थापक/प्रबंधक गंभीर हैं और ना ही चिकित्साकर्मी;

2) विश्व स्वास्थ्य संगठन द्वारा रोगों की अनुशंसित **कोडिंग** (इंटरनेशनल क्लासीफिकेशन ऑफ डिसिसेज–आई.सी.डी.10) द्वारा तम्बाकू उपभोग को चिकित्सा व्यवस्था में अब तक इसे एक रोग व इसके उपभोगियों को रोगी वर्गीकृत ना किये जाने से भी इस समस्या का अपेक्षित समाधान नहीं हो पाया है; और, साथ ही,

3) चिकित्सा तंत्र में सरकारी तंत्र पर **प्राइवेट सेक्टर** की बढ़त (जो कि बिना लाभ की स्थिति में रहे अस्तित्व में ही नहीं रह सकता है) **बिना तम्बाकू - उपचार व्यवस्था के** और, स्वास्थ्य इंश्योरेंस में तम्बाकू उपभोगियों के उपचार के प्रावधानों की अनुपस्थिति। इन दोनों परिस्थितियों ने भी इस स्थिति को और अधिक नकारात्मकता प्रदान करी है।

भारत के **तम्बाकू नियंत्रण के राष्ट्रीय कार्यक्रम (एन.टी.सी.पी.)** में निकोटीन के नशे से मुक्ति दिलाने हेतु पिछले पाँच वर्षों में सरकारी स्वास्थ्यतंत्र में कार्यरत चिकित्सकों को प्रशिक्षित करने और उनके द्वारा संचालित **तम्बाकू उपचार क्लीनिकों** के संचालन में सहायता देने हेतु विशिष्ट रूप से नियुक्त **परामर्शदाताओं के** लिए विशिष्ट वितीय आंवटन एक सकारात्मक कदम है। इसके लिये डेन्टल काउन्सिल ऑफ इण्डिया और इण्डियन डेन्टल एसोसियेशन के द्वारा संचालित तम्बाकू उपचार का कार्यान्वयन भी प्रशंसनीय है। समूचे देश के **प्राइवेट स्वास्थ्य सेक्टर** को भी और शीघ्रातिशीघ्र इस व्यवस्था को इसके सभी केन्द्रों पर आवश्यकता से विकसित करना होगा। तब ही, तम्बाकू खाने-पीने वालों को तम्बाकूजनित रोगों की संभावनाओं और महामारी से बचाया जा सकेगा।

लेख संख्या : 47

तम्बाकू का नशा, छोड़ें, छुडायें..

आवश्यक है सर्वत्र उपचार व्यवस्था की

साठ से 70 प्रतिशत तम्बाकू उपभोगी इसे खाना-पीना अगले एक साल तक छोड़ना नहीं चाहते हैं। तम्बाकू के नशे को छुड़वाने की यह सबसे बड़ी चुनौती है। इसके लिए यह आवश्यक है कि उन्हें व उनके मित्रों-परिवारों को इसे छोड़ने के लाभों की जानकारी लगातार व सततता से मिलती रहे ताकि ना केवल उनका इस हेतु रुझान और विश्वास बढ़े, अपितु एक सामाजिक धारणा भी स्थापित हो सके कि **''तम्बाकू खाना-पीना एक रोग हैं और हर तम्बाकू उपभोगी एक रोगी है।''** फिर सर्वत्र तम्बाकू-उपचार व्यवस्था की मांग भी उठेगी और तम्बाकू उपभोगियों को भी उनके परिवारजन, मित्र, इत्यादि, अपने बदले दृष्टिकोण से प्रेरित हो, सहानुभूति और सतर्कतावश, उन्हें समय से उपचार हेतु अस्पताल लेकर भी आयेंगे।

तम्बाकू उपभोगियों के लिए सुनिश्चित किये गए दिन-दिनांक पर दृढ़ता इसे छोड़ पाना सफलता का **पहला और निर्णायक कदम** होता है। तम्बाकू-मुक्त जीवन हेतु यह निर्णय भी आवश्यक होता है कि ना खरीदेंगे, ना किसी से मंगवायेंगे या मांगेंगे; और यदि कोई देगा अथवा ज़िद करेगा तो उसे विनम्रता किंतु कड़ाई से ना कह देंगे। इस तम्बाकू-मुक्त जीवन की प्राप्ति की याद दिलाने वाले स्टीकर-पोस्टर, घर, ऑफिस और कार, इत्यादि में लगाना उपयोगी भी होता है और आवश्यक भी। बिना तम्बाकू के रह पाने के उपायों-विकल्पों को लागू कर पाना जब वे पहले उन परिस्थितियों में इसे खाते-पीते थे, **तम्बाकू उपचार की कुंजी है।** परिवार-मित्रों का सकारात्मक और उत्साहवर्धक सहयोग सफलता बढ़ाता है। तम्बाकू उपभोगी इसे पुनः ना खाने-पीने लगें, इस हेतु अत्यधिक प्रसन्नता वाली या दुखदायी परिस्थितियों में सदैव **अतिरिक्त सावधानी** रखना ताकि ''रिलेप्स'' से बचे रहें और किसी भी अन्य दीर्घावधि के रोग के समान नियमित चिकित्सकीय परामर्श लेते रहना अत्यधिक लाभकारी होता है।

तम्बाकू-उपचार में दवाओं को तम्बाकू में उपस्थित व्यसनी पदार्थ निकोटिन की कमी से तत्काल में हो रहे शारीरिक परिवर्तन (प्रतिकार लक्षणों) से निपटने हेतु किया जाता है। किन्तु, **परामर्श ही** तम्बाकू-रोग के प्रभावी उपचार प्रक्रिया का **मूल आधार है** क्योंकि तब ही एक तम्बाकू उपभोगी अपना व्यवहार परिवर्तन कर इसके मानसिक और सामाजिक कारकों से मुक्ति पा सकता है। अतः परामर्श और दवाओं के मिलेजुले तरीके से किया गया उपचार (दुगुनी) अधिक सफलता देता है।

स्वास्थ्य तंत्र में तम्बाकू उपचार व्यवस्था की अनुपलब्धता अथवा कमी; और/या स्वास्थ्यकर्मियों द्वारा इसे संतोषजनक और गुणवतापूर्ण तरीके से दे पाने की क्षमता, रूचि, निष्ठा और समय की कमी **दूसरी बढ़ी चुनौती है।** वर्तमान में मात्र एक-तिहाई तम्बाकू उपभोगियों में से 30% से 40% को ही इसे छोड़ने की चिकित्सकीय राय मिलती है। देश में पिछले छः माहों में इस चुनौती का समाधान अब कुछ सीमा तक होता दिख रहा है।

भारत सरकार के राष्ट्रीय तम्बाकू नियंत्रण कार्यक्रम के अंतर्गत, प्रादेशिक तम्बाकू नियंत्रण प्रकोष्ठों के माध्यम से अब देश के दो-तिहाई जिलों में जिला-, ब्लाक- और प्राथमिक स्वास्थ्य केन्द्रों-स्तर पर प्रशिक्षित चिकित्सक उपलब्ध हैं जो कि संतोषजनक कुशलता से तम्बाकू उपभोगियों को इस व्यसन से मुक्ति दिला सकते हैं। अतः, **कोई भी तम्बाकू उपभोगी जब किसी अन्य रोग के उपचार हेतु किसी भी चिकित्सक के पास जाएँ तो वे स्वयं या उनके परिवारजन उस चिकित्सक से तम्बाकू-उपचार विशिष्टता से मांगें; और, इसे पूर्णता व संतोषजनक तरीके से प्राप्त भी करें।**

यदि उन्हें वह व्यवस्था वहाँ नहीं मिले तो वे इस हेतु राष्ट्रीय क्विटलाइन (1800-11-2356) पर कॉल कर सकते हैं; अथवा राजस्थान में प्रादेशिक मेडिकल हेल्पलाइन (निःशुल्क टेलीफोन सेवा न. 104) पर भी कॉल कर सकते हैं जहाँ यह परामर्श सेवा वर्ष 2013 से ही, हर दिन, प्रात: 7 बजे से रात्री 9 बजे तक, उपलब्ध है। यह सेवा उनके लिए विशेषकर उपयोगी है जो किसी स्वास्थ्य सेवा तक न जा पायें या ना जाना चाहें। इस गुणवता-भरी तथ्य-आधारित सेवा का लाभ, पूर्ण गोपनीयता से, वे घर बैठे ही उठा सकते हैं। वर्तमान

परिपेक्ष्य में महिलाओं हेतु इसकी अत्यधिक उपयोगिता है। दिसम्बर 2015 तक 4,000 तम्बाकू उपभोगी प्रादेशिक सेवा का लाभ उठा चुके थे। वर्ष 2013 और 2014 में इसकी सफलता 18% रही जो कि वर्तमान प्रादेशिक तम्बाकू छोड़ने की दर से नौ गुना अधिक थी। प्रादेशिक तम्बाकू-नियंत्रण प्रकोष्ठ आई.ई.सी. में बढ़ोतरी कर जनमानस को इसका लाभ अधिक व्यापकता से दिला सकता है।

अस्पतालों में तम्बाकू उपचार व्यवस्था को सुदृढ़ करने की राष्ट्रीय पहल के उद्देश्य से लेखक द्वारा जयपुर के एस. के. सोनी अस्पताल (अब मणिपाल अस्पताल) में वर्ष 2013 में इस हेतु एक विशिष्ट जाँच- उपचार- फॉलो-अप वाला एक **तंबाकू उपचार प्रोटोकोल** लागू किया गया था। इसमें हर पंजीकृत तम्बाकू-उपभोगी रोगी को उसके मूल रोग के उपचार के अतिरिक्त, उसकी अनुमति के पश्चात्, तम्बाकू उपभोग हेतु उपचारित कर उन्हें तम्बाकू खाना-पीना छुड़वाने में 26% सफलता प्राप्त की गयी। इनमें से जिनसे साल भर तक टेलीफोन द्वारा फॉलो-अप किया जा सका, उनमें यह सफलता 54% से 84% तक प्राप्त हो सकी। **प्रदेश के मेडिकल कॉलेजों और अन्य बड़े प्राइवेट- अस्पतालों में इस तंत्र- आधारित मॉडल (System- based approach) को स्थापित कर जनमानस को एक महत्वपूर्ण और प्रभावी लाभ दिया जा सकता है।**

अंत में, तम्बाकू नियंत्रण की सफलता के लिए सभी स्वास्थ्य सुविधाओं का तम्बाकू-उपचार से शीघ्रातिशीघ्र सतत व सुदृढ़ गठजोड़ ही समूचे देश को तम्बाकू के बोझ से हो रही हानियों और मृत्युओं में प्रभावी कमी दिला सकता है।

तम्बाकू का नशा छूट सकता है (भाग–1)

समाज और स्वास्थ्य तंत्र में बदलना से

हर तम्बाकू खाने-पीने वाला जानता है कि **इस नशे से मुक्ति आसान नहीं।** कई असफल इसे बारम्बार छोड़ने के प्रयासों से इतना निराश हो जाते हैं कि वे मान बैठते हैं कि इस जीवन में तो इससे से मुक्ति असंभव है। नशामुक्ति विशेषज्ञ यह मानते हैं कि तम्बाकू का नशा, अन्य नशीले पदार्थों से, जैसे हेरोइन, कोकेन, इत्यादि, से जल्दी से पनपता है और कठिनता से छूटता है। इसका प्रत्यक्ष प्रमाण है हमारे देश-प्रदेश में तम्बाकू को सफलता से छोड़ पाने की दर जो कि व्यस्क जनसंख्या के आधार पर 2% से भी कम है। सफलता की इतनी कम दर का एक और कारण तम्बाकू-उपभोग की 60% से अधिक ऊँची व्यसनशीलता भी है।

अधिकतर तम्बाकू उपभोगी इस **भ्रान्ति** के साथ जीते हैं कि इसे एक मजबूत इच्छाशक्ति से छोड़ा जा सकता है और मैं जब भी चाहूँगा ऐसा कर पाऊँगा। और, कई सामाजिक संस्थान जो कि नशामुक्ति हेतु प्रयासरत हैं, वे इस धारणा को और मजबूती देते हैं कि हमने कइओं (सौ से हजारों तक) को शपथ दिला इसे छुड़ा दिया। जबकि सच यह है कि राजस्थान में सभी तम्बाकू उपभोगियों की तुलना में, वर्तमान धूम्रपायियों में यह सफलता दर मात्र 11% और चबाने वाली तम्बाकू उपभोगियों में यह दर मात्र 8% है, जब कि विश्व में जहाँ तम्बाकू-मुक्ति की विधा विकसित है वहाँ धूम्रपान छोड़ पाने की दर 30%-50% तक है, याने 3 से पाँच गुना अधिक।

आइये जाने, तम्बाकू **सफलता से छोड़ पाने की ऊँची दरों को प्राप्त कर पाने के कारक** कौन से हैं:

(अ) सबसे महत्वपूर्ण तम्बाकू उपभोगियों द्वारा यह जानना कि: (1) जहाँ तम्बाकू निरंतर खाते-पीते रहना इसकी हानियों में वृद्धि करता है, इसे शीघ्रातिशीघ्र छोड़ना और तत्पश्चात छोड़े रहना इससे हुए लाभों को इतना बड़ा देता है कि 15 वर्षों बाद उस तम्बाकू उपभोगी के जीवन के खतरे एक गैर-तम्बाकू उपभोगी के समान हो जाते हैं, यदि उसमें पहले से ही कोई तम्बाकूजनित रोग पनपा ना हो; (2) तम्बाकू किसी भी आयु में छोड़ें, ऐसा करना लाभकारी ही होता है; (3) विशिष्टता से दिया गया परामर्श-दवाओं का मिलाजुला उपचार ही इस हेतु उपयोगी होता, मात्र इच्छाशक्ति नहीं।

(आ) चिकित्सकीय तंत्र और समाज द्वारा तम्बाकू उपभोग को एक रोग और तम्बाकू उपभोगी को एक रोगी के रूप में जानना और मानना। विश्व स्वास्थ्य संगठन द्वारा तम्बाकू उपभोग और निकोटीन व्यसन रोगों की तरह वर्गीकृत वर्गीकृत किये हुए हैं.

(इ) चिकित्सकों और अन्य स्वास्थ्यकर्मियों में इसे छुड़ा पाने हेतु शिक्षा अथवा प्रशिक्षण और निरंतरता से उनकी इस पारंगतता और सफलता में पारदर्शिता; और, उनके द्वारा उपचारित तम्बाकू-उपभोगी रोगियों का पुनः परिक्षण/फोन से साक्षात्कार द्वारा मूल्यांकन और सहायता भी;

(ई) अस्पतालों/स्वास्थ्य केन्द्रों पर इसे छोड़ने हेतु तम्बाकू उपभोगियों को निरंतरता से इस हेतु प्रेरित और उपचारित किया जाना, उनके परिसरों में प्रवेश के साथ से जब तक वे जिस अन्य रोग को ले उपस्थित हुए हैं उसके उपचार तक। कई बार तो रोग तम्बाकूजनित ही होता है। ऐसे में यदि रोग के कारण को ही नहीं उपचारित किया जाये तो क्या रोगी ठीक हो सकेगा? उसका वर्तमान का रोग अस्थाई रूप से ठीक हो भी जाये, जैसा कि कई बार टी.बी., हार्ट-अटैक, लकवे, अस्थमा, इत्यादि के रोगियों में देखने मिलते है। परन्तु ऐसे रोगी पुनः उसी रोग या उसकी बड़ी हुई अवस्था के साथ अथवा किसी अन्य तम्बाकूजनित रोग, केन्सर, इत्यादि, के साथ अस्पताल में रिपोर्ट करते हैं।

(उ) सरकार/ स्वास्थ्य बीमा सुरक्षा एजेंसियों द्वारा इस हेतु उपचार पर आये खर्च की पूरी-पूरी अदायगी चाहे उसे बाह्य- अथवा अंतर- रोगी की तरह परामर्श और दवाओं के मिलेजुले तरीके से उपचारित किया जाये।

अतः **समूचे देश में तम्बाकू उपचार की सफलता की दर बढ़ायी जा सकती है** यदि:

(1)   इस सामाजिक धारणा को स्थापित किया जा सके कि तम्बाकू को खाना–पीना एक रोग है;

(2)   जनसाधारण को व्यापकता से इससे उपचारित हो लाभान्वित हो पाने की विशिष्ट और सम्पूर्ण जानकारी आसानी से मिल पाए– सरकारी आई.ई.सी. के साथ-साथ प्रादेशिक और स्थानीय मीडिया का भरपूर उपयोग हो;

(3)   प्रत्येक नशामुक्ति केंद्र और मानसिक रोग विभागों के अलावा हर सरकारी/प्राइवेट स्वास्थ्य केंद्र पर चिकित्साकर्मी इसके उपभोगियों को विशिष्टता से प्रत्येक उपस्थिति पर उपचारित कर पायें; और,

(4)   रोगियों को इस पर किये खर्चे की पूरी अदायगी उसके द्वारा ली गयी बीमा सुरक्षा योजना द्वारा हो अथवा गरीबी सीमा से नीचे रोगियों को पूरा उपचार निःशुल्क मिल पाये।

तम्बाकू का नशा छूट सकता है (भाग–2)

आवश्यक है सर्वत्र उपचार व्यवस्था की

क्योंकि सबसे बड़ी चुनौती प्रदेश में 60% से 70% तम्बाकू उपभोगी इसे अगले साल तक छोड़ना नहीं चाहते हैं, अतः यह आवश्यक है कि उन्हें व उनके मित्रों-परिवारों को इसे छोड़ने के लाभों की जानकारी लगातार मिलती रहे ताकि ना केवल उनका इस हेतु रुझान और विश्वास बढ़े, **एक सामाजिक धारणा भी स्थापित हो सके कि तम्बाकू खाना-पीना एक रोग हैं और हर तम्बाकू उपभोगी एक रोगी है।** फिर सर्वत्र तम्बाकू-उपचार व्यवस्था की मांग भी उठेगी और तम्बाकू उपभोगियों को भी उनके परिवारजन, मित्र, इत्यादि, अपने बदले दृष्टिकोण से सहानुभूति और सतर्कता से उन्हें समय से उपचार हेतु प्रेरित कर अस्पताल भी ले भी आयेंगे।

तम्बाकू उपभोगियों के लिए सुनिश्चित किये गए दिन-दिनांक पर दृढ़ता इसे छोड़ पाना **सफलता का पहला और निर्णायक कदम** होता है। तम्बाकू-मुक्त जीवन हेतु यह निर्णय भी आवश्यक होता है कि ना खरीदेंगे, ना किसी से खरीदवायेंगे और किसी अन्य से मांगेंगे भी नहीं। इसे याद दिलाने वाले स्टीकर-पोस्टर घर, ऑफिस और कार, इत्यादि में लगाना उपयोगी होता है। बिना तम्बाकू के रह पाने के उपायों-विकल्पों को लागू कर पाना जब वे पहले उन परिस्थितियों में इसे खाते-पीते थे **तम्बाकू उपचार की कुंजी** है। परिवार-मित्रों का सकारात्मक और उत्साहवर्धक सहयोग सफलता बढ़ाता है। तम्बाकू उपभोगी इसे पुनः ना खाने-पीने लगें, इस हेतु अत्यधिक प्रसन्नता वाली या दुखदायी परिस्थितियों में सदैव अतिरिक्त सावधानी रखना और किसी भी अन्य दीर्घावधी के रोग के समान नियमित चिकित्सकीय परामर्श लेते रहना अत्यधिक लाभकारी होता है।

तम्बाकू-उपचार में **दवाओं की भूमिका** तम्बाकू में उपस्थित व्यसनी पदार्थ 'निकोटिन' की कमी से तत्काल में हो रहे शारीरिक परिवर्तन (प्रतिकार लक्षणों) से निपटने हेतु किया जाता है। किन्तु, **परामर्श ही प्रभावी उपचार प्रक्रिया का मूल आधार है** क्योंकि तब ही एक तम्बाकू उपभोगी अपना **व्यवहार परिवर्तन** कर इसके मानसिक और सामाजिक कारकों से मुक्ति पा सकता है। अतः **परामर्श और दवाओं के मिलेजुले तरीके से किया गया उपचार अधिक सफलता** देता है।

स्वास्थ्यतंत्र में तम्बाकू उपचार व्यवस्था की अनुपलब्धता और स्वास्थ्यकर्मियों द्वारा इसे संतोषजनक और गुणवतापूर्ण तरीके से दे पाने की क्षमता, रूचि और निष्ठा की कमी दूसरी चुनौती है। वर्तमान में मात्र एक-तिहाई तम्बाकू उपभोगियों में से 30% से 40% को ही इसे छोड़ने की चिकित्सकीय राय मिलती है। प्रदेश में पिछले छः माहों में इस चुनौती का समाधान अब कुछ सीमा तक होता दिख रहा है। प्रादेशिक तम्बाकू नियंत्रण प्रकोष्ठ द्वारा भारत सरकार के राष्ट्रीय तम्बाकू नियंत्रण कार्यक्रम के अंतर्गत प्रशिक्षण से अब प्रदेश के सभी 33 जिलों में जिला-, ब्लाक- और प्राथमिक स्वास्थ्य केन्द्रों- स्तर पर प्रशिक्षित चिकित्सक उपलब्ध हैं जो कि संतोषजनक कुशलता से तम्बाकू उपभोगियों को इस व्यसन से मुक्ति दिला सकते हैं। अतः **कोई भी तम्बाकू उपभोगी** जब किसी अन्य रोग के उपचार हेतु किसी भी **चिकित्सक जाएँ तो वे स्वयं या उनके परिवारजन उनके चिकित्सक से तम्बाकू-उपचार विशिष्टता से मांगें और इसे पूर्णता व संतोषजनक तरीके से प्राप्त भी करें।**

यदि उन्हें वह व्यवस्था वहाँ नहीं मिले तो इस हेतु **प्रादेशिक मेडिकल हेल्पलाइन** (निःशुल्क टेलीफोन सेवा न. 104) पर कॉल कर सकते हैं। यह परामर्श सेवा प्रातः 7 बजे से रात्री 9 बजे तक हर दिन उपलब्ध है। यह सेवा प्रदेशवासियों हेतु सन् 2013 से ही उपलब्ध है, विशेषकर उनके लिए जो तम्बाकू उपभोगी किसी स्वास्थ्य सेवा हेतु न जा पायें या न जाना चाहें। इस गुणवता-भरी सबूत-आधारित सेवा का लाभ, पूर्ण गोपनीयता से, वे घर बैठे उठा सकते हैं। अतः महिलाओं हेतु इसकी अत्यधिक उपयोगिता है। दिसम्बर 2015 तक 4,000 तम्बाकू उपभोगी इसका लाभ उठा चुके हैं। वर्ष 2013 और 2014 में इसकी सफलता 18% रही जो कि वर्तमान प्रादेशिक तम्बाकू छोड़ने की दर से नौ गुना अधिक है। प्रादेशिक तम्बाकू-नियंत्रण प्रकोष्ठ आई.ई.सी. में बढ़ोतरी कर जनमानस को इसका लाभ व्यापकता से दिला सकता है।

लेख संख्या : 49

अस्पतालों में तम्बाकू उपचार व्यवस्था को सुदृढ़ करने हेतु लेखक द्वारा जयपुर के एस. के. सोनी अस्पताल (अब सोनी मणिपाल अस्पताल) में सन् 2013 में इस हेतु एक **विशिष्ट जांच- उपचार- फॉलो-अप मॉडल-** तम्बाकू उपचार प्रोटोकोल (**टोबेको ट्रीटमेंट प्रोटोकाल-टी.टी.पी.**) लागू किया गया था। इसमें हर पंजीकृत तम्बाकू-उपभोगी रोगी को उसके मूल रोग के उपचार के अतिरिक्त उसकी अनुमति के पश्चात् तम्बाकू उपभोग हेतु उपचारित कर 26% सफलता प्राप्त की गयी। इनमें से जिनसे साल भर तक टेलीफोन द्वारा फॉलो-अप किया जा सका उनमें यह सफलता 54% से 84% तक प्राप्त हो सकी। प्रदेश के मेडिकल कॉलेजों के- और अन्य बड़े प्राइवेट- अस्पतालों में इस मॉडल को स्थापित कर जनमानस को एक प्रभावी लाभ दिया जा सकता है। तत्पश्चात, जयपुर शहर के 4 में सबसे पहले स्थापित व प्रख्यात चिकित्सालय, संतोकबा दुर्लभजी मेमोरियल अस्पताल में इसी मॉडल को स्थापित कर 30 माह तक नियमितता से लगातार फोलो-अप करके 44% सफलता प्राप्त की गयी है।

अंततः **तम्बाकू नियंत्रण की सफलता में तम्बाकू-उपचार का शीघ्रातिशीघ्र जुड़ाव** ही देश-प्रदेश को तम्बाकू के बोझ से हो रही हानियों और मृत्युओं में प्रभावी कमी दिला सकता है।

तम्बाकू-उपचार का वैश्विक लेखा-जोखा

आज भी तम्बाकू उपभोगकर्ताओं में इस विषैले नशे को छोड़ने की रूचि कम ही दिखती है। अतः यह दोहराने की आवश्यकता अभी भी सामयिक जान पड़ती है कि तम्बाकू ''रोकी जा सकने वाली मृत्युओं'' का एक अग्रणी कारण है; और, इसीलिए, विश्व स्वास्थ्य संगठन ने एमपॉवर (MPOWER) की नीति के ''ओ'' (ऑफर टोबेको ट्रीटमेंट) और अंतरराष्ट्रीय संधि- फ्रेमवर्क कन्वेंशन ऑन टोबेको कण्ट्रोल (एफ.सी.टी.सी.) के अनुच्छेद 14 में तम्बाकू छोड़ने हेतु प्रयासों की नीतियों और कार्यक्रमों को मजबूती देने हेतु सदस्य राष्ट्रों को निर्देशित किया गया है।

वर्ष 2014 में निचले- व मध्यम- आय वर्ग के 14 देशों में एक अंतरराष्ट्रीय अध्ययन यह जानने के लिए किया गया था कि जनसांख्यिकी-और सम्बंधित- नीति का हाल ही में तम्बाकू छोड़ने वालों पर क्या प्रभाव हुआ। इससे यह जाना गया कि (अ) जहाँ कार्य-स्थलों में धूम्रपान को प्रतिषेधित करने हेतु नीति का कड़ाई से पालन होता है, (ब) जहाँ धूम्रपान के विरुद्ध मीडिया के सन्देश प्रमुखता से दिखाये जाते हैं, (स) खुदरा तम्बाकू पदार्थों पर सचित्र चेतावनियाँ प्रभावी हैं या (द) सिगरेट/बीड़ी के दाम ऊँचे होते हैं, वहाँ धूम्रपान छोड़ने के प्रयास अधिक होते हैं। इस अध्ययन में यह भी जाना गया कि धनाढ्यों, महिलाओं और अधिक शिक्षित धूम्रपायियों में इसे छोड़ने को प्रोत्साहित करने के अवसर तो अधिक होते ही हैं, उनकी इस हेतु व्यावसायी सेवाओं तक पहुँच और औषधियों की उपलब्धता भी अधिक होती है। इसके विपरीत, पुरुषों में, 24 वर्ष की आयु के बाद के उपभोगियों और बाह्य कार्य-स्थलों में कार्यरत लोगों में, वर्तमान में (आने वाले निकट समय में याने अगले 12 माह में) तम्बाकू छोड़ने की दर कम होती है। इस अध्ययन के लेखकों ने यह भी बताया कि क्योंकि हर देश में तम्बाकू नियंत्रण की नीतियों में भी विभिन्नताएँ है अथवा उन्हें एक समान स्तर पर लागू नहीं किया गया होता है, तम्बाकू को अगले एक माह में छोड़ने की दरों में काफी अंतर होता है।

विश्व स्वास्थ्य संगठन की इस वर्ष (याने 2018) की वैश्विक रिपोर्ट में इस विषय पर सदस्य राष्ट्रों से प्राप्त जानकारी को विस्तार से उल्लेखित किया गया है। जो बिंदु महत्वपूर्ण पाये गए, वे निम्नानुसार हैं:

1) सदस्य राष्ट्रों ने तम्बाकू छोड़ने की निदान, उपचार और परामर्श **सेवाओं** को अपने राष्ट्रीय तम्बाकू- स्वास्थ्य- और शिक्षा के कार्यक्रमों, योजनाओं और नीतियों में अब पहले से अधिकता से समाहित कर लिया है; जहाँ दो-तिहाई राष्ट्रों (123) ने इसे अपने राष्ट्रीय तम्बाकू नियंत्रण कार्यक्रम योजनाओं से जोड़ लिया है, लगभग उतने ही राष्ट्रों (125) ने इसे अपने स्वास्थ्य कार्यक्रमों से और एक-तिहाई से अधिक, 40% राष्ट्रों (72) ने इसे अपने शिक्षा कार्यक्रमों, योजनाओं और नीतियों से जोड़ लिया है;

2) सदस्य राष्ट्रों ने तम्बाकू छोड़ने हेतु अपने उन कार्यक्रमों को मजबूती प्रदान करी है जो कि किसी **स्थानीय गतिविधि** जैसे विश्व तम्बाकू निषेध दिवस, मीडिया अभियानों या अन्य स्वास्थ्य सेवाओं के कार्यक्रमों से जुड़े होते हैं। अतः जहाँ अधिकाँश (80%) ने तम्बाकू छोड़ने को विश्व तम्बाकू निषेध दिवस व स्वास्थ्य-सेवा सुविधाओं से जोड़ लिया है, दो-तिहाई (71%) ने धूम्रपान छोड़ने हेतु मीडिया अभियानों को सततता दी हुई है;

3) तम्बाकू छोड़ने हेतु स्वास्थ्य-सेवा तंत्र में राष्ट्रीय दिशा-निर्देशिकाओं को जोड़ने के साथ विभिन्न स्वास्थ्य कर्मियों की **भागीदारिता**- अब तक 60% (109) सदस्यों ने वैज्ञानिक प्रमाणों और श्रेष्ठ कार्यप्रणाली के आधार पर तम्बाकू छोड़ने हेतु राष्ट्रीय दिशा-निर्देशिकाओं को स्थापित कर लिया है। कई अन्य सदस्य राष्ट्रों ने भी उनके यहाँ पूर्व में जारी की गयी दिशा-निर्देशिकाओं में आवश्यक सुधार कर लिए हैं। इस प्रकार अब

69% (124) देशों ने तम्बाकू निदान और उपचार को अपनी स्वास्थ्य सेवाओं में समाहित कर लिया है, अधिकांश ने अपनी प्राथमिक सेवाओं में। इन सभी राष्ट्रों की दिशा-निर्देशिकाओं के ढाँचे में कोई बहुत अधिक भिन्नताएँ नहीं देखने में आयी हैं। इनको लागू करने में जहाँ फिजिशियन, नर्स और फेमिली डॉक्टर को सबसे अधिक सक्रिय पाया गया, मोटे तौर पर स्वास्थ्य व्यावसायिकों (हेल्थ प्रोफेशनल्स) की इस सेवा को प्रदान करने की सक्रियता में वर्ष 2016 से अब तक कोई सुधार नहीं देखा गया है;

4) स्वास्थ्य व्यावसायिकों के पाठ्यक्रम में इसका जुड़ाव- केवल आधे से कुछ ही अधिक (55%) सदस्यों ने तम्बाकू उपचार को **पाठ्यक्रम** में जोड़ लिया है। अन्य स्वास्थ्य व्यावसायिकों के प्रशिक्षण-पाठ्यक्रम में इसका जुड़ाव अब तक कम ही दिखाई दिया है। फिर भी 86% सदस्य राष्ट्रों ने इसे स्वास्थ्य कर्मियों के प्रशिक्षण और जागरूकता के अन्य कार्यक्रमों में एफ.सी.टी.सी. के अनुच्छेद 12 के अंतर्गत जोड़ लिया है;

5) जन अनुदान अथवा तम्बाकू उपचार पर हुए खर्च का **पुनर्भरण**- जिन सदस्य राष्ट्रों ने तम्बाकू उपचार को अपने स्वास्थ्य सेवा कार्यक्रमों में जोड़ लिया है, उनमें से 83% देशों ने अपनी प्राथमिक सेवाओं में इस पर हुए खर्च का पुनर्भरण, जन अनुदान अथवा अन्य पुनर्भरण योजनाओं से करना आरम्भ कर दिया है, परन्तु पिछले 2 वर्षों में इसमें हुई बढोतरी मात्र 1%- 5% तक ही हुई है;

6) तम्बाकू उपचार हेतु **औषधियों** तक उपभोगियों की पहुँच और खर्च उठा पाने की क्षमता- इस बिन्दु के अंतर्गत आधे से अधिक राष्ट्रों (60%; 109) ने अपनी सुविधाओं में सुधार किया है। सबसे अधिक सुधार एन.आर.टी. की उपलब्धता में देखा गया है

(निकोटिन रिप्लेसमेंट थेरेपी- इससे तम्बाकू के नशीले पदार्थ निकोटीन को विशुद्ध औषधी के रूप में दिया जाता है ताकि इसे छोड़ने से उत्पन्न प्रतिकार लक्षणों की तीव्रता को कम किया जा सके)। दुनिया के 94% सदस्य राष्ट्रों में अब एन.आर.टी. में क़ानूनी रूप से उपलब्ध है। इसके अतिरिक्त अन्य दो प्रमुख औषधियाँ- **बूप्रोपियोन** और **वेरिनिक्लिन**, अब क्रमश: 68% और 69% देशों में उपलब्ध हैं। 50% देशों में एन.आर.टी. और 53% और 47% देशों में बूप्रोपियोन व वेरिनिक्लिन का खर्च जन अनुदान अथवा पुनर्भरण स्कीमों के द्वारा उठाया जाता है। वर्ष 2016 से इन आँकड़ों में कोई परिवर्तन नहीं देखा गया जो कि दुःखद है क्योंकि इसे तम्बाकू उपभोग छोड़ने में एक बड़े अवरोध के रूप में भी समझा जा सकता है। एन.आर.टी. को बिना किसी चिकित्सकीय नुस्खे के किसी भी औषधि-केंद्र अथवा अन्यत्र से खरीदा जा सकता है जबकि बूप्रोपियोन और वेरिनिक्लिन खरीदने हेतु एक चिकित्सकीय परामर्श व नुस्खा (प्रेस्क्रीपशन) आवश्यक होता है।

अंत में, वर्तमान में तम्बाकू-निर्भरता के उपचार में प्राप्त वैश्विक-स्तर जहाँ एक और निश्चित ही संतोषजनक सुखद प्राप्ति है, इसके वृहद प्रचार-प्रसार और सभी स्वास्थ्य, शिक्षा और जनजागरण सम्बद्ध कार्यक्रमों-योजनाओं-नीतियों में इसे प्राथमिकता मिलने पर ही तम्बाकू की माँग को घटा इससे होती मृत्युओं और घातक रोगों में कमी लायी जा सकेगी।

आभार- टोबेको कण्ट्रोल पर विश्व स्वास्थ्य संगठन के फ्रेमवर्क कन्वेंशन की वैश्विक प्रगति रिपोर्ट (2018)।

नोट - इस लेख के लिखे जाने के पश्चात विश्व स्वास्थ्य संगठन ने अपनी वर्ष 2019 की ग्लोबल टोबेको एपीडेमिक रिपोर्ट में तम्बाकू उपचार को प्रमुखता से संदर्भित किया है। अतः इस विषय पर गहन जानकारी हेतु सभी पाठक इसे अवश्य पढ़े।)

तम्बाकू– शिक्षा दें इसे छोड़ने के लाभों व उपचार की भी

सात वर्षों बाद (2009-10 से 2016-17 में) गेट्स-2 (व्यस्क तम्बाकू उपभोगी भारतीयों का दूसरा वैश्विक सर्वेक्षण, वर्ष 2016-17) के अन्तर्गत देश में सिगरेट, बीड़ी और चबाने वाली तम्बाकू को छोड़ने के प्रति रुझान तो बढ़ता दिखा (चबाने वाली तम्बाकू के उपभोगियों में 12%; और, सिगरेट ब बीड़ी पीने वाले उपभोगियों में 25% बढ़ोतरी के साथ), किन्तु इनको खाने-पीने को छोड़ने की दरों में कोई बदलाव नहीं देखने मिला।

दो कारण स्पष्ट रूप से उभर कर आये हैं:

(1) **वर्तमान के तम्बाकू उपभोगियों में से मात्र 20% ही इसे अगले 12 महीनों में छोड़ना चाहते हैं।** अन्य 50% इसे छोड़ना ही नहीं चाहते हैं तो अतिरिक्त 30% इसे एक वर्ष बाद ही छोड़ने की मंशा रखते हैं। जनसाधारण में तम्बाकू से होने वाली हानियों के प्रति जागरूकता के समस्त सरकारी- गैर सरकारी प्रयास प्रभावी नहीं हो पाये हैं क्योंकि लोगों ने या तो इन्हें स्वीकारा नहीं अथवा इनके बारे में उनका ज्ञान जितना बढ़ना चाहिए, उस स्तर को अभी भी प्राप्त करना शेष है। एक अत्यधिक कमी जो प्राय: दिखने में आती है, वह है, तम्बाकू उपभोगियों द्वारा सचित्र चेतावनियों की अनदेखी- अधिकाँश का हानि के प्रति ज्ञान केवल इससे होने वाले केन्सर तक ही सीमित है। उन्हें अधिकता से होने वाले अन्य घातक रोगों की जानकारी ही नहीं है। और, जो भी जानकारी यदा-कदा संचार माध्यमों से उपलब्ध होती है, उसे या तो अनदेखा कर दिया जाता है अथवा कुछ ही क्षणों में भुला दिया जाता है;

(2) **तम्बाकू उपभोग को सफलता से छोड़ पाने में उपयोगी और प्रमाणीकृत चिकित्सकीय सहायता का अब तक का अभाव निराशाजनक है।** अधिकतम रूप से भी, वर्तमान के तम्बाकू उपभोगियों में से 50% ही किसी स्वास्थ्यकर्मी तक पहुँच पाते हैं- तम्बाकू त्यागने के लिए नहीं अपितु अन्य किसी रोग के प्रबंध के लिए। इनमें से भी मात्र 50% धूम्रपायियों और 32% गैर-धूम्रपायियों को ही इसे छोड़ने की राय मिल पाती है। चिकित्साकर्मी ऐसा क्यूँ नहीं कर पाते हैं, इसको यहाँ फिर से दोहराना उचित होगा- (1) उपचार कार्यों में अत्यधिक व्यस्तता के चलते समय की कमी, (2) तम्बाकू-उपचार से यथोचित व अन्य रोग प्रबंधों के समतुल्य आर्थिक लाभ न मिल पाना, (3) एक परामर्शदाता की भूमिका में स्वयं अपने को न रख पाना (इन्हें एक चिकित्सक के स्तर से कम समझना) और (4) तम्बाकू उपभोगियों से इसे छुड़वा पाने की क्षमता-योग्यता का नितांत अभाव।

उपरोक्त पैरा के अंतिम बिंदु पर ध्यानाकर्षण आवश्यक है क्योंकि अब तक चिकित्सकों-परिचारिकाओं का उनके तम्बाकू-उपभोगी रोगियों को इसे छोड़ने का निर्देश-मात्र दे देना पर्याप्त नहीं रहा है। इसका एक प्रमुख कारण है, इन चिकित्साकर्मियों के पाठ्यक्रम में तम्बाकू नियंत्रण-उपचार को अब तक सम्मिलित नहीं कर पाने की अबूझ असमर्थता। और, अगर पाठक चिकित्सा विज्ञान के इस कथन को जानेंगे कि ''जब तक आपको किसी रोग, उपचार-विधि या प्रबंध का ज्ञान ही नहीं है तो आप उसको निदानित या लागू करने का सोच भी नहीं पायेंगे'', तब ही वे समझ पायेंगे कि क्यों चिकित्साकर्मी अब तक तम्बाकू नियंत्रण में सक्रियता से भाग नहीं ले पाये हैं; और, क्यों वे तम्बाकू उपभोगियों का उपचार नहीं कर पा रहे हैं। विशेषकर, तब जब कि **विश्व स्वास्थ्य संगठन तम्बाकू खाने-पीने को एक रोग मानता है और इसके उपभोगी को एक रोगी!**

क्या है उपरोक्त दोनों बिन्दुओं पर की गयी चर्चा के समाधान?

पहले बिंदु (जनमानस में जानकारियों और जागरूकता को बढ़ावा) के समाधान हैं:

(अ) जनमानस को दी जाने वाली सूचनाओं में महती बढ़ोतरी;

(ब) स्कूली पाठ्यक्रमों में वर्तमान में तम्बाकू की हानियों की जानकारियों के और स्कूलों को तम्बाकू-मुक्त बनाये रखने

की नीति के साथ-साथ तम्बाकू छोड़ने के लाभों की जानकारी भी दी जाये। अन्य सभी शिक्षण संस्थाओं में भी इसे प्राथमिकता व सम्पूर्णता से दिए जाने हेतु शीघ्रातिशीघ्र नीतिगत सुधार;

(ब) सरकारी और संस्थानिक नीतिगत बढ़ोतरियों के साथ टेलीविज़न चैनलों, सामाजिक मीडिया और मोबाइल टेलीफोन कंपनियों जैसे संचार माध्यमों का समुचित उपयोग और उनके योगदान का निष्पक्षता से सामयिक और सतत आकलन और मूल्यांकन;

(स) समूचे देश में सभी नि:शुल्क सरकारी विज्ञापनों की जगहों पर तम्बाकू की हानियों के साथ-साथ इसे छोड़ने के लाभों के वर्णन के अतिरिक्त उस शहर/जिले में कार्यरत तम्बाकू उपचार के केन्द्रों की जानकारी- होर्डिंगों अथवा दीवारों पर लिखाई के द्वारा। पहले वर्ष में इसे प्राथमिकता से इसे जिले- और उपखंड (ब्लाक)- स्तरों पर लागू किया जाये; तत्पश्चात दूसरे वर्ष में इन जानकारियों को ग्रामीण स्तर पर ग्राम-पंचायतों के द्वारा लागू करवाया जाये। ऐसा करना इसलिए भी अति आवश्यक प्रतीत होता है क्योंकि तम्बाकू के छद्म विज्ञापनों का हर जगह अम्बार लगा हुआ है; और सभी टेलीविज़न, रेडियो चैनल व सामाजिक मीडिया (यू-ट्यूब, इन्स्टाग्राम, इत्यादि,) भी इनको अनगिनित तरीकों से निरंतर प्रचारित-प्रसारित कर रहे हैं।

दूसरे बिंदु (चिकित्सा-/स्वास्थ्य-कर्मियों द्वारा तम्बाकू उपचार दिया जाना) के सन्दर्भ में हालाँकि राष्ट्रीय तम्बाकू नियंत्रण कार्यक्रम ने तम्बाकू उपचार को स्वास्थ्य तंत्र में स्थापित करने हेतु विगत में प्राथमिकता दी है, अब यह अत्यंत आवश्यक है कि देश के सभी मेडिकल व अन्य वैकल्पिक चिकित्सा संस्थानों में नीतिगत रूप से तम्बाकू उपचार निरंतरता के साथ प्रतिदिन हर तम्बाकू उपभोगी-

रोगी को हर बार मिले जब भी वह अन्य उपचार के लिए अस्पताल में उपस्थित हो।

यहाँ वर्ष 2014 में पी.जी.आई. एम.इ.आर., चंडीगढ़ के स्कूल ऑफ़ पब्लिक हेल्थ के आचार्य, डॉ. सोनू गोयल की अगुवाई में किये गए अध्ययन को उल्लेखित करना उचित होगा। इसका आधार था चिकित्सा-शिक्षा के अंतर्गत जन-स्वास्थ्य के स्नातकोतर पाठ्यक्रमों में तम्बाकू नियंत्रण व उपचार की शिक्षा की न्यूनतम उपलब्धता। प्रमाणित संस्थाओं द्वारा संचालित इस द्वि-वर्षीय कोर्स में तम्बाकू-संबंधित रोगों को गैर-संक्रामक रोगों के अंतर्गत हर संस्था द्वारा सम्मिलित तो किया जाता है किन्तु 41% अध्यापकों ने ही इसे पढ़ाने हेतु प्रशिक्षण प्राप्त किया होता है। अब तक इनके द्वारा दी जाने वाली शिक्षा में (i) तम्बाकू छोड़ने के लाभों की जानकारियों, (ii) इसे छुड़वाने की विधियों (फाइव ए'स (AS)- **आस्क** (Ask)- पूछें, **एडवाईस** (Advice)- राय दें, असेस (Assess)- छोड़ने की इच्छा का आकलन, **असिस्ट** (Assit)- छोड़ने हेतु सहायता और **अरेन्ज** (Arrange)- उपचार पश्चात् फॉलो-अप), (iii) प्रतिकार लक्षणों की जानकारी और (iv) औषधिक- व परामर्श- के मिले-जुले उपचारों की जानकारी की अपेक्षा धूम्रपान के स्वास्थ्य पर प्रभावों को अधिकता से वर्णित किया जाता है। मात्र 25% संस्थायें ही तम्बाकू सम्बंधित पाठ्यक्रमों को लागू करवाने हेतु प्रयासरत हैं। तम्बाकू नियंत्रण को पाठ्यक्रम में सम्मिलित करने में विशेषज्ञों की कमी और प्रशासनिक अवरोध मुख्य समस्याएँ जानी गयी। इनको तेजी से, जितना जल्दी हो सके, दूर करना ही होगा।

अंत में, तम्बाकू छोड़ने के लाभों की जानकारी की जनसाधारण में जागरूकता और तम्बाकू-उपचार की चिकित्सा-सेवा में सर्वत्र उपलब्धता को प्राथमिकता दी जाये। तब ही पायी जा सकेगी, तम्बाकू उपभोग की दरों में पर्याप्त व प्रभावी कमी।

लेख संख्या : 52

तम्बाकू और स्वास्थ्यकर्ता

तम्बाकू नियंत्रण की एक महत्वपूर्ण किन्तु अपेक्षाकृत निष्क्रिय कड़ी ..

जिस देश में प्रतिदिन तम्बाकूजनित रोगों से 4,000 से भी अधिक व्यस्क प्रतिदिन मर जाते हों, उस देश के अग्रणी स्वास्थ्य सम्बन्धित संगठन और लगभग समूचा स्वास्थ्यकर्मी महकमा उससे अपेक्षित रूप से जुड़ा ना हो तो दुःख तो होगा ही। आइये जाने क्यों हैं ऐसी परिस्थिति:

सबसे बड़ा कारण इस हेतु आवश्यक विषय-संबंधी जानकारी का अभाव है। क्योंकि यह विषय चिकित्सकों, परिचारिकाओं और अन्य स्वास्थ्यकर्मियों के पाठ्यक्रमों में अब तक समाहित नहीं किया गया है, इसके प्रति अपेक्षित आवश्यक और उचित कार्यवाही का मोटे तौर पर व्यापक अभाव है। इसीलिए एक आम स्वास्थ्यकर्मी देश-प्रदेश में प्रतिदिन होने वाली वर्तमान में ~15 लाख मृत्युओं के तथ्य से अनजान है और निष्क्रिय भी सिवाय इसके कि जब भी उसका सामना किसी तम्बाकू-उपभोगी रोगी से होता है। तब भी, केवल जब उन्हें यदि यह लगता है कि जिस रोग को वे उपचारित करने जा रहें हैं वह बिना तम्बाकू-उपभोग छोड़े ठीक नहीं होगा, तब ही वे उस रोगी को उसे छोड़ने हेतु मात्र कह देते हैं।

वैश्विक तौर पर, कम से कम एक चिकित्सक से तो यह अपेक्षा की ही जाती है कि वह तम्बाकू नियंत्रण में अन्तराष्ट्रीय स्तर पर निर्धारित भूमिकाओं का निर्वाह कर पायेगा। उसकी ये भूमिकाएँ निम्न हैं:

1. **पहली भूमिका है** एक रोल-मॉडल होने की जो कि परोक्ष-अपरोक्ष रूप से तम्बाकू उपभोग से सर्वथा मुक्त हो: इसमें उन्हें भी जोड़ लें जो कि इसे मात्र सामाजिक स्तर पर, याने कभी-कभार पार्टियों-त्योहारों, मित्र-मिलन, इत्यादि, जैसे अवसरों पर इसका उपभोग करते हैं। यदि तम्बाकू-उपभोगी को सलाह देने वाला स्वयं ही ऐसी गम्भीर व ख़तरनाक ग़लती करते हुए दिखे तो कौन उसकी इसे छोड़ने की बात को समझेगा-मानेगा; और, क्यों ना भय-मुक्त रह उसका अनुसरण करेगा (जिसका कि किसी भी एक तम्बाकू-उपयोगी रोगी को स्वयं उसके ही हित में इससे परहेज करना चाहिए);

2. **दूसरी भूमिका है** हर एक तम्बाकू उपभोगी रोगी को, प्रत्येक चिकित्सकीय-संपर्क पर तम्बाकू छोड़ने हेतु उपचार लेने के लिए प्रेरित करने और उन्हें किसी अन्य रोग के रोगी की ही भांति तत्परता से उपचारित करने की- यदि वे इसे न छोड़ना चाहें तब भी। और, इसलिए भी कि विश्व स्वास्थ्य संगठन ने तो तम्बाकू उपभोग और इसके कारण निकोटीन-व्यसन को तो एक रोग की तरह भी वर्गित किया हुआ है। परन्तु अभी तक स्वास्थ्य तंत्र में ऐसा लागू नहीं किया जा सका है और जब तक ऐसा नहीं किया जाएगा, तब तक रोगियों में तम्बाकू-बोझ, उन्हें पहचानने, उन्हें उपचारित करने की दर और परिणामों को नहीं जाना जा सकेगा;

3. **साथ ही, तीसरी भूमिका के अन्तर्गत** यह भी अपेक्षित है कि तम्बाकू उपचार में प्रशिक्षित चिकित्सक, अपने अन्य सभी चिकित्सा-सहकर्मियों को इस हेतु प्रेरित-प्रशिक्षित भी करेंगे। और, अपने अस्पतालों में तम्बाकू उपभोगियों को पूर्णता से उपचारित करने हेतु एक मजबूत व्यवस्था को स्थापित करने की रुपरेखा बनाने और उसे लागू करवाने में सहभागिता से कार्यरत हो सकेंगे;

4. **चौथी महत्वपूर्ण भूमिका है**, समाज में (नीतिगत रूप से- मात्र घोषणाओं से ही नहीं) तम्बाकू-मुक्त वातावरणों को प्रोत्साहित करते रहने की। आरम्भ तो निश्चित ही चिकित्सा-इकाईयों से ही होना चाहिए- स्वास्थ्य-सेवाओं के हर स्तर पर। यदि रोगी व उसके परिवारजन जब ऐसा वातावरण पायेंगे, तब ही तो वे इसका महत्व जान पायेंगे; और, अपने समाज- घर, लोकस्थानों, कार्य- व सामाजिक-स्थलों, वाहनों, इत्यादि, को तम्बाकू-मुक्त करने हेतु प्रेरित हो सकेंगे; और,

5. **चिकित्सक की पांचवी और अत्यन्त महत्वपूर्ण भूमिका है**, अपने देश-प्रदेश की स्वास्थ्य-सम्बन्धी नीतियों और कार्यक्रमों को योजनाबद्ध तरीकों से बनवाने और लागू करवाने में योगदान। इसके लिए नीति निर्धारकों के साथ चिकित्सकीय सक्रियता अति

लेख संख्या : 52

आवश्यक होती है, एक विश्वसनीय संदेशकर्ता के रूप में। भारतवर्ष सहित विश्वभर में जहाँ-जहाँ और जब-जब चिकित्सकों ने इस हेतु अपना नेतृत्व प्रदान किया है, तम्बाकू नियंत्रण उतना ही अधिक मजबूत और सशक्त हुआ है।

अत: जब से भी चिकित्साकर्मी उपरोक्त वर्णित भूमिकाओं के संदर्भ में अपने-आप को स्थापित कर इनको निरन्तरता से निभा पायेंगे, निश्चित ही, तब से ही भारत में तम्बाकू महामारी की अधिकता को प्रभावी रूप से कम किया जा सकना फलीभूत होता दिखायी देने लगेगा।

डॉक्टर क्यों नहीं करते तम्बाकू छुड़वाने का ईलाज?

विगत में जयपुर में सिर-गले के केन्सर विशेषज्ञों की इंडो-ग्लोबल संगोष्ठी में पहली बार अपने ही समकक्षों में इस विषय पर अपनी बात कहने का पहला अवसर मिला। संतोष और हर्ष इसलिए हुआ क्योंकि डॉक्टर, रोगी और उनके परिवारों का ही नहीं, सारी चिकित्सा व्यवस्था और समूचे समाज का भी अब तक सारा ध्यान रोगी के प्राथमिक रोग के उपचार पर ही होता आया है, यदि जब कि यदि तम्बाकू खाने-पीने वाला इसे समय रहते पहले ही छोड़ दे तो वह इन भयावह, घातक शारीरिक विपदाओं से बच भी सकता है। तो आइये जाने, क्या कुछ कह पाया तब मैं अपने सहभागी साथियों को:

समस्या का आकार: भारत में हर 25 सेकंड एक मौत तम्बाकू खाने-पीने से होती है, याने प्रतिदिन 4,000 से अधिक और वर्ष भर में ~15 लाख। तम्बाकू उद्योग, जन स्वास्थ्य पर भारी है क्योंकि सरकार को समूची वार्षिक हानि (1.04 लाख करोड़- सन्दर्भ वर्ष 2011) का मात्र 17% भाग ही इससे राजस्व के रूप में प्राप्त होता है। पर क्या आर्थिक हानि मात्र ही इस तर्क का आधार हो सकती है, जब कि जनहानि एक अधिक महत्वपूर्ण ही नहीं अपितु सर्वोपरि मुद्दा होना चाहिए।

तम्बाकू छोड़ने-छुड़वाने की समस्याएँ: मुख्यतः ये निम्न हैं:

1) **छोड़ने के अपेक्षित लाभों की जानकारी का अभाव-** अब तक जब भी तम्बाकू नियंत्रण हेतु **जनचेतना** की बात होती है तो जानकारी दी जाती है इसकी हानियों की जब कि **इसे छोड़ने के लाभ जो कि मात्र कुछ मिनटों में मिलने लगते हैं** और जो निरंतर **तम्बाकू-मुक्त जीवन निभाते रहने से ''चक्रवर्ती ब्याज''** की तरह जुड़ते जाते हैं, उनके बारे में कोई जानकारी नहीं दी जाती है। साथ ही, अगर जनमानस को यह पता लगे, कि **तम्बाकू किसी भी आयु में छोड़ना लाभकारी** होता है, और अगर **30 वर्ष से कम आयु में छोड़ने से तो जीवन-लाभ पूरा-पूरा मिलता है** (6 से 10 वर्षों का) तो बताइये भला कौन ऐसा नहीं करना चाहेगा?

2) **तम्बाकू खाने-पीने वालों का लापरवाह रवैया-** यह दूसरी समस्या है। मात्र 12% से 15% तक इसे अगले माह में छोड़ने को सोचते हैं और लगभग 70% से अधिक इसे अगले एक वर्ष तो कम-से-कम छोड़ना नहीं चाहते हैं। अधिकांश को इसे छोड़ने को कहें तो मजबूत इच्छा-शक्ति का दावा कर कभी भी छोड़ देने या कभी उसकी कमी का तर्क दे छोड़ने का निर्णय नहीं कर पाने के परिणामवश, इसे खाते-पीते रहते हैं।

3) **डॉक्टर तक पहुँच की स्थिति-** लगभग आधे ही धूम्रपायी और तम्बाकू चबाने वाले अस्पतालों तक पहुँचते हैं। इनमें से भी केवल आधे ही धूम्रपायी और एक-तिहाई से भी कम तम्बाकू चबाने वालों को ही इसे छोड़ पाने की डाक्टरी सलाह मिल पाती है। इन आंकड़ों के आधार पर यह भी कहा जा सकता है कि 75% से अधिक धूम्रपायी और तम्बाकू चबाने वाले, डॉक्टरों की इसे छोड़ने की सलाह से भी अब तक पूरी तरह वंचित रह रहे हैं।

4) **डॉक्टर क्यूं नहीं कर पाते हैं सभी तम्बाकू उपभोगियों का उपचार-** सबसे महत्वपूर्ण कारण है, समूचे पाठ्यक्रम में तम्बाकू उपचार के प्रशिक्षण का अभाव। इस बात को भी नकारा नहीं जा सकता कि अधिकांश डॉक्टरों की जीवनचर्या अत्यंत व्यस्त है, अन्य प्रोफेशनल्स की तुलना में। तीसरा कारण है वर्तमान स्वास्थ्य व्यवस्था में तम्बाकू के उपचार की सुविधा का अभाव और बढ़ी हुई व्यावसायिकता के चलते तम्बाकू के उपचार करने पर मिलने वाली फीस की नगण्यता। और, अंत में, तम्बाकू उपचार का महत्वपूर्ण भाग है काउन्सलिंग जो कि डॉक्टरों को लगता है कि यह उनका काम नहीं है।

समाधान- उपरोक्त कारण को आसानी से साधा जा सकता है यदि हर डॉक्टर अपने तम्बाकू-उपभोगी रोगी को मात्र तीन मिनट का समय दे सके। आइये देखें कैसे ऐसा संभव है:

इसके सबसे महत्वपूर्ण प्रमाण मिलते हैं यू.एस.ए. से जारी

क्लिनिकल प्रैक्टिस गाइडलाइन्स के दूसरे संकलन से (वर्ष 2008 में प्रकाशित; यह ऑन-लाइन भी उपलब्ध है)। इसके अनुसार **यदि एक डॉक्टर मात्र 3 मिनट का भी परामर्श किसी तम्बाकू उपभोगी को देता है तो उसके इसे छोड़ने की संभावना 50% बढ़ जाती है**- परामर्श का मुख्य उद्देश्य रोगी (याने तम्बाकू उपभोगी) को यह बतलाना होता है कि अब जब वह तम्बाकू नहीं खायेगा-पियेगा तो उसके स्थान पर वह क्या करेगा; और, जो अपने में यह व्यवहार परिवर्तन कर पाता है वह इसे छोड़ने में पूर्णतया सफल हो जाता है। सफलता से तम्बाकू छोड़ने की यह संभावना लगभग दोगुनी हो सकती है यदि परामर्श के साथ उपचार हेतु उचित औषधियों को 6 से 12 सप्ताहों तक आवश्यकता अनुसार दिया जाये- इन्हें देने से तम्बाकू छोड़ने से जुड़ी ललक (क्रेविंग) और अन्य प्रतिकार लक्षणों की तीव्रता कम की जा सकती है। इनका अधिकतम सम्भावित खर्च हो सकता है रु.15 हज़ार (हालाँकि अधिकांश रोगी इन औषधियों को 4 सप्ताह से अधिक नहीं लेते हैं; परिणामवश, उनका सम्भावित खर्च ढाई से 3 हज़ार ही होता है)।

अब भारत से भी इस तरह की सफलता के उदाहरण प्राप्त हो चुकें हैं, वड़ोदरा, गुजरात में टी.बी. रोगियों में किये एक अध्ययन से और इस लेखक द्वारा जयपुर के एस.के.सोनी अस्पताल (वर्तमान में मणिपाल अस्पताल) में 2012-14 में विकसित किये गए मॉडल से। दोनों ही अध्ययनों में 3-मिनट के दिए गए परामर्श-उपचार की सफलता की दर 50% से अधिक पायी गयी थी।

अतः यदि ऐसा भी होने लगेगा तो **भारत में डॉक्टरों (अथवा** परिचारिकाओं) के हर उपभोगी को दिए मात्र 3 मिनटों से 1.15 करोड़ तम्बाकू उपभोगी केवल कुछ ही समय में, इसे सफलता से छोड़ पायेंगे। परिणामवश, वर्तमान में व्याप्त तम्बाकू छोड़ने की 2% से भी कम सफलता-दर में प्रभावी बढ़ोतरी हो सकेगी। **अतः हमारा लक्ष्य होना चाहिए** कि सभी 100% तम्बाकू उपभोगी अस्पतालों तक पहुँच पायें (जैसा कि होना भी चाहिए क्योंकि **हर तम्बाकू उपभोगी एक रोगी होता है**); और, उन सभी को डॉक्टरों के द्वारा इसे छोड़ने हेतु एक विस्तृत उपचार ना भी मिल सके तो मात्र 3-मिनट का परामर्श-उपचार तो हर चिकित्सकीय परामर्श के साथ अवश्य मिलने लगे। यदि इस उपचार का जुड़ाव स्वास्थ्य बीमें के साथ स्थायी तौर से हो जाए तो निश्चित ही हर कोई उपभोगी इससे वांछित रूप से लाभान्वित हो सकेगा।

और, यदि डॉक्टर्स, अपने रोगी प्रबंधन और परीक्षण कक्षों से निकल, एक रोल-मॉडल की तरह, तम्बाकू-मुक्त जीवन बीता अपने कार्यस्थलों को भी तम्बाकू-मुक्त बनाने लगें; और, अपने विशिष्ट संगठनों द्वारा हर सदस्य-डॉक्टर को: (अ) प्रत्येक तम्बाकू उपभोगी को हर एक चिकित्सकीय अवसर पर तम्बाकू छोड़ने में सहायता देने हेतु प्रेरित ही नहीं संतोषजनक तरीके से प्रशिक्षित कर; (ब) उनके इस कार्य को ऑडिट कर; और, (स) अपने सर्वश्रेष्ठ साथियों को सार्वजनिक स्तर पर पुरस्कृत भी कर सकें, तो सरकार और परिवारों का तम्बाकूजनित रोगों की व्यवस्था पर खर्च तो कम होगा ही, भारत में तम्बाकूजनित रोगों से होने वाली मृत्यु दर में भी महती कमी होने लगेगी।

तम्बाकू उपचार में नर्सेज की भागीदारिता बढ़े

आवश्यक और सामयिक भी

सन्दर्भ: भारत के वयस्कों में तम्बाकू उपभोग पर हुए दूसरे चक्र के सर्वेक्षण (वर्ष 2016-17) के आँकडे दर्शाते हैं कि जहाँ तम्बाकू छोड़ने की दर अब भी 2% से कम ही है, देश (और राजस्थान प्रदेश में भी) लगभग 80% तम्बाकू उपभोगी अगले एक वर्ष में तम्बाकू उपभोग नहीं छोड़ना चाहते हैं। साथ ही, मात्र 50% धूम्रपायी और 45% तम्बाकू चबाने वाले जब अस्पतालों में अन्य उपचार के लिए जाते हैं तो इनमें से 55% धूम्रपायियों और 32% तम्बाकू चबाने वालों को ही इन्हें छोड़ने हेतु चिकित्सकीय राय मिल पाती है; अर्थात, **कुल धूम्रपायियों और तम्बाकू चबाने वालों में से 75% से अधिक तम्बाकू उपभोगी रोगियों को वर्तमान उपचार व्यवस्था में तम्बाकू छोड़ने हेतु कोई राय नहीं मिल पा रही है।**

भारत में तम्बाकू उपभोग तो निश्चित ही घटा है पर क्या यह पर्याप्त और संतोषजनक है!? सात वर्षों (2009-10 से 2016-17 तक) में छः प्रतिशत की कमी ने देश में कईयों को हर्षित किया विशेषकर प्रादेशिक स्वास्थ्य विभागों और उनमें कार्यरत तम्बाकू नियंत्रण कर्मियों व गैर-सरकारी संस्थाओं को। परन्तु, जहाँ बात संख्या में की जा रही हो, वहाँ 26.5 करोड़ में से 81 लाख की कमी अपेक्षाकृत छोटी ही कही जायेगी। क्या इस संख्या में बढ़ोतरी हो सकती थी? इसका उत्तर संदर्भित किये आँकड़ों में परिलक्षित हो रहा है। यदि तम्बाकू नियंत्रण के सभी आयामों के प्रवर्तन का मूल्यांकन करेंगे तो पता लगेगा कि, अन्य कारकों के साथ (विशेषकर तम्बाकू पदार्थों के छद्म विज्ञापन की भरमार), तम्बाकू उपचार को वर्तमान स्वास्थ्य सेवा में राष्ट्रव्यापी स्तर पर अब तक संतोषजनक तरीके से समाहित नहीं कर पाना देश के राष्ट्रीय तम्बाकू नियंत्रण कार्यक्रम की एक दुःखद व महती कमजोर कड़ी है।

ऐसा क्यों हुआ है? इसके निम्न कारण प्रमुख प्रतीत होते हैं:

1. अब तक देश में तम्बाकू नियंत्रण के प्रयासों में, विशेषकर तम्बाकू उपभोगियों में, इसे छोड़ने से मिलने वालों के लाभों के प्रति जागरूकता, शिक्षा और प्रोत्साहन की नितांत कमी है- मूलतः

यह जानकारी कि जहाँ इसे समय से छोड़ पाने से 6-से-8 वर्षों की संभावित जीवन-क्षति के साथ-साथ घातक गैर-संक्रामक रोगों पर होने वाले खर्चों से बचा जा सकता है, तम्बाकू खाने-पीने को किसी भी आयु में छोड़ना लाभकारी ही होता है। अधिकांश तम्बाकू उपभोगी इसकी हानियों में भी मात्र इतना ही जानते हैं कि तम्बाकू मारक है अथवा केन्सर करता है, यह नहीं कि तम्बाकू पदार्थों के उपभोग से हृदयघात, पक्षाघात, मधुमेह, साँस के रोग- अस्थमा, टी.बी., मुँह व दाँतों के कई रोग भी होते हैं;

2. **तम्बाकू खाने-पीने को अब तक एक शौक अथवा आदत माना गया है जबकि डब्ल्यू.एच.ओ. द्वारा इसे एक रोग माना गया है और इसके उपभोगियों को एक रोगी।** अतः यह प्रश्न उचित लगते हैं कि: (अ) क्यों भारत के स्वास्थ्य तंत्र में अब तक इस अनुशंसा को समाहित नहीं किया गया है; और (ब) क्यों अब तक इसकी उपचार व्यवस्था का अभाव बना हुआ है;

3. **चिकित्सकों और परिचारिकाओं की औपचारिक शिक्षा के पाठ्यक्रम में तम्बाकू उपचार को अब तक सम्मिलित नहीं किया जा सका है;** और न ही इस हेतु इसे इनकी सतत् शिक्षा (सी.एम.ई.) के आवश्यक भाग के रूप में कार्यशालाओं, गोष्ठियों, इत्यादि, में पर्याप्त समय दिया जाता है ताकि इन चिकित्साकर्मियों को एक वांछित और उपयोगी सशक्तिकरण प्रदान किया जा सके; और,

4. वर्तमान में स्वस्थता पर बढ़ते व्यापारीकरण के अंतर्गत कई अन्य रिस्क-गुणकों को स्थापित कर जहाँ बीमा राशि में बदलाव-बढ़ोतरियाँ की गयी हैं, **अधिकांश बीमा कंपनियों द्वारा तम्बाकू को एक महत्वपूर्ण रिस्क-गुणक मान तम्बाकू उपभोगियों से अधिक बीमा राशि भरवाने का प्रावधान नहीं है।**

तो, कैसे निवारण हो इस जनस्वास्थ्य समस्या का? यह निश्चित ही हर्ष का विषय है कि राष्ट्रीय तम्बाकू नियंत्रण कार्यक्रम के अंतर्गत

पिछले दो वर्षों से चिकित्सकों को प्रादेशिक और जिला स्तरों पर इस हेतु **मास्टर ट्रेनर्स** के रूप में प्रशिक्षित किया जाने लगा है, इस उद्देश्य के साथ कि ये प्रशिक्षित चिकित्सक अपने जिले में **तम्बाकू उपचार क्लिनिक** संचालित कर पाने के साथ मानवीय संसाधन में भी बढ़ोत्तरी कर पायेंगे। परन्तु, विकसित देशों के अब तक के विश्लेषणों से यह स्पष्ट है कि **चिकित्सक, समयाभाव के अतिरिक्त, रोगों की रोकथाम के प्रति एक अपेक्षाकृत निष्क्रिय रवैये और अनुपातिक आर्थिक व्यावसायिक लाभ नहीं मिल पाने के चलते ऐसा नहीं कर पाते हैं जब तक कि वे विशिष्ट रूप से तम्बाकू उपचार से नहीं जुड़े हुए होते हैं।** तो यह एक अहम् प्रश्न हो सकता है कि फिर भारत में ऐसा किस प्रकार फलीभूत हो पायेगा ?

इस हेतु **एक उपाय** जो सबसे अधिक उचित व सामयिक लगता है वह है राष्ट्रीय तम्बाकू नियंत्रण कार्यक्रम के अंतर्गत तम्बाकू उपचार की एक विशिष्ट दलीय व्यवस्था स्थापित कर चिकित्सकों के साथ **नर्सेज** व **अन्य स्वास्थ्यकर्मियों को जोड़ पाना।** इससे हर तम्बाकू उपभोगी जब भी इनके संपर्क में आएगा, ये सभी स्वास्थ्यकर्मी भी बारी-बारी से तम्बाकू खाना-पीना छोड़ने हेतु इन्हें प्रेरित-प्रोत्साहित कर सकेंगे। साथ ही, एक वृहद ना सही किंतु कम समय में ही एक छोटा परामर्श दे पायेंगे; और, जिन उपभोगियों में इसके उपचार के प्रति झुकाव/सहमति देखने को मिलेगी, उन्हें तम्बाकू-उपचार हेतु निर्धारित चिकित्सक तक पहुँचा उचित परामर्श और औषधिक उपचार दिलवा पायेंगे।

इसका प्रमाण भी मिला, जयपुर एक अस्पताल में जहाँ 571 पंजीकृत तम्बाकू उपभोगी रोगियों के एक छोटे-उपचार (मिनिमल इंटरवेंशन) में चिकित्सक (349 रोगी) बनाम नर्सेज (181 रोगी) की सफलता का अनुपात 1.65:1 देखा गया। परन्तु, इससे मिले व्यक्तिगत अनुभव के आधार पर यह कहने में कोई हिचक नहीं है कि जहाँ नर्सेज का रवैया तम्बाकू उपचार को सीखने और लागू करने के प्रति सकारात्मक और सक्रियता से परिपूर्ण था, चिकित्सकों के रवैये में अनुपातिक उर्जा का अभाव था।

अतः अब तक के चिकित्सकीय अनुभवों से मेरी यह मान्यता है कि नर्सेज में इस कार्य हेतु कर्मठता और संवेदना के गुण तो हैं ही, उनके द्वारा एक चिकित्सक की अपेक्षा, रोगी-सेवा में अधिक समय बिता पाने के कारण, रोगी को तम्बाकू उपभोग छोड़ने हेतु विशिष्टता से प्रेरित कर पाना अधिक सम्भव होता है। अतः, **यदि देशव्यापी स्तर पर राष्ट्रीय तम्बाकू नियंत्रण कार्यक्रम के अंतर्गत नर्सेज की नीतिगत तरीके से तम्बाकू उपचार जिम्मेदारी परिभाषित दी जाये तो उनकी सहभागिता से वर्तमान स्वास्थ्य तंत्र में तम्बाकू उपभोगियों से इसे छुड़वाने में अधिक सफलता प्राप्त हो सकेगी।** तब ही देश-प्रदेश तम्बाकू छोड़ने की दरों में सुधार ला पायेगा। परिणामवश, तम्बाकू उद्योग की घटती ग्राहकी उसको व उसके हितकारी अग्रणी समूहों को वैकल्पिक उद्योगों हेतु प्रेरित करेगी, सो अलग।

क्विटलाइन– तम्बाकू छोड़ने के लिए टेलीफोन से लें परामर्श

यह हार्दिक प्रसन्नता का विषय है कि भारत में वयस्कों पर हुए दूसरे वैश्विक तम्बाकू उपभोग सर्वेक्षण (गेट्स 2- वर्ष 2016-17) से यह पता लगा है कि धूम्रपायियों में इसे छोड़ने की सोच 8.8% बढ़ी है (46.6% से बढ़कर 55.4%); और, तम्बाकू चबाने वालों में यह दर 4.4% बढ़ी है (45.2% से बढ़ कर 49.6%)।

परन्तु, क्या देश तैयार है इस बढ़ी सोच का लाभ उठाने को? तैयारी तो चल रही है, वर्ष 2001 से ही, जब विश्व स्वास्थ्य संगठन के भारत स्थित कार्यालय की सहभागिता में भारत सरकार के स्वास्थ्य मंत्रालय ने **टोबेको सिजेशन सेन्टर प्रोजेक्ट** (टी.सी.सी. प्रोजेक्ट) को भारत के 13 प्रमुख चिकित्सा केन्द्रों के द्वारा लागू किया– राजस्थान के जयपुर स्थित भगवान महावीर केन्सर अस्पताल सहित। तत्पश्चात, वर्ष 2010 में इन केन्द्रों की संख्या में बढ़ोतरी कर इसे 19 केन्द्रों से चलाया गया– राजस्थान में बदलाव के साथ इसे जयपुर से जोधपुर स्थित मेडिकल कॉलेज में स्थानान्तरित कर दिया गया। इस प्रोजेक्ट में कुल 34,741 तम्बाकू उपभोगियों में से 14% इसे 6 सप्ताह या उससे अधिक समय के लिए छोड़ पाए। परन्तु, इसे भारत जैसे विशाल देश के लिए कई कारणों से अपर्याप्त माना गया– मुख्यतः तम्बाकू उपभोगियों की एक बड़ी संख्या के सन्दर्भ में (27 करोड़ से अधिक) जिसका एक बड़ा भाग ग्रामीण इलाकों में था, जब कि ये केंद्र देश के केवल कुछ बड़े शहरों के अति विशिष्ट उपचार केन्द्रों में ही स्थापित किए गए थे।

तत्पश्चात, तम्बाकू छुड़वाने हेतु भारत सरकार ने एक और मुहिम जारी की; **राष्ट्रीय तम्बाकू नियन्त्रण कार्यक्रम** (एन.टी.सी.पी.) के अंतर्गत– देश के सभी 30 प्रदेशों और 1 केंद्र शासित ईकाई के सभी जिलों में क्रमवार तरीके से, तम्बाकू-मुक्ति क्लीनिकों की स्थापना कर; और, इनके संचालन से, इस कार्यक्रम के अंतर्गत प्रशिक्षित चिकित्साकर्मियों द्वारा। क्योंकि इसे अब तक सभी प्रदेशों में पूरी तरह लागू नहीं किया जा सका है, अतः इसके परिणामों की व्याख्या नहीं की जा सकती है।

विगत डेढ़ वर्ष में स्वास्थ्य मंत्रालय ने दो और कार्यक्रमों को पिरोया तम्बाकू उपभोगियों को तम्बाकू छुड़वाने हेतु में तेजी लाने के लिए– **एम-सीजेशन** मोबाइल फ़ोन पर सहायता और **राष्ट्रीय क्विटलाइन**, सरकारी नि:शुल्क टेलीफोन परामर्श सेवा। जहाँ एम-सीजेशन के द्वारा 011-22901701 पर एक मिस्ड कॉल दे अथवा वेबसाइट पर पंजीकरण करा अपने फ़ोन पर प्रतिदिन अथवा साप्ताहिक तौर से इस सन्देश सेवा का लाभ लिया जा सकता है, राष्ट्रीय क्विटलाइन हेतु 1800-11-2345 पर कॉल कर पंजीकृत करने पर इसके परामर्शदाता कॉलर को कॉल कर तम्बाकू छुड़वाने हेतु सहायता प्रदान करते हैं और तत्पश्चात अगले एक माह में तीन और कॉल कर कॉलर के प्रयास को मजबूती देते हैं।

जहाँ एम-सीजेशन पर जनवरी से अक्टूबर 2016 तक लगभग 20 लाख तम्बाकू उपभोगी पंजीकृत हुए, राष्ट्रीय क्विटलाइन पर मई 2016 से मई 2017 तक इंटरएक्टिव वाइस रिकॉर्डिंग सेवा पर 60,222 तम्बाकू उपभोगी हुए। एम-सीजेशन के परिणामों की जानकारी नहीं ज्ञात हो पायी है परन्तु राष्ट्रीय क्विटलाइन ने कुल 1,11,603 काल्स के द्वारा एक वर्ष के अंतराल में 5,179 कॉलर्स (अधिकतम यू.पी. से) में से 38.81% को तीन से पाँच सप्ताह तम्बाकू छुड़वाये रहने की सफलता प्राप्त की।

देश में क्विटलाइन्स का इतिहास एक दशक से भी कम का ही है। सर्वप्रथम इसे **अमेरिकन केन्सर सोसाइटी** ने दिसम्बर 2009 में भारतीय कॉर्पोरेट जगत के लिए लागू किया। फिर वर्ष 2012-13 में तमिलनाडू में इसकी पुनरावृति की, **पाप्युलेशन सर्विसेज इंटरनेशनल** (पी.एस.आई.) के नई दिल्ली व चेन्नई स्थित कार्यालयों ने, अमेरिकन केन्सर सोसाइटी के तकनिकी सहयोग से। हालाँकि दोनों ही सेवाओं ने अपेक्षित सफलता प्राप्त की (30% दर के साथ), आंतरिक संसाधनों की कमी और पर्याप्त सरकारी सहयोग व कॉर्पोरेट सहभागिता न मिल पाने से इन्हें बंद कर देना पड़ा। वर्ष 2012 में ही मुंबई में एक और कॉर्पोरेट (**जॉनसन एंड जॉनसन**) ने नेशनल तंबाकू सीजेशन

क्विटलाइन नामक सेवा शुरू की। इसके परिणाम ज्ञात नहीं हो पाए हैं।

राजस्थान में वर्ष 2013 से ही प्रादेशिक मेडिकल हेल्पलाइन के अंतर्गत अनौपचारिक रूप से क्विटलाइन सेवा जारी है, पहले इसे सरकार ने प्राइवेट सहभागी पीरामल फाउंडेशन की ईकाई पीरामल स्वास्थ्य के द्वारा जुलाई वर्ष 2016 तक चलाया। तत्पश्चात, मई 2017 से इसे प्राइवेट सहभागी जी.वी.के. के द्वारा संचालित किया जा रहा है। वर्ष 2013 और वर्ष 2014 में इस सेवा ने 3,373 तम्बाकू उपभोगियों को लाभान्वित कर इनके एक वर्ष से अधिक के फॉलो-अप में 19.5% की सफलता प्राप्त करी जो कि भारत की अब तक की सभी क्विटलाइनों में एक वर्ष के लम्बे अन्तराल पर सबसे अधिक है; और, तम्बाकू छोड़ने की राष्ट्रीय और प्रादेशिक दरों के मुकाबले में 9 गुना अधिक है। यह भी तब जब कि इसकी कार्यकारी व्यवस्थाएँ-सुविधाएँ अन्य सभी क्विटलाइनों की तुलना में उन्नीस ही हैं; और, अन्य क्विटलाइन सेवाओं की भांति, इसे भी परामर्शदाताओं के अस्थायित्व, प्रचार-प्रसार में कमी, इत्यादि, की चुनौतियों का सामना करना पड़ रहा है।

राष्ट्रीय क्विटलाइन के समतुल्य सफलता प्राप्त यह सेवा सप्ताह के सातों दिन प्रातः 7 बजे से रात्रि के 9 बजे तक समूचे प्रादेशिक स्तर पर निःशुल्क टेलीफोन न. 104 डायल कर पायी जा सकती है। बचे समय पर यदि कोई कॉल करता है तो परामर्शदाता उसके बताये मोबाइल फोन न. पर कॉल कर उसे यह सेवा प्रदान करते हैं। तत्पश्चात, अगले एक वर्ष में, कम-से-कम 3-6 बार, कॉलर को उससे निर्धारित किये पूर्व-निश्चित समय कॉल कर उससे उसके तम्बाकू-मुक्ति के परिणाम को जाना जाता है; और, यदि उसने अब तब तम्बाकू नहीं छोड़ा है अथवा फिर से उसका उपभोगी हो गया है तो उसे पुनः इस हेतु सलाह/परामर्श दिया जाता है। साथ ही, नियमितता से इस सेवा की गुणवत्ता को लेखक, एक क्विटलाइन विशेषज्ञ भी, द्वारा परखा जाता है और परामर्शदाताओं को भी सततता से प्रशिक्षित किया जाता है।

अतः राजस्थान में ही नहीं राष्ट्रीय स्तर पर भी, हर तम्बाकू उपभोगी को घर बैठे अथवा अपनी सुविधा के अनुसार, पूर्ण गोपनीयता से दी गयी और गुणवत्ता से परिपूर्ण इन निःशुल्क क्विटलाइन सेवाओं का (उपरोक्त दिए गए विशिष्ट नम्बरों पर कॉल कर) का पूरा-पूरा लाभ उठाना चाहिए। केंद्र और राजस्थान सरकारों के स्तर पर भी आवश्यक है कि जनमानस में तम्बाकू छोड़ने के लाभों के साथ-साथ इनकी उपस्थिति की जानकारी व्यापकता से बढ़ायी जाये। तब ही तम्बाकू उपभोगी और सरकारें इनसे लाभान्वित हो सकेंगे; और, देश-प्रदेश में तम्बाकू-सेवन व इसके रोगों-मृत्युओं का बोझ थोडा और कम हो सकेगा।

तम्बाकू उपभोगियों का उपचार कब तक नहीं होगा?

देश में साढ़े छब्बीस करोड़ से भी अधिक व्यस्क तम्बाकू उपभोगियों की तात्कालिक व अत्यावश्यक समस्या है कि उन्हें उपचार कब मिलेगा और कौन देगा!? आइये पहले देखें इस समस्या का बोझ, कारण, जटिलताएं और समाधान:

गेट्स-2 (भारत में व्यस्क तबाकू उपभोगियों के सर्वेक्षण का दूसरा चक्र- 2016-17) से यह ज्ञात हुआ कि जहाँ पिछले सात वर्षों में तम्बाकू के उपभोग को आरंभ करने की औसत आयु में एक वर्ष की बढ़ोत्तरी हुई है, वहाँ (अ) कुल उपभोगियों की व्यसनशीलता में मात्र 1.7% की ही कमी हुई है और (ब) दोनों तरह की तम्बाकू छोड़ने की दरों में कोई बढ़ोत्तरी नहीं हुई है। इसके कारण निम्न हैं:

पहला कारण है तम्बाकू उपभोग के प्रति व्यास सामाजिक सोच और स्वीकृति- जहाँ धूम्रपान अब अधिकाँश को स्वीकृत नहीं है, चबाने वाली तम्बाकू को अभी एक मौन स्वीकृति मिली हुई है क्योंकि इससे किसी दूसरे को सीधे-सीधे और लघु-काल में कोई हानि नहीं होती है, सिवाय गरीब परिवारों के, जहाँ रोटी-कपडा-मकान पर किया जा सकने वाली धनराशि का एक अहम् भाग (10%-15%) परिवार का मुखिया अपने निर्थक शौक पर खर्च कर रहा होता है।

दूसरा कारण है तम्बाकू उपभोग को स्वतः ही नहीं छोड़ पाना- आमजन और तम्बाकू उपभोगियों में यह भ्रान्ति है कि तम्बाकू को प्रबल इच्छाशक्ति से कभी भी छोड़ा जा सकता है। परन्तु, गेट्स 2 के आंकड़ों से यह स्पष्ट है कि यह मात्र कथन ही है, सच्चाई नहीं, क्योंकि न केवल मात्र 38.5% धूम्रपायी और 33.2 गैर-धूम्रपायी उपभोगियों ने ही इन्हें छोड़ने का प्रयास किया है, लगभग 20% तम्बाकू उपभोगी ही इसे अगले एक वर्ष में छोड़ना चाहते हैं। शेष उपभोगी या तो इसे छोड़ना ही नहीं चाहते हैं (49%-52.5%) अन्यथा इसे एक वर्ष बाद छोड़ने का मानस रखते हैं (24%-27%)।

तीसरा कारण है चिकित्साकर्मियों की अज्ञानता से व्यास निष्क्रियता, व्यस्तता और अन्य चिकित्सकीय प्राथमिकतायें जिसके लिए वर्तमान में सुरसा-की-जीभ से बढ़ते प्राइवेट स्वास्थ्य तंत्र को भी जिम्मेदार ठहराना अनुचित ना होगा जहाँ तम्बाकू उपचार-सेवा का सर्वथा अभाव है। अतः गेट्स 2 से मिले यह आँकड़ें निराशाजनक लगते हैं जो यह इंगित करते हैं कि सभी तम्बाकू-उपभोगियों में से अस्पतालों में अपने अन्य रोगों के उपचार के लिए गए रोगियों में से लगभग 50% उपभोगियों को ही तम्बाकू उपभोग के बारे में पूछा जाता है; और, ~55% धूम्रपायियों और ~32% गैर-धूम्रपायियों को ही इसे छोड़ने की सलाह दी जाती है।

ऐसा सर्वत्र देखा जा सकता है कि चिकित्साकर्मी रोगों की रोकथाम पर अभी तक अपना ध्यान केन्द्रित करने के प्रति ना तो सजग हैं ना ही इसमें शिक्षित-प्रशिक्षित होना चाहते हैं। देश की सभी चिकित्सा गोष्ठियों में ना तो तम्बाकू रोगों की रोकथाम और इसके उपचार को प्राथमिकता दे आयोजनों के मुख्य सत्रों में सम्मिलित किया जाता है; और, ना ही दूर-दराज से आये प्रतिभागी इनके विशिष्ट सत्रों में भाग लेते हैं या वे चाह कर भी ऐसा नहीं कर पाते हैं क्योंकि तब कोई अन्य सर्व-प्रिय चिकित्सकीय सत्र भी समानांतर रूप से चल रहा होता है।

तो जहाँ तम्बाकूजनित रोगों पर चर्चा नहीं हो रही है, कोई विख्यात, प्रतिष्ठित चिकित्सक इसके रोगजनन (पेथोजिनेसिस) और विशिष्ट उपचार पर जानकारी नहीं दे रहा हो, कैसे कोई उभरता चिकित्सक - ज्ञानार्जन और प्रेरणा-स्रोत (रोल-मॉडल) के अभाव में, तम्बाकू की रोकथाम और उसके उपचार को अपने रोजमर्रा के चिकित्सकीय कार्यों में प्राथमिकता दे सकता है?

देश के राष्ट्रीय तम्बाकू नियंत्रण अभियान की अब तक भी यह एक महती कमी है कि जनजागरूकता कार्यक्रमों में तम्बाकू उपभोग को एक रोग और तम्बाकू उपभोगी को एक रोगी नहीं बतलाया जाता है। साथ ही, वर्तमान में अस्पतालों में तम्बाकू उपभोगियों की: (अ) रोगियों की तरह पहचान कर उन्हें उपचार लेने हेतु प्रेरित और प्रोत्साहित नहीं किया जाता है; और, (ब) ना ही उन्हें रोगियों की

तरह वर्गीकृत किया जाता है जैसा कि विश्व स्वास्थ्य संगठन के रोगों की अंतरराष्ट्रीय कोडिंग-10 प्रणाली (आई.सी.डी.-10) में विभिन्न तम्बाकूओं से निकोटीन के उपभोग (प्रयोगात्मक यदा-कदा उपभोग), दुष्प्रयोग (आदत होना जबकि इससे हो रही हानियों की जानकारी है) और व्यसन (हर गतिविधि करने हेतु तम्बाकू पर निर्भरता) को अलग-अलग वर्गीकृत करना अनुशंसित किया गया है।

तो, जब तक चिकित्सा व्यवस्था में यह नहीं पता लगता कि : (1) कितने रोगियों में तम्बाकू उपभोग एक महत्वपूर्ण कारक है; (2) इनमें से कितनों को विशिष्ट रूप से तम्बाकू उपभोग हेतु उपचार दिया गया है; (3) कितनों को इसका लाभ मिला है; अथवा, (4) कितने इनमें से तम्बाकू-उपभोग के कारण ही मरे हैं, **तम्बाकू उपभोग के उपचार के प्रति उदासीनता यों ही बनी रहेगी।**

पर क्या चिकित्सा तंत्र ही इसका दोषी है? पूरी तरह से तो बिलकुल नहीं, क्योंकि जब तक कि वर्तमान में व्याप्त जनचेतना ही नहीं **सामाजिक मूल्यों और सरोकार में बदलाव** नहीं आ पाता है, चिकित्सा क्षेत्र में यह परिवर्तन कठिनता से आ पायेगा। अतः यह आवश्यक है कि **यदि आपका अपना कोई सम्बन्धी या जानकार तम्बाकू उपभोगी है तो उसे अन्य रोगों के समान उपचार हेतु अस्पताल जाने हेतु ना केवल प्रेरित-प्रोत्साहित ही किया जाये अपितु उसके लिए उचित संदेश-वाहक** (परिवारजन, मित्र, सहकर्मी-सहयोगी, इत्यादि) **के माध्यम से दबाव भी डाला जाये।** और, यदि वह ऐसा स्वयं नहीं कर पा रहा है तो उसके साथ जा सम्बंधित चिकित्सक को इस हेतु

विशिष्टता से उपचार देने की लिए कहें। यदि वह चिकित्सक ऐसा करने में समर्थ नहीं है तो उससे इस उपचार को दे सकने हेतु विशेषज्ञ-चिकित्सक/ विशिष्ट चिकित्सा-सेवा हेतु उपलब्धता की जानकारी दे वहाँ भेजने (रेफर) हेतु विनती करें।

समस्त राजकीय और प्राइवेट चिकित्सकीय प्रबंधनों का भी यह अहम् दायित्व है कि वे राष्ट्रीय तम्बाकू नियंत्रण कार्यक्रम के अंतर्गत अनुशंसित-प्रदत तम्बाकू उपचार को संतोषजनक तरीके से स्थापित-प्रचलित करें। राज्य के चिकित्सा तंत्र को भी इस हेतु सभी चिकित्सा केन्द्रों व चिकित्साकर्मियों को पाबंद करना चाहिए। और, यदि इसमें कोई लापरवाही होती दिखे तो यह तंत्र उन्हें प्राथमिकता से लामबंद और/अथवा दण्डित भी करे।

यह भी एक तथ्य है कि **जहाँ एक ओर जीवनपर्यंत तम्बाकू उपभोग से व्यक्ति को 6- 10 वर्षों के जीवन की हानि हो सकती है, दूसरी ओर यदि किसी भी तम्बाकू उपभोगी को उचित उपचार समय से मिल जाता है तो ना केवल उसे स्वस्थता की पुन: प्राप्ति के साथ-साथ तम्बाकूजनित रोगों से मुक्ति तो मिलती ही है, उसके शेष जीवन-काल में भी महती व गुणवत्ता-युक्त वृद्धि हो सकती है।** और, हालाँकि यह लाभ सबसे अधिक 30 वर्ष से कम की आयु में सबसे अधिक मिलता है, **तम्बाकू उपभोग किसी भी आयु में छोड़ना लाभकारी ही होता है।** तो, क्या अब आप अब भी किसी अपने को तम्बाकू उपचार दिला पाने में निष्क्रिय बने रहेंगे अथवा सशक्त-समर्थ हो सक्रिय बनेंगे..?

तम्बाकू उपभोगी उपचार के प्रति अपना दृष्टीकोण बदलें

तम्बाकू खाने-पीने में जो भी भागीदार हैं, उन सबका इसके उपचार के प्रति दृष्टीकोण अब तक नकारात्मक नहीं भी है तो निश्क्रियता का तो है ही। वर्ना कोई कारण नहीं कि तम्बाकू की हानियों के साथ-साथ इसके उपचार से प्राप्त लाभों की पर्याप्त जानकारी होने के पश्चात भी अब तक इसके उपचार के प्रति जो भी ध्यानाकर्षण, सहमति और परिवर्तन अपेक्षित हैं, वे तम्बाकू उपभोग के सभी भागीदारों तक भी नहीं पहुँच पाये। तो आइये, आज इन भागीदारों की श्रृंखला को नीचे से ऊपर से खंगालें, इनसे सम्बंधित कारकों और पहलूओं की जानकारी हेतु:

1. **तम्बाकू-उपभोगी रोगी-** अधिकांश के लिए यह सोच से परे ही है कि भला कोई तम्बाकू-उपभोगी क्यों कर इस जहरीले सेवन को स्वतः ही नहीं रोक पाता है अथवा उनकी भी अवहेलना, प्रताड़ना, दुःख-पीड़ा, क्रोध, अवसाद, अनदेखी, इत्यादि, करता रहता है जो कि अन्यथा उसके अपने हैं। इस पहलू के कुछ कारक तो स्पष्ट हैं:

(अ) **अधिकांश रोगी-उपभोगी यह नहीं जानते हैं कि तम्बाकू एक अत्यंत जहरीला पदार्थ है;** यह भी कि जहाँ चबाने वाली तम्बाकू में 3,000 रसायनों में से 250 निपट जहरीले और 30 केन्सर-कारक हैं तो धूम्रपायी तम्बाकू-सिगरेट, बीड़ी, हुक्का, इत्यादि, में तम्बाकू के जलाये जाने से इसमें उपस्थित रसायनों की संख्या बढ़ कर 7,000 हो जाती है जिनमें से 500 निपट जहरीले और 70 केन्सर-कारक होते हैं;

(ब) साथ ही, तम्बाकू-उपभोगी इस बात से भी अनभिज्ञ होते हैं कि इसका **जीवन पर्यंत उपभोग उसके सम्पूर्ण जीवन-काल में से उसके 6 से 8 या 10 वर्षों की आयु को भी कम कर देगा;**

(स) उनकी इस भ्रान्ति को भी दूर नहीं किया जा रहा है कि क्यों

किसी व्यक्ति में, जो कि तम्बाकू-उपभोगी नहीं है, वे रोग भी होते हैं जो कि एक तम्बाकू उपभोगी में होते हैं या यों यह कह लें कि **तम्बाकू-उपभोगियों को यह बताना भी आवश्यक है कि उनमें (प्रायः तम्बाकूजनित निर्धारित किये जाने वाले) रोगों के होने की संभावना 30 गुना अधिक है;**

(द) **तम्बाकू खाना-पीना एक आदत नहीं है अपितु यह एक नशा है जिसे कि तकनीकी तौर पर एक रोग और उसके उपभोगी को एक रोगी के रूप में वर्गीकृत करता है; और,**

(ध) जब तक कोई तम्बाकू-उपभोगी रोगी किसी जानलेवा रोग से उभर नहीं जाता तब तक वह **तम्बाकू उपचार** लेने को तत्पर भी नहीं होता है जबकि यह उपचार **घातक रोगों के उपचार से कहीं अधिक सस्ता है और प्रभावकारी भी;** और, इसका सामायिक उपचार ऐसे रोगियों को तत्पश्चात् तम्बाकू सेवन पर होने वाले खर्च के **साथ-साथ भविष्य में इससे होने वाले सम्भावित रोगों के खर्चों से भी मुक्त कर देता है;**

2. **चिकित्सक-** यह सर्वविदित है कि अपने तम्बाकू-उपभोगी रोगियों को अधिकांश चिकित्सक इसे छोड़ने का निर्देश देते हैं, वे भी तत्काल रूप से, विशेषरूप से तब जब कि वे अस्पताल में किसी रोग-विशेष उपचार हेतु भर्ती हों; और/या तब तो अवश्य ही जब कि उनकी कोई शल्य-चिकित्सा होने वाली हो। परन्तु, यह मात्र औपचारिकता ही प्रतीत होती है जब इसकी तुलना उनके द्वारा अन्य रोगों के उपचार के प्रति प्रतिबद्धतता व रूचि कहीं अधिक गंभीर व तात्कालिक होती है।

इसके कारण भी अब जान लिए गये हैं कि क्यों कोई चिकित्सक तम्बाकू-उपभोग को रोग का एकमात्र नहीं तो भी एक महत्वपूर्ण कारक जानने-मानने के भी पश्चात् भी इसको एक परिभाषित-

निर्देशित रूप से उपचारित नहीं करता है अथवा इसे उसके प्राथमिक रोग के साथ-साथ उपचारित करा लेने हेतु वे सब कदम तत्परता से नहीं उठाता है जो कि वह अन्य रोगों से जुड़ी जटिलताओं को उपचारित करने हेतु लेता है। ये कारण हैं:

(अ) स्वयं उसकी इस **विषय-विशेष की अज्ञानता**, क्योंकि यह विषय जोकि उसके पाठ्यक्रम में समाहित नहीं था, उसने कभी पढ़ा ही नहीं है; और, जो विषय पढ़ा ही नहीं तो उसे बारे में सोच आएगा ही कैसे!?

(ब) आज विशेषज्ञ-चिकित्सक से एक विशिष्ट चिकित्सा प्राप्त करने-देने का दौर है (रोगी और चिकित्सक दोनों के लिए ही)। आउटडोर या घरों पर रोगियों की लम्बी कतारों से निपटने की उसकी **व्यावसायिकता बनाम व्यक्तिगत जीवन जीने की अबूझ मज़बूरी** (प्रत्येक को उचित उपचार दे ले अथवा जो सभी कतार में हैं, उन्हें आज तो संतुष्ट कर दे नहीं तो कल उसके रोगियों की संख्या ही घटने लगेगी, उसे रोग के कारकों के उपचार हेतु कार्यरत बना ही नहीं पाती है);

(स) चिकित्सा-क्षेत्र में सुरसा-की-जीभ सा निरन्तर बढ़ता प्राइवेट सेक्टर, चिकित्सकों को भी उनके व्यावसायिक व्यवहार में **लाभ को प्राथमिकता** देने को प्रोत्साहित भी करता है और मजबूर भी! ऐसे में क्यों कोई भी चिकित्सक रोकथाम-से-उपचार (एक तम्बाकू-उपचार विशेषज्ञ बनने) के प्रति आकर्षित होगा जो कि एक महत्वपूर्ण जनस्वास्थ्य का मुद्दा है तो है किन्तु जिसमें आर्थिक लाभ के बारे में सोचना तो दूर, इससे होती हानि से जुड़ी समस्याओं से भी जूझना होगा, बिना किसी उचित भरपाई के? दूसरी ओर, यदि तम्बाकू उपचार को महँगा कर दिया जाये कि केवल उसे देने मात्र से एक चिकित्सक अपनी रोजी-रोटी भी अर्जित कर ले तो उतना खर्च करने की अधिकाँश तम्बाकू-उपभोगी रोगियों की ना तो मंशा है नहीं ही सामर्थ्य;

(द) यद्यपि चिकित्सकीय शिक्षा का एक महत्वपूर्ण अंग है-

उचित परामर्श परन्तु इस शिक्षा का स्वरूप और चिकित्सक का सामाजिक स्तर उसे एक **परामर्श-प्रधान उपचार देने** और अपने-आप को एक **परामर्शदाता की भूमिका को अपना पाने के लिए निरुत्साहित** ही रखता है।

3. **स्वास्थ्य-तंत्र-इसमें तीन बड़े प्रश्न हैं:**

(अ) सरकारी तंत्र में अब राष्ट्रीय तम्बाकू नियंत्रण कार्यक्रम के अंतर्गत तम्बाकू-उपचार को प्राथमिकता भी मिली है; और, एक उचित आर्थिक संबल भी। किन्तु, इसकी जानकारी अब तक भी उपलब्ध क्यों नहीं है कि इस उपचार को देने हेतु जिन **चिकित्सकों को जिला-या ब्लाक- स्तरों पर प्रशिक्षित किया गया है, वे इस हेतु कितने सफल हुए हैं?** इसी संदर्भ में, प्रश्न यह भी है कि (1) बिना किसी प्रोत्साहन-निगरानी-मूल्यांकन के कैसे उनकी इस सफलता को जाना जा सकेगा; और, (2) क्या राष्ट्रीय तम्बाकू नियंत्रण कार्यक्रम, जिसे राष्ट्रीय हेल्थ मिशन के अंतर्गत अन्य राष्ट्रीय स्वास्थ्य कार्यक्रमों के साथ लागू किया जा रहा है (जो कि अनुचित नहीं है), तम्बाकू उपचार में अपेक्षित लाभ/सफलता दे पायेगा;

(ब) **किस प्रकार प्राइवेट स्वास्थ्य सेवाएँ तम्बाकू उपचार को व्यापकता व सततता के साथ अपना पायेंगी** जब कि इससे मिलने वाला आर्थिक लाभ उन्हें नगण्य लगता है; (जबकि ऐसा है नहीं !) और,

(स) **तम्बाकू उपचार के खर्च का पुनर्भरण, सरकार और बीमा एजेंसियों द्वारा क्यों नहीं किया जा रहा है** जब कि इस पर खर्च हुई कुल राशि प्राथमिक रोग की तुलना में अत्यन्त छोटी है!?

अतः यह परमावश्यक है कि **तम्बाकू उपचार को सफलता से देने हेतु राष्ट्रीय नीति पुनर्निर्धारित हो; शीघ्रातिशीघ्र भी।** तब ही, प्राप्त हो सकेगी तम्बाकू- उपचार की उपयोगिता और इसे अपेक्षित प्राप्त हो सकने वाली तम्बाकू की माँग में कमी।

तम्बाकू-उपचार की चुनौतियाँ और समाधान

जब किसी देश की कुल आबादी 136 करोड़ हो, उस जनसंख्या का लगभग पाँचवा भाग तम्बाकू खाता-पीता हो और प्रतिदिन तम्बाकूजनित रोगों से होने वाली मृत्युओं की संख्या 4,000 से भी अधिक हो तो यह विचार उठना स्वाभाविक ही माना जाना चाहिये कि इस तम्बाकू-रोग के उपचार की देश के स्वास्थ्य-तंत्र में क्या स्थिति है।

कुछ महती जानकारियाँ उपलब्ध हुई हैं, दो राष्ट्रीय सर्वेक्षणों से- तम्बाकू-विशिष्ट गेट्स- 1 और 2 जो कि सात वर्षों के अंतराल पर किये गये (2009-10 के बाद 2016-17 में) :

1. भारत में कुल तम्बाकू उपभोग में आयी 6% की कमी, धूम्रपायियों के साथ-साथ गैर-धूम्रपायियों के सभी मुख्य उप-वर्गों में, क्रमश: कुल-, पुरुष-, महिला-, शहरी- व ग्रामीण-उपभोगियों में एक महती कमी जानी गयी;

2. तम्बाकू उपभोगी की 15- 24 वर्ष के युवाओं में सर्वाधिक कमी को सबसे अधिक महत्वपूर्ण माना गया; परन्तु, महिलाओं के 15-24 वर्ष के आयु वर्ग में धूम्रपान- और पुरुषों के 45-65 वर्ष और उससे अधिक की आयु में गैर-धूम्रपायी तम्बाकू उपभोग-की बढ़ी दरें चिंतनीय हैं;

3. तम्बाकू उपभोग को सफलता-से छोड़ने के कुल अनुपात में आयी कमी जो कि 2% से आगे नहीं बढ़ पायी, प्रभावी नहीं कही जा सकती है; फिर भी,

4. भारत में छ: में से एक धूम्रपायी का इसे छोड़ पाना एक सुखदायी जानकारी है- इनका प्रतिशत माध्यमिक शिक्षा अथवा उससे अधिक की गयी पढ़ाई वालों में (20.7%) और 65 वर्ष से अधिक आयु वालों में (31.2%) सर्वाधिक रहा। परन्तु, युवाओं और कर्मचारियों के साथ-साथ स्व-रोजगार करने वालों और घरेलू लोगों में (14%- 18%) यह प्रतिशत सेवानिवृत लोगों (33%) से कम रहा;

5. धूम्रपायी तम्बाकू उपभोगियों की अपेक्षा गैर-धूम्रपायी तम्बाकू उपभोगियों में इसे छोड़ने का अनुपात लगभग तीन गुना से थोड़ा ही कम दिखा (5.8% बनाम 16.8%)। तुलनात्मक रूप से देखें तो धूम्रपायियों के समान ही किन्तु महिलाओं, शहरी, माध्यमिक शिक्षा से अधिक पढ़े- और सेवानिवृत लोगों- में गैर-धूम्रपायी तम्बाकू उपभोग छोड़ने का अनुपात छोटा किन्तु अधिक रहा जब कि स्व-रोजगार करने वालों में यह अनुपात सबसे कम रहा;

6. तम्बाकू उपभोग छोड़ने में कई बार एक-से-अधिक (अनेक) प्रयास करने पड़ते है और अधिकांश उपभोगियों में इसका उपभोग पुन: आरम्भ हो जाता है- शारीरिक से अधिक मानसिक और सामाजिक कारणों से। दोनों ही वर्गों में इन्हें सफलता से छोड़ने वालों में से 10 वर्षों से अधिक छोड़े रखने वालों का प्रतिशत, 1 वर्ष से कम, 1 से 4 वर्षों तक व 5 से 9 वर्षों तक छोड़े रखने वालों के अनुपातों से अधिक था। किन्तु धूम्रपायी तम्बाकू उपभोगियों की अपेक्षा गैर-धूम्रपायी तम्बाकू उपभोगियों में यह प्रतिशत आधे-से-भी-थोड़ा कम ही रहा(27.9% बनाम 46.1%)।

तो, उपरोक्त सभी जानकारियों की पृष्ठभूमि के सन्दर्भ में पिछले सप्ताह देहली में **एक राष्ट्रीय सेमीनार** आयोजित किया गया। इसमें देश-भर से आमंत्रित प्रतिभागियों से **तम्बाकू उपचार के वर्तमान स्तर, चुनौतियों और अवरोधों** को जान कर, **नीतिगत परिवर्तन की अनुशंसाओं को केंद्र सरकार के स्वास्थ्य मंत्रालय हेतु परिभाषित करने के साथ-साथ इस विषय पर उपयोगी अनुसंधानों** की चर्चा की गयी।

प्रतिभागियों ने निम्न चुनौतियों व अवरोधों पर चर्चा करी:

1. देश के स्वास्थ्य- व अन्य तंत्र/विभाग भी **परिवर्तन की अवस्थाओं की थ्योरी (Theory of Change)** के समान ही कार्य करते हैं- निष्क्रियता (Precontemplation) से सतत सक्रियता (Active phare) की अवस्थाओं में रह निष्क्रियता की पुनरावृति के लिए;

2. राष्ट्रीय स्वास्थ्य मिशन को सभी राष्ट्रीय स्वास्थ्य कार्यक्रमों के संचालन का दायित्व देने से राष्ट्रीय तम्बाकू नियंत्रण कार्यक्रम में अनुशंसित तम्बाकू छोड़ने हेतु विशिष्ट रूप से उपलब्ध हो सकने वाले परामर्शदाताओं की कमी के साथ पूरे एक जिले में एक तम्बाकू उपचार केंद्र की उपस्थिति निश्चित ही अपर्याप्त है;

3. देश में तम्बाकू उपभोग में कमी तो आयी है किन्तु अब भी 40% व्यस्क पुरुष तम्बाकू उपभोगी हैं;

4. लोगों की मानसिकता में तथ्य (तम्बाकू की हानियों) और कार्यन्वयन (तम्बाकू नहीं छोड़ना चाहना) के बीच एक बड़ी खाई है; परिणामवश, तम्बाकू छोड़ने की इच्छा रखने वालों की संख्या में तो वृद्धि दिखती है परन्तु इसे छोड़ने वालों की दरें बढ़ने की अपेक्षा घटी हैं और पूर्व-उपभोगियों के अनुपात में कोई प्रभावी बढ़ोतरी नहीं दिख रही है;

5. स्वास्थ्यकर्मियों की तम्बाकू उपचार में भागीदारिता और उनके द्वारा तम्बाकू-उपभोगी रोगियों को इसे छोड़ने हेतु राय देने की दरों में पिछले सात वर्षों में कोई बदलाव नहीं आया;

6. तम्बाकू पदार्थों में नशीले निकोटीन की मात्रा में अत्यधिक अंतर है- धूम्रपायी तम्बाकू में 1- 13 मिलीग्राम- और गैर-धूम्रपायी तम्बाकूओं में 0.8- 50.5 मिलीग्राम- प्रतिग्राम तक;

7. कई अन्य कारक भी हैं, जैसे:

i. तम्बाकू उपभोग को एक रोग और तम्बाकू उपभोगी को एक रोगी नहीं मानना;

ii. अवयस्कों में चबाने वाली तम्बाकू के उपभोग की बढ़ती प्रवृति के कारणों पर उचित ध्यान न दे पाना;

iii. बाहरी कारक जैसे तम्बाकू को केश क्रॉप मानना, तम्बाकू उद्योग को राजनैतिक संरक्षण, तम्बाकू नियंत्रण के कानूनी प्रावधानों का उल्लंघन अथवा इनके प्रवर्तन की कमियाँ;

iv. प्रभावकारी सामाजिक संदेशों को निरन्तरता से नहीं दे पाना;

v. असुरक्षित जनमानस (गरीब, ग्रामीण, युवा, इत्यादि) हेतु तम्बाकू उपभोग के अतिरिक्त विकल्पों का अभाव- मनोरंजन/आनंद के लिए या आलस्य, निराशा, तनाव अथवा भूख से निपटने हेतु; और

vi. तम्बाकू छोड़ने की व्यवस्था और प्रोत्साहनों के अभाव के साथ स्वास्थ्य बीमा सुरक्षा में इस हेतु प्रावधान की अनुपस्थिति।

सभी प्रतिभागियों ने विश्व स्वास्थ्य संगठन की तम्बाकू-नियंत्रण नीति एमपावर में समाहित ''ओ'' जो कि **ऑफर ट्रीटमेंट फॉर टोबेको** का पर्याय है, उसे **ओपोरचुनिटी मानने की सकारात्मकता का स्वागत करते हुए निम्न उपाय सुझाये:**

1) राष्ट्रीय स्तर पर मीडिया माध्यमों से तम्बाकू छोड़ने के निरन्तरता-से-बढ़ते-लाभों और तम्बाकू-उपभोगी को एक रोगी मान उपचार लेने की सजगता को बढ़ाना;

2) प्रदेशों में स्थापित मेडिकल हेल्पलाइनों को राष्ट्रीय क्विटलाइन, एम-सीजेशन व जिलों के तम्बाकू-उपचार केन्द्रों से जोड़ना;

3) डॉक्टरों के अतिरिक्त परिचारिकाओं की तम्बाकू-उपचार में भागीदारिता;

4) मेडिकल संगठनों द्वारा उनके सदस्यों को तम्बाकू-उपचार प्रशिक्षण देने के बाद उसे तम्बाकू-उपभोगी रोगियों की बाध्यता-मान्यता और समुचित सुविधा के साथ; साथ ही, इसकी निगरानी, मूल्यांकन रिपोर्ट भी जारी हो;

5) समस्त राष्ट्रीय सरकारी व गैर-सरकारी (प्राइवेट व अन्य सभी) स्वास्थ्य- व उपचार- केंद्र, तम्बाकू-उपचार हेतु जागरूकता बढ़ाने, स्वास्थ्यकर्मियों को प्रशिक्षित करने व समर्थित करने के अतिरिक्त इस विषय पर बहु-केन्द्रीय अनुसंधानों में सहभागिता।

अंत में, यह अत्यधिक लाभकारी होगा यदि स्वास्थ्य मंत्रालय एक **राष्ट्रीय डेटा-केंद्र** स्थापित कर दे। इसके द्वारा **समूचे देश में किये गए तम्बाकू उपचार को ऑन-लाइन रिकॉर्ड कर इसकी उपलब्धता व गुणवता-से दी गयी सुविधा की ऑडिट हो सकेगी। परिणामवश, इसका मूल्यांकन सम्पूर्ण उपचार व्यवस्था में सामयिक सुधार भी ला सकेगा।** तब ही कम हो सकेगी, भारत में तम्बाकू-उपभोग की दरें और इससे होने वाले रोग और मृत्युएँ।

नोट- दिल्ली में हाल ही में तम्बाकू उपचार पर सम्पन्न राष्ट्रीय सेमिनार के समस्त प्रतिभागियों, विशेष रूप से नीम्हेन्स, बैंगलोर के मनोचिकित्सा विभाग की अध्यक्षा, डॉ. प्रतिमा मूर्थी, का आभार।

अस्पताल प्रबंधन एक उचित तम्बाकू उपचार व्यवस्था दें

भारत की चिकित्सा सेवाओं में, **तम्बाकू उपचार** को अब तक ''एक विशिष्ट उपचार सेवा'' के तौर पर सम्मिलित नहीं किया गया है। इसके **कई कारण हैं**– (1) ''तम्बाकू उपभोगी'' रोगियों द्वारा इसे रोग नहीं, एक **आदत** मानना; (2) चिकित्सकों द्वारा, विषय की **अज्ञानता** के अतिरिक्त **समयाभाव** और चिकित्सा क्षेत्र की **अन्य प्राथमिकताओं में रूचि**; (3) अस्पतालों के प्रबंधनों द्वारा उचित **मानव संसाधन के अभाव** और **इसकी माँग न होने** के अतिरिक्त इस सेवा से अन्य सेवाओं के **समतुल्य आर्थिक लाभ ना मिलने से** इसे एक विशिष्ट सेवा के रूप में उपलब्ध ना करवा पाना; (4) **तम्बाकू नियंत्रण में इसकी महता पहचानने में देरी** के चलते राष्ट्रीय तम्बाकू नियंत्रण कार्यक्रम में इसका देरी से समावेश और, परिणामवश, (5) **राष्ट्रीय स्तर पर इसे व्यापकता से लागू नहीं कर पाना**, इत्यादि।

एक अन्य अति-महत्वपूर्ण कारण है, अस्पतालों की मेडिकल रिकाॅर्ड्स ईकाइयों द्वारा विश्व स्वास्थ्य संगठन के रोगों की अंतर्राष्ट्रीय कोडिंग के आधार पर **तम्बाकू उपभोग हेतु अनुमोदित कोडिंग को काम में नहीं लाना।** ऐसा निश्चितता से तो नहीं कहा जा सकता है कि यह किसी नीतिगत अनदेखी का परिणाम है, परन्तु इसकी हानि अत्यधिक है क्योंकि जब आपको पता ही नहीं कि आपके अस्पताल में कितने रोगी तम्बाकू उपभोगी हैं, उनकी उपचार व्यवस्था कैसे की जा सकती है।

विश्व स्वास्थ्य संगठन ने **रोगों की अंतर्राष्ट्रीय कोडिंग (आई.सी.डी.-10)** हेतु तम्बाकू उपभोग से रोगों की जो कोडिंग निर्धारित की है, वह वर्ष 2018 के नवीनतम संस्करण के अनुसार (जिसे 1 अक्टूबर 2017 से लागू किया गया है) व कोड एफ.17.200 के अंतर्गत निम्न अवस्थाओं को सम्मिलित करती है:

1. गर्भावस्था के दौरान माता द्वारा तम्बाकू का उपभोग
2. निकोटीन डिपेंडेंस (निर्भरता)
3. प्रसव पश्चात् तम्बाकू उपभोग
4. धूम्रपान
5. तम्बाकू निर्भरता (मामूली उपभोग विकार)
6. तम्बाकू निर्भरता (मध्यम उपभोग विकार)
7. तम्बाकू निर्भरता (अत्यधिक उपभोग विकार)
8. तम्बाकू निर्भरता सिंड्रोम
9. तम्बाकू उपभोग, मध्यम उपभोग
10. तम्बाकू उपभोग, अत्यधिक उपभोग
11. तम्बाकू धूम्रपायी
12. तम्बाकू उपभोग
13. प्रसव के दौरान तम्बाकू उपभोग
14. गर्भावस्था के दौरान तम्बाकू उपभोग

अतः अस्पतालों के लिए अब यह आवश्यक प्रतीत होता है कि वे अपनी मेडिकल रिकाॅर्ड्स की कार्यप्रणाली में समुचित सुधार लायें। इस सुधार को लागू करवा पाने में इंश्योरेंस सेक्टर की भूमिका भी महत्वपूर्ण होगी। क्योंकि, यदि तम्बाकू उपभोगियों का प्रीमियम अलग से (सामान्य से अधिक) निर्धारित होगा तो निश्रित ही इंश्योरेंस सेक्टर भी अस्पतालों से रोगियों की इस जानकारी की माँग करेगा।

इस हेतु अस्पताल अपनी सूचना प्रणाली (हॉस्पिटल इन्फोर्मेशन सिस्टम) में बदलाव कर सकते हैं– एक प्रणालीगत पद्धति (सिस्टम्स अप्रोच) के द्वारा: (1) इसके अंतर्गत **स्क्रीनिंग** के अंतर्गत अस्पताल में आने वाले हर नए व पूर्व रोगी से उसके वर्तमान में किये जाने वाले तम्बाकू उपभोग की जानकारी ली जाती है। यदि वह ऐसा करने के लिए ना करता है तो उससे यह भी जाना जाता है कि क्या वह पूर्व में ऐसा करता था; (2) तत्पश्चात, हर वर्तमान में तम्बाकू उपभोग करने वाले को इसके **उपचार** की इच्छा रखने हेतु पूछा जाता है। यदि वह इस हेतु अपनी अनुमति देता है तो उसके चिकित्सक को उसे तम्बाकू-उपभोग हेतु एक छोटी-विधि (**मिनिमल इंटरवेंशन**) से उपचारित करने हेतु बताया जाता है। यदि अस्पताल में **तम्बाकू**

उपचार क्लिनिक का प्रावधान हो तो तम्बाकू-उपभोगी रोगी को सीधे-सीधे इस क्लिनिक में उपचार लेने का विकल्प भी दिया जाता है; अन्यथा, उसके प्राथमिक रोग का उपचार करने वाले चिकित्सक द्वारा भी ऐसा किया जा सकता है, यदि वह चिकित्सक यह पाये कि रोगी तम्बाकू के अत्यधिक सेवन से पीड़ित है, व्यसनी है, पूर्व में इसे छोड़ने के कई प्रयास कर चुका है अथवा इसे छोड़ने हेतु उसमें आत्मविश्वास की कमी है। वर्तमान के परिपेक्ष्य में जहाँ चिकित्सक स्वयं तम्बाकू उपचार में प्रशिक्षित नहीं हैं अथवा समयाभाव व अपनी अन्य प्राथमिकताओं के रहते ऐसा नहीं कर पा रहे हैं, उनके लिए भी तम्बाकू-उपभोगी को तम्बाकू उपचार क्लिनिक में **(इन्टेनसिव इन्टरवेन्शन) रेफर कर देना** उपयोगी होता है (क्योंकि तम्बाकू उपचार की विधि पूर्व के लेखों में दी जा चुकी है, इसलिए इसे यहाँ दोहराया नहीं जा रहा है); और, (3) रोगी के यथावत तम्बाकू उपचारित हो जाने के पश्चात् भी यह अत्यंत आवश्यक होता है कि उसके साथ संपर्क बना रहे। इस हेतु या तो तम्बाकू-उपभोगी रोगी निर्देशानुसार अस्पताल आकर परामर्श व उपचार लेता रहे; अथवा, क्विटलाइन के सिद्धान्तों को अपना टेलीफोन द्वारा भी उसका **फ़ॉलोअप** किया जाता है। फॉलो-अप तम्बाकू उपचार के पहले सप्ताह में दो बार, तत्पश्चात एक महीने- तीन महीने- छः महीने वा साल भर बाद किया जाता है। **यदि फॉलो-अप नहीं किया जाता है तो रोगी के तम्बाकू छोड़ने के सफलता-दर में कमी आना स्वाभाविक होता है।** ऐसे रोगी या तो प्रतिकार लक्षणों के कारण तम्बाकू छोड़ ही नहीं पाते हैं अथवा फिर से तम्बाकू खाने-पीने लगते हैं, जिसे तकनीकी भाषा में **रिलेप्स** कहते हैं।

भारत में इस विधि को अब तक विधिवत तरीके से लेखक के द्वारा अपना कर जयपुर के एक मल्टी-स्पेशिलिटी अस्पताल में तम्बाकू उपभोग छोड़ने की सफलता-दर 40% से अधिक क्विट-रेट) प्राप्त की

गयी है जो कि आमजन में व्यास क्विट-रेट से 20 गुना अधिक है। इस कार्यविधि से यह भी ज्ञात हुआ कि धूम्रपायी- तम्बाकू और चबाने-वाली तम्बाकू छुड़वाने की विधियों और इन्हें सफलता से छोड़ पाने की दरों में कोई अंतर नहीं है। साथ ही, यह भी ज्ञात हुआ कि यदि परामर्श सेवा के साथ तम्बाकू छोड़ने की **औषधियों का उपयोग** किया जाये तो छोड़ने की सफलता 14% बढ़ायी जा सकती है। यहाँ यह स्पष्ट कर देना आवश्यक लगता है कि क्योंकि तम्बाकू खाना-पीना छोड़ना एक व्यवहार परिवर्तन का विषय है, **औषधियों की भूमिका और इन्हें दी जाने की अवधि सीमित ही होती है-** इन्हें रामबाण न समझा जाये और केवल इनके सहारे तम्बाकू छोड़ने की जिद ना की जाये। **तम्बाकू उपचार हेतु परामर्श (काउन्सलिंग) अति आवश्यक है**, व्यवहार परिवर्तन हेतु; और, रिलेप्स की रोकथाम के लिए भी।

अत: देश-प्रदेश की चिकित्सा सेवा के अंतर्गत सभी अस्पतालों व अन्य उपचार-ईकाइयों (प्राईवेट स्वास्थ्य सेवा सेक्टर के समावेश सहित) को शीघ्रातिशीघ्र और नीतिगत रूप से, तम्बाकू-उपचार सेवा प्रदान करने के लिए पाबन्द किया जाये, उनके प्रबंधन के उचित प्रशिक्षण के साथ। और, ऐसा कर पाने का प्रावधान राष्ट्रीय तम्बाकू नियंत्रण कार्यक्रम में जोड़ दिया जाये तो अत्यंत लाभकर भी होगा। यह एक स्थापित तथ्य है कि जब भी ऐसे किसी भी चिकित्सा प्रावधान की निरंतर निगरानी और निष्पक्ष मूल्यांकन के महत्व को जाना, माना और अपनाया जाता है, तब ही उसमें अपेक्षित सफलता प्राप्त हो पाती है।

अंत में, उपरोक्त वर्णित समूची प्रक्रिया को शीघ्रता से लागू करके ही सर्वांगीण रूप से तम्बाकू उपभोग और उससे उत्पन्न रोगों व मृत्युओं में कमी लाकर ही लाभान्वित हुआ जा सकेगा। अतः इस हेतु विनती भी है और आग्रह भी।

तम्बाकू मृत्युकारक, पर मृत्यु प्रमाणिकता से गायब!

वर्ष 2015 का वैश्विक आँकड़ा चौंकाने वाला है क्योंकि उस वर्ष विश्वभर में हुई 5.64 करोड़ मृत्युओं में से मात्र 2.7 करोड़ को ही किसी एक कारण से जोड़ा गया; और, मात्र 1.29 करोड़ को ही विश्व स्वास्थ्य संगठन द्वारा जारी कोडिंग से वर्गीकृत किया जा सका। **भारतवर्ष में भी मृत्यु के पहले दस कारणों को जानने से यह पता लगा कि हृदय रोगों के बाद जो दूसरा प्रमुख कारण सूचीबद्ध है, वह उन रोगों का है जिनको निदानित नहीं किया जा सका याने मरने वालों में मृत्यु का कारण ही जाना नहीं जा सका..!!**

विकासशील राष्ट्रों में लगभग 70% से अधिक मृत्युएँ गैर-संक्रामक रोगों जैसे हृदय व साँस के रोगों, केन्सर और डायबिटीज से होने लगी हैं। जब तक इन्हें इनके मुख्य रिस्क-फैक्टर (कारक)- तम्बाकू, मोटापा, गतिहीनता और अस्वास्थ्यकर खान-पान के आधार पर वर्गीकृत-प्रमाणित नहीं किया जा सकेगा, तब तक इनके नियंत्रण के उपाय भी पूर्ण रूप से लक्ष्यभेदी नहीं हो सकेंगे। और, तब इन देशों की स्वास्थ्य सेवा की प्रभाविकता में ही नहीं, वहां के जनमानस के जीवन की गुणवता में भी सुधार नहीं लाया जा सकेगा, क्योंकि जनस्वास्थ्य में सुधार हेतु जिन आवश्यक कदमों को उठाने की सामयिक आवश्यकता है उन्हें कार्यान्वित ही नहीं किया जा सकेगा।

ऐसा ही कुछ वर्तमान में हमारे देश में हो रहा है। **अकेली तम्बाकू, जो कि समूचे विश्व में 8 में से 6 मृत्युओं की कारक होने के साथ-साथ 6 में से 1 गैर-संक्रामक रोग की उत्पत्ति के लिए जिम्मेदार है, इसे मृत्यु के कारण की तरह रजिस्टर ही नहीं किया जा रहा है** जब कि भारत में वर्ष 2016 में 61% मृत्युएँ गैर-संक्रामक रोगों से हुई थी। जहाँ एक और मृत्यु के अपेक्षाकृत छोटे कारणों पर भारी हो-हल्ला होता है, सक्रियता से नीति-नियमों को बना उन्हें तत्परता से लागू किया जाता है, और अँधाधुंध खर्च कर लक्ष्य प्राप्ति में सारी-की-सारी सरकारी मशीनरी तक झोंक दी जाती है, **यह समझ के परे है कि भारतवर्ष में होने वाली ~15 लाख वार्षिक मृत्युओं (प्रतिदिन में ~4,000 से**

अधिक) के प्रति व्याप्त उदासीनता क्यों है! अभी हाल ही के एक उदहारण को ले लें जिसमें उच्चतम न्यायालय ने इस वर्ष राष्ट्रीय राजधानी क्षेत्र में वायु प्रदूषण को बढ़ने से रोकने हेतु दीपावली पर पटाखे चलाने पर रोक लगा दी तो माननीय कोर्ट व वर्तमान की भारत सरकार को क्या कुछ गलत-सलत नहीं कहा गया जब कि इससे होने वाली वार्षिक मृत्युओं का आँकड़ा तम्बाकू से होने वाली मृत्युओं से बहुत अधिक कम नहीं है (10.5 लाख बनाम ~15 लाख)।

तम्बाकूजनित रोगों के सन्दर्भ में यदि इनसे मृत्यु का कारण तम्बाकू नहीं उल्लेखित किया जायेगा तो इनकी गिनती मात्र गैर-संक्रामक रोगों के तौर पर ही होती रहेगी; परन्तु, यदि देश में तम्बाकू से होने वाली मृत्युओं के कारक "तम्बाकू" को प्रमाणिकता के साथ रजिस्टर किया जाने लगे तो वर्तमान में व्याप्त स्थिति में निश्चित ही सुधार दिखने लगेगा। और, तब जनमानस और मीडिया में आज तम्बाकू-मुक्त जीवन के प्रति उदासीनता का जो भाव है वह भी बदलेगा। आज जो अधिकांशतः मौन धारण कर बैठे हैं, विशेषकर मुख्य मीडिया चैनल्स, जो कि मात्र अपने बिजनेस को निरंतर बढ़ाये रखने हेतु मसालेदार ख़बरों को लगातार छापते-दिखाते रहते हैं, वे आम जीवन से तम्बाकू को हटाने की बात करने लगेंगे। फिर, यदि लोकतंत्र की रीढ़ की हड्डी- जनता, इन ख़बरों से प्रेरित हो इस हेतु लोकसेवकों (नेताओं-अफसरों) से इसमें परिवर्तन हेतु माँग करेगी तो उनके द्वारा तम्बाकू नियंत्रण पर उपलब्ध नीति में अपेक्षित सुधारों के कार्यान्वयन को बल मिलेगा, विशेषरूप से इस हेतु अनुशंसित अंतर-पक्षीय (इंटर-सेक्टोरल- मुख्यतः स्वास्थ्य- और वित- मंत्रालयों के बीच) निश्क्रियता में भी सुधार लाया जा सकेगा। तब **तम्बाकू नियंत्रण की प्रभाविकता भी बढ़ेगी, देश भी तम्बाकू-मुक्ति की ओर बढ़ेगा। और, तत्पश्चात, वर्ष 2030 तक भारत भी तम्बाकू उपभोग 30% कम करने के वैश्विक लक्ष्य से आगे सोच पायेगा।**

यह भारत के इसलिए भी आवश्यक है क्योंकि इसने अंतर्राष्ट्रीय स्तर पर वर्ष 2011 में संयुक्त राष्ट्र संघ द्वारा स्थापित किये गए

सस्टेनेबल डेवलपमेंट गोल्स (एस.डी.जीस.) में यूनिवर्सल हेल्थ सर्विसेस (सभी को प्रत्येक आयु वर्ग मां स्वास्थ्य सेवा समान रूप से, सम्पूर्णता के साथ) की महत्वपूर्ण आवश्यकता के अंतर्गत एस.डी.जी.3 में निर्धारित लक्ष्य की प्राप्ति को समर्थित और सुनिश्चित करने का वादा भी किया है। और, क्योंकि एस.डी.जी.3 के लक्ष्यों की प्राप्ति के आंकलन हेतु इसकी प्रभावी निगरानी आवश्यक मानी गयी है, इस हेतु कई तरीकों को काम में लें (सी.आर.वी.एस.- सिविल रजिस्ट्रेशन एंड वाइटल रजिस्ट्रेशन; एस.आर.एस.- सैंपल रजिस्ट्रेशन सर्वे, हाउसहोल्ड सर्वेस, वर्बल ऑटोप्सी, इत्यादि) मृत्यु के कारण को आयु और लिंगानुसार भी जाना जा सकेगा.

अतः यदि ऐसा सब कुछ कार्यन्वित हो जाता है तो फिर तम्बाकू-मुक्ति का रास्ता अपने-आप लक्ष्य की ओर अग्रसर होता दिखने लगेगा।

तम्बाकू उपभोग-रोग की कोडिंग हो

किसी भी देश में उसके स्वास्थ्य भार को वहाँ के स्वास्थ्य तंत्र में सेवा पाने वाले रोगियों की संख्या से जाना जा सकता है। ऐसा उस देश के सभी अस्पतालों में समानता से कर पाना तभी संभव है जब रोगों की कोडिंग हेतु अंतर्राष्ट्रीय स्तर पर प्रमाणित-अनुशंसित-स्थापित विधि को काम में लाया जाये।

इस हेतु वैसे तो इसकी शुरुआत सत्रह-सौ के आखिरी दो दशकों में हो गयी थी परन्तु सही मायनों में इसकी प्रमाणिक स्थापना 18वीं सदी में विलियम फर्र के द्वारा- बतौर पहले मेडिकल सांख्यिकी विशेषज्ञ, जनरल रजिस्ट्रार ऑफिस ऑफ़ इंग्लैंड एंड वेल्स में वर्ष 1837 में की गयी। अगले 50 वर्षों बाद इसमें अनेक विचार-विमर्शों, वाद-विवाद के पश्चात शारीरिक अंगों के आधार पर मृत्यु के कारणों की अंतर्राष्ट्रीय सूची पर वर्ष 1889 में सहमती बन पायी। अगले 50 वर्षों बाद, वर्ष 1838 में पेरिस में आयोजित एक पाँच दशकीय रिवीजन कांफ्रेंस में तीन सूचियों पर सहमती के साथ संक्रामक और प्रजनन रोगों के साथ दुर्घटनाओं से हुई चोटों को भी वर्गीकृत किया गया। इस संगोष्ठी में कई विभिन्न संस्थाओं, जैसे स्वास्थ्य बीमा संस्थान, अस्पताल, सेना मेडिकल प्रशासन, इत्यादि, की आवश्यकताओं को ध्यान में रख रोगों की अंतर्राष्ट्रीय सूची तैयार करने की अनुशंसा की गयी। इनके सातवें और आठवें संशोधनों (रिविजनों) के पश्चात 1975 में विश्व स्वास्थ्य संगठन द्वारा आयोजित रोगों के अंतर्राष्ट्रीय वर्गीकरण (आई.सी.डी.) की नवीं अंतर्राष्ट्रीय संगोष्ठी में सभी देशों की विभिन्न आवश्यकताओं को ध्यान में रख कोडिंग को 3-5 डिजिट (संख्या) तक स्थापित किया गया।

तम्बाकू के संदर्भ में पहली बार केवल दो नैदानिक कोड्स आई.सी.डी.-9 में सम्मिलित किये गए। आई.सी.डी.-10 को वर्ष 1990 में लागू किये जाने के साथ निकोटीन पर निर्भरता (केटेगरी एफ 17) में विशिष्ट तम्बाकू उत्पाद को काम में लिए जाने के साथ मुख्यतः चार वर्गों (तम्बाकू उपभोग बिना किसी वर्णन के, सिगरेट पीना,

तम्बाकू चबाना और अन्य तम्बाकू पदार्थ) में 20 विभिन्न कोड स्थापित किये गए।

परन्तु इन्हें वर्णित करने से पहले पाठकों को तम्बाकू के उपभोग, दुरूपयोग और निर्भरता (व्यसनशीलता) से परिचित करवाना उचित होगा:(1) **उपयोग** (यूज/उपभोग)- जब तम्बाकू खाने-पीने वाला इसे यदा-कदा ही काम में लेता हो; (2) **दुरूपयोग** (एब्यूज)- जब तम्बाकू-खाने-पीने वाला इसकी हानियों से परिचित होने के पश्चात भी इसका उपभोग करे; और (3) **निर्भरता** (व्यसनशीलता अथवा डिपेंडेंस)- जब तम्बाकू खाने-पीने वाला इसके बिना कोई भी कार्य सम्पन्न नहीं कर सके या उसके लिए इसका उपभोग हर कार्य को आरम्भ करने के पूर्व और कार्य के सम्पन्न हो जाने के बाद नितान्त आवश्यक हो।

एक तम्बाकू व्यसनी की निर्भरता को सरलता से समझने के लिए यह माना जा सकता है कि:

(अ) जब प्रातः उठने के बाद 30 मिनटों के भीतर उसे इसे खाने-पीने की आवश्यकता अत्यधिक तीव्रता के साथ अनुभव होती हो;

(ब) जब उपभोग की अनुपस्थिति में वह इसके प्रतिकार लक्षणों से पीड़ित होता हो;

(स) वह उसका उपभोग दिन में दस बार से अधिक करता हो; अथवा,

(द) रुग्णावस्था में भी (बिस्तर से नहीं उठ पाने की स्थिति में भी) वह बिना इसे खाये-पिये नहीं रह सकता हो।

आई.सी.डी.-10 की कोडिंग के अनुक्रम में उपयोग, दुरूपयोग अथवा निर्भरता को निम्न प्रकार से वर्गीकृत किया जाना चाहिये:

(1)   यदि उपयोग और दुरूपयोग दोनों को ही बताया गया हो तो केवल दुरूपयोग के अंतर्गत कोड करें;

(2)   यदि दुरूपयोग और निर्भरता दोनों को ही बताया गया हो तो केवल निर्भरता के अंतर्गत ही कोड करें;

(3)   यदि उपयोग, दुरूपयोग और निर्भरता तीनों को ही बताया गया हो तो केवल निर्भरता के अंतर्गत ही कोड करें; और,

(4)   यदि उपयोग और निर्भरता दोनों को ही बताया गया हो तो केवल निर्भरता के अंतर्गत ही कोड करें।

पूर्व में किये गए तम्बाकू उपभोग के लिए कोई कोड नहीं दिया गया था किन्तु तम्बाकू पर पूर्व में रही निर्भरता हेतु कोडिंग की जा सकती है। आई.सी.डी.-10 के अनुसार निकोटीन पर निर्भरता को निर्धारित करने के लिए जो कोडिंग उपयोग में लायी जानी है, उसका वर्णन नीचे किया जा रहा है:

(1)   **केटेगरी एफ 17.2–** निकोटीन पर निर्भरता– यह निकोटीन की अनिर्दिष्ट निर्भरता को पहचानने हेतु काम में लायी जाती है;

(2)   **केटेगरी एफ 17.21–** सिगरेट से हुई निकोटीन पर निर्भरता;

(3)   **केटेगरी एफ 17.22–** तम्बाकू चबाने से हुई निकोटीन पर निर्भरता;

(4)   **केटेगरी एफ 17.29–** अन्य तम्बाकू पदार्थों के उपभोग से हुई निकोटीन पर निर्भरता

उपरोक्त सभी केटेगरीज में पाँच डिजिट कोडिंग के द्वारा उपभोगी के अनिर्दिष्ट उपभोग, सफलता से छोड़े रहने, प्रतिकार लक्षणों से पीड़ित होने, अन्य निकोटीन-उत्पन्न विकारों और अनिर्दिष्ट निकोटीन-उत्पन्न विकारों के सन्दर्भ में क्रमश: 0, 1, 3, 8 व 9 डिजिट जोड़ कोडिंग करी जानी चाहिए। उदाहरणार्थ, सिगरेट को सफलता से छोड़े रखे जाने वाले रोगी की कोडिंग होगी- एफ-17.211/

(5)   **Z71–** परामर्श व अन्य चिकित्सकीय राय की सेवाएँ

(6)   **केटेगरी न. 71.6–** तम्बाकू दुरूपयोग परामर्श– इसमें निकोटीन पर निर्भरता हेतु अतिरिक्त कोडिंग को काम में लाया जाये

(7)   **Z72–** जीवनशैली से सम्बंधित समस्याएँ

(8)   **केटेगरी Z72.0** तम्बाकू उपयोग/उपभोग के लिए है– इसे तम्बाकू के अनिर्दिष्ट उपयोग हेतु ही काम में लिया जाये। इसमें रोगी की तम्बाकू की निर्भरता के इतिहास (न. 87.891); निकोटीन/तम्बाकू निर्भरता (एफ 17.2) और गर्भावस्था के दौरान किये गए तम्बाकू उपभोग (099.33) को सम्मिलित नहीं किया जाये।

(9)   **केटेगरी 87** निकोटीन पर निर्भरता के पुनरावृति की अनुपस्थिति का इतिहास

(10) **केटेगरी Z87.8** निर्दिष्ट अवस्थाओं का व्यक्तिगत इतिहास– Z87.891– निकोटीन निर्भरता के व्यक्तिगत इतिहास हेतु काम में लाया जाये। किन्तु इसके अंतर्गत वर्तमान में उपस्थित निकोटीन निर्भरता (एफ 17.2) को सम्मिलित नहीं किया जाये।

अतः जब सभी सरकारी और गैर-सरकारी (प्राइवेट एवं अन्य) अस्पतालों के मेडिकल रिकार्ड्स विभाग द्वारा उनके यहाँ अन्य रोगों के प्रबंध हेतु आये सभी तम्बाकू उपभोगियों को उपरोक्त कोडिंग द्वारा एक राष्ट्रीय नीति के अंतर्गत वर्गीकृत किया जायेगा, तब ही; (अ) अस्पतालों में तम्बाकू-सम्बन्धित रोगों के बोझ का सही-सही मूल्यांकन हो सकेगा; (ब) इनके तम्बाकू खाने-पीने को प्राथमिकता से उपचारित किया जाने लगेगा; (स) उपचार परिणामों को भी ना केवल आँका जा सकेगा किन्तु उनमें अपेक्षित सुधार भी किये जा सकेंगे; और, साथ ही, (द) यह भी पता लगेगा कि स्वास्थ्य सेवाओं में कहाँ-कहाँ तम्बाकू उपचार को स्थापित कर चिकित्साकर्मियों को प्रशिक्षित करने की आवश्यकता है।

इसके साथ यह भी नितान्त आवश्यक है कि केंद्र सरकार का चिकित्सा और स्वास्थ्य मंत्रालय और इससे सभी संबन्ध प्रादेशिक विभाग, अन्य सम्बद्ध सरकारी मंत्रालयों और उनके प्रादेशिक विभागों से समुचित सामंजस्य बिठा इस सामाजिक धारणा को भी बनाना सुनिश्चित करें कि तम्बाकू खाना-पीना एक रोग है और हर तम्बाकू खाने-पीने वाला एक रोगी। तब ही बढ़ पायेगी, भारत व अन्य देशों में तम्बाकू छोड़ने की दर और तब से प्राप्त हो सकेंगे इसके अपेक्षित परिणाम।

कार्यस्थल कैसे हो सकते हैं तम्बाकू-मुक्त?

प्रतिदिन तम्बाकू-जनित रोगों से ~4,000 से अधिक व्यस्क भारतीय मर जाते हैं। तम्बाकू का जीवनपर्यंत उपभोग उनकी औसत आयु के 6 से 10 वर्ष घटा देता है।

भारत सरकार के सिगरेट व अन्य तम्बाकू उत्पाद अधिनियम, 2000 **(कोटपा)** से लाभ तो मिला है, परन्तु तम्बाकू का निष्क्रिय धूम्रपान अब भी एक जनस्वास्थ्य समस्या है। कोटपा मामूली दण्डों और प्रवर्तन एजेंसियों की निष्क्रियता के चलते (1) सभी शिक्षण संस्थाओं के (मात्र स्कूलों के ही नहीं) 100 गज के दायरे में तम्बाकू की बिक्री को- विशेषकर अवयस्कों में; (2) नित-नए अपरोक्ष विज्ञापनों से तम्बाकू उपभोग बढ़ाने के अवांछित तरीकों को रोक नहीं पाया है।

परन्तु, कार्यस्थलों को तम्बाकू-मुक्त करा पाना, तम्बाकू नियंत्रण की चुनौतियों और तम्बाकू उद्योग द्वारा नित-नए छलावों से निपटने की एक **सशक्त कार्यविधि** है :

1. प्रारंभिक सर्वोपरि आवश्यकता है **कार्यस्थल के नेतृत्व के निर्णय** की- उनके (कार्यस्थल प्रमुख, मालिक, मैनेजर, इत्यादि) द्वारा, इसकी उपयोगिता जानते हुए इसको नीतिगत रूप व सहभागिता से लागू करने, दीर्घावधि तक इससे जुड़े रहने और निरंतरता से नेतृत्व देने की।

2. इसकी **औपचारिक घोषणा की तिथि** (कुछ महीनों से एक वर्ष से भी अधिक बाद) का निर्णय भी तब ही किया जाना नितांत आवश्यक होता है- इस समयावधि का सुनिश्चित किया जाना कार्यस्थल में अनुशासन, परिसर की वृहदता और उसमें कार्यरत, रहने और आने-जाने वालों की संख्या पर निर्भर होता है।

3. तत्पश्चात, **एक कार्यकारी समूह** को निर्धारित करना होता है जिसके सदस्य, नेतृत्व और संवाद स्थापित करने की क्षमता के आधार पर, उस पूरे कार्यस्थल का समुचित प्रतिनिधत्व करते हों। उन्हें तम्बाकू-मुक्ति पर उचित सशक्तिकरण प्रदान कर कार्यस्थल

पर लागू की जाने वाली नीति पर सहमती बनाए जाने हेतु नियमितता से प्रेरित और समर्थित किया जाता है।

4. इस कार्यस्थल पर आने वाले हर नए व्यक्ति को **इस कार्यक्रम की सूचना**, पोस्टरों, पत्रिकाओं, इत्यादि, द्वारा देते रहना आवश्यक होता है। कार्यक्रम के वांछित मापदण्ड होते हैं: (अ) कार्यस्थल पर वर्तमान में तम्बाकू खाने-पीने वालों और वहाँ के कचरे में तम्बाकू के भाग में 90% कमी, (ब) नीति की शत-प्रतिशत पालना और उल्लंघन पर उचित और सामयिक रूप व त्वरितता से दण्डित किया जाना और (स) कार्यस्थल के तम्बाकू-मुक्त होने की परिसर के प्रवेश व निकास द्वारों के अतिरिक्त जहाँ पर भी कर्मियों, आगंतुकों या अन्य इक्कठे होते हों, उन्हें व्यापकता से इसकी सूचना देना।

5. जब तक सभी कर्मचारी **नीति को सहभागिता से स्वीकृत करें** (ना कि किसी प्रशासनिक दबाव से), वर्तमान में उपभोग कर रहे तम्बाकू उपभोगियों को इस व्यसन को प्रेरित कर छोड़ने हेतु सहायता दी जाती है। सफलता से तम्बाकू छोड़ने वाले और कर्मठ कर्मचारियों को सामाजिक रूप से पुरस्कृत कर प्रोत्साहित किया जाता रहता है।

6. तत्पश्चात, दो-तीन महीनों इसका निष्पक्ष और नियमित **मॉनिटरिंग** और मापदण्ड-आधारित **मूल्यांकन** किया जाना होता है।

7. संतोषजनक **परिणाम** प्राप्त कर लेने पर, एक वांछित सामाजिक स्वीकृति हेतु पूर्व निर्धारित तिथि पर इस कार्यस्थल के तम्बाकू-मुक्त होने की **औपचारिक घोषणा** किसी प्रतिष्ठित स्थानीय राजनैतिक, सामाजिक या प्रशासनिक हस्ती से करवायी जाती है।

8. तत्पश्चात, **मॉनिटरिंग और मूल्यांकन कम-से-कम अगले 3 वर्षों** तक किया जाना आवश्यक होता है ताकि कार्यस्थल के तम्बाकू-मुक्त होने की सामाजिक धारणा बन सके।

राजस्थान की प्रादेशिक पुलिस अकादमी और सभी छः पुलिस प्रशिक्षण केंद्र क्रमशः 31 मई 2008 और 1 जनवरी 2010 को तम्बाकू-मुक्त घोषित हुए। अमेरिकन केन्सर सोसाइटी और राजस्थान केन्सर फाउंडेशन की सहभागिता से प्राप्त इस उपलब्धि को, सन् 2011 में संयुक्त राष्ट्रसंघ के गैर-संक्रामक रोगों हेतु आयोजित एक विशिष्ट सत्र में, ब्रिटेन स्थित कामनवेल्थ सेक्रेटेरिएट द्वारा सदस्य-राष्ट्रों से प्राप्त 16 अच्छी केस-स्टडीज में स्थान दे प्रस्तुत किया गया। जयपुर स्थित एस. के. सोनी अस्पताल (वर्तमान में सोनी मणिपाल अस्पताल) को सन् 2013 में प्रख्यात भारतीय क्रिकेटर राहुल द्रविड़ द्वारा तम्बाकू-मुक्त कराये जाने के बाद, उदयपुर स्थित रविंद्रनाथ टैगोर मेडिकल कॉलेज और उसके संघटक अस्पतालों को तम्बाकू-मुक्त करवाये जाने का कार्य किया गया है।

यदि प्रदेश में सभी कार्यस्थल (ऑफिस, शिक्षण संस्थाएँ, अस्पताल, कचहरीयाँ, इत्यादि) **ऐसा कर पायें तो** जनसाधारण के एक बहुत बड़े भाग को सदैव तम्बाकू-मुक्त जीवन जीने की शिक्षा-प्रेरणा के साथ वर्तमान में तम्बाकू खा-पी रहे जनमानस को इस व्यसन को शीघ्रातिशीघ्र छोड़ने को प्रोत्साहन मिल सकेगा। साथ ही, प्रादेशिक तम्बाकू नियंत्रण कार्यवाहियों द्वारा राष्ट्रीय तम्बाकू कार्यक्रम और कोटपा को समर्थित किये जाने के साथ-साथ कोटपा के नियमों की पालना में वर्तमान की कमियों भी दूर किया जा सकेगा।

नोट- राजस्थान सरकार के चिकित्सा और स्वास्थ्य विभाग ने वर्ष 2017 के विश्व तम्बाकू निषेध दिवस पर समस्त प्रादेशिक स्वास्थ्य और चिकित्सा सुविधाओं को तम्बाकू मुक्त करने हेतु एक प्रादेशिक नीति घोषित की थी। विभाग के तम्बाकू नियंत्रण प्रकोष्ठ द्वारा उसकी नियमित जानकारी भी ज़िला इकाईयों द्वारा एकत्रित की जाती है। ताज़ा जानकारी के अनुसार लगभग 70% इकाइयों ने तम्बाकू-मुक्ति के स्तर को प्राप्त कर लिया है। अतः, शेष इकाइयों पर ध्यान केंद्रित किया जाना और सभी तम्बाकू- उपभोगी कर्मियों को एक निश्चित अवधि में तम्बाकू मुक्ति हेतु निर्देशित किया जाना उपयोगी तो होगा ही, इस प्रादेशिक नीति की सफलता को भी निश्चित करेगा।

तम्बाकू-मुक्त कार्यस्थल होने की चुनौतियाँ, अवरोध और समाधान

स्वास्थ्य सेवाओं सहित सभी कार्यस्थलों तम्बाकू-मुक्ति एक सशक्त कार्यविधि है- तम्बाकू नियंत्रण की चुनौतियों, अवरोधों और तम्बाकू उद्योग द्वारा नित-नए छलावों से निपटने की। तम्बाकू-मुक्ति कार्यविधि को लागू करने की क्रमवार आवश्यकताएँ, तदनुसार चुनौतियाँ, निम्न हैं:

1. **कार्यस्थल के नेतृत्व** (कार्यस्थल प्रमुख, मालिक, मैनेजर, इत्यादि) द्वारा, इसकी उपयोगिता जानते हुए इसको नीतिगत रूप व सहभागिता से लागू करने, दीर्घावधि तक इससे जुड़े रहने और निरंतरता व सततता से नेतृत्व देने की।

2. **इसकी औपचारिक घोषणा की तिथि** तक पूर्व-निर्धारित उद्देश्यों के अंतर्गत क्रमवार लक्ष्यों को प्राप्त करने की:

   1. सक्रिय तम्बाकू उपभोग में 90% से अधिक कमी;

   2. तम्बाकू उपभोग के साक्ष्यों में 90% कमी- धूम्रपान का धुआँ, तम्बाकू की पीक के दाग, इत्यादि;

   3. वर्तमान तम्बाकू उपभोगी कर्मचारियों में से 90% से अधिक द्वारा इसे छोड़ने हेतु प्रयत्नशील हो इसे सफलता से छोड़ पाना;

   4. कार्यस्थल के कचरे में तम्बाकू पदार्थों से उत्पन्न कचरे में 90% से अधिक कमी; और

   5. कार्यस्थल पर व्यापकता से इस अभियान सम्बन्धी जानकारी उपलब्ध करा पाना; प्रवेश और निष्कासन द्वारों पर परिसर के तम्बाकू-मुक्त होने की जानकारी के सन्देश वाले बोर्डों सहित।

3. **कार्यकारी समूह** के सदस्यों द्वारा अपने समकक्षों और सहयोगियों को तम्बाकू-मुक्ति पर उचित सशक्तिकरण प्रदान कर कार्यस्थल पर लागू की जाने वाली नीति पर सहमती बनाए जाने हेतु नियमितता से प्रेरित करने और समर्थन देने की; साथ ही, इस अभियान की सततता से निगरानी और आकलन कर पाने की

ताकि कार्यस्थल पर होने वाली खामियों को समयानुसार सुधारा जा सके।

4. **कार्यस्थल प्रशासन** द्वारा कार्यस्थल के तम्बाकू-मुक्त होने की व्यापकता से सूचना प्रदान करने और तम्बाकू-मुक्ति की नीति पर एक आम सहमती बनवा शत-प्रतिशत पालना करवाने की; और, इसका उल्लंघन पाये जाने पर उल्लंघनकर्ताओं को उचित और सामयिक रूप से व्यास प्रशासनिक तरीक़ों से दण्डित कर पाने की।

5. वर्तमान में उपभोग कर रहे तम्बाकू उपभोगी कर्मचारियों को इस व्यसन को छोड़ने हेतु प्रेरित करने और इसे छोड़ने हेतु उचित गुणवत्ता की सहायता देने की। सफलता से तम्बाकू छोड़ने वाले कर्मचारियों और इस हेतु गैर-तम्बाकू उपभोगी कर्मठ कर्मचारियों को सामाजिक रूप से पुरस्कृत करवाने की।

6. उपरोक्त कदमों से तम्बाकू-मुक्त होने के दो-तीन महीनों तक की गयी निष्पक्ष और नियमित मोनिटरिंग और मापदण्ड-आधारित मूल्यांकन के पश्चात् एक वांछित सामाजिक स्वीकृति हेतु पूर्व निर्धारित तिथि पर इस कार्यस्थल के तम्बाकू-मुक्त होने की औपचारिक घोषणा किसी प्रतिष्ठित स्थानीय राजनैतिक, सामाजिक या प्रशासनिक हस्ती से करवा ताकि इस परिवर्तन के प्रति प्रत्येक सहभागी की प्रतिबद्धता बनी रहे।

7. तत्पश्चात, इसकी उचित प्रशासनिक मोनिटरिंग और मूल्यांकन कम-से-कम अगले 3 वर्षों तक किया जाने की।

आइये, अब जाने इसके अवरोधों को:

1. कार्यस्थल नेतृत्व द्वारा पूर्ण सहमती दे देने के पश्चात कार्यक्रम हेतु आवश्यकतानुसार समय ना दे पाना;

2. कार्यक्रम की सूचनाएँ और सन्देशों को देने में देरी और/या उन्हें पर्याप्त रूप से प्रदर्शित ना कर पाना;

3. राष्ट्रीय तम्बाकू नियंत्रण कानून कोटपा के घोषित नियमों के

मापदंडों की पालना में आनाकानी, विशेषकर कॉर्पोरेट वातावरण वाले कार्यस्थलों में, जहाँ स्वास्थ्य-सम्बंधी जानकारियों को दिया जाना कार्यस्थल के सौन्दर्यबोध अथवा उनके व्यापारिक लाभ के विपरीत माना जाता है;

4. वरिष्ठ कर्मचारियों, विशेषकर इनमें से वर्तमान में तम्बाकू का उपभोग करने वालों, द्वारा इसकी अनदेखी, प्रतिरोध या इसे उनके विरुद्ध कार्यवाही मानना;

5. गैर-तम्बाकू उपभोगियों द्वारा, एक सामाजिक दायित्व से परे हो, इसमें सक्रियता से भाग न लेना;

6. सफलता से तम्बाकू छोड़ने वाले कर्मचारियों और उनकी सहायता करने वाले अन्य सहकर्मियों को सामाजिक रूप से सम्मानित करने में देरी;

7. वर्तमान में परिसर में तम्बाकू पदार्थ ला रहे या इसका उपभोग कर रहे कर्मचारियों व अन्य को पूर्व-निर्धारित नीति के अंतर्गत दण्डित ना कर पाना; और,

8. प्रबंधन द्वारा तम्बाकू उद्योग से पूर्व में किये गठजोड़ को समाप्त ना कर पाना।

तो कैसे हो इन चुनौतियों और अवरोधों का समाधान? यह सब कर पाना निश्चित ही आसान नहीं है, परन्तु असंभव भी नहीं। क्योंकि इस तम्बाकू-मुक्ति के कार्यस्थल कार्यक्रम का आधार आम सहमती है, प्रशासनिक डंडा नहीं; और, क्योंकि यह कार्यक्रम लोगों के व्यवहार परिवर्तन से जुड़ा है, इसलिए आवश्यक है कि इस हेतु निरन्तरता से

नेतृत्व, कर्मचारियों व अन्य सहभागियों के सभी स्तरों पर वांछित चर्चा, निगरानी और मूल्यांकन नियमितता व समयानुसार हो; एवं, वैश्विक और राष्ट्रीय अनुभवों से प्राप्त जानकारियों-प्रमाणों के आधार पर निर्धारित मापदंडों को प्राप्त किया जाये।

यदि इस कार्यक्रम को लागू करने हेतु प्रारंभ में निर्धारित किये मान्य मूल ध्येय– भारत में प्रतिदिन हो रही व्यस्क जीवनों की क्षति की प्रभावी रोकथाम को निरंतरता से ध्यान में रखा जाये तो इन चुनौतियों और अवरोधों का समाधान आम सहमति से कार्यस्थल के मानकों के अनुसार प्राप्त किया जा सकता है। क्योंकि तम्बाकू उद्योग को भी देर-सवेर व्यापक जनहित में और व्यापारिक उद्देश्य की पूर्ति से परे), अपने-आप को शीघ्रातिशीघ्र सिमटाना ही होगा, अतः अच्छा होगा कि वह भी इस बारे में कार्यशील हो एक समय सीमा में ऐसा कर पाने का निर्णय स्व-प्रेरणा से राष्ट्रीय स्तर पर एकजुट हो घोषित कर दे।

इस प्रकार **यदि प्रदेश में सभी कार्यस्थल** (ऑफिस, शिक्षण संस्थाएं, अस्पताल, कचहरियाँ, इत्यादि) **तम्बाकू-मुक्त हो पायें तो जनसाधारण के एक बहुत बड़े भाग को सदैव तम्बाकू-मुक्त जीवन जीने की शिक्षा-प्रेरणा के साथ वर्तमान में तम्बाकू खा-पी रहे जनमानस को इस व्यसन को शीघ्रातिशीघ्र छोड़ने को प्रोत्साहन मिल सकेगा।** साथ ही, प्रादेशिक तम्बाकू नियंत्रण कार्यवाहियों द्वारा राष्ट्रीय तम्बाकू कार्यक्रम और कोटपा को समर्थित व प्रवर्तित किये जाने के साथ-साथ कोटपा के नियमों की पालना में विद्यमान कमियों भी दूर किया जा सकेगा।

ऐसे हों सभी सेवाएँ तम्बाकू-मुक्त

तम्बाकू-मुक्ति हर कोई चाहता है! पश्चिमी राष्ट्रों ने स्मोक-फ्री **(धूम्रपान-रहित) कार्यस्थल/क्षेत्र** इसलिए स्थापित किये क्योंकि वहाँ तम्बाकू के नाम पर मुख्यतः सिगरेट ही पी जाती है। हाँ, वर्तमान में, इन देशों में इलेक्ट्रॉनिक सिगरेट एक बड़ी समस्या हो उभरी है। इसमें तम्बाकू के व्यसनी पदार्थ निकोटीन की भरपाई उसके द्रव्य रूप को ताप के प्रभाव से धूएँ में परिवर्तित कर सूँघे जाने की जाती है। परन्तु, भारत सहित विश्व के अधिकाँश देश, इसके दूरगामी प्रभावों को जाने बिना और इसे भी धोखेबाज व छद्मी तम्बाकू उद्योग की धूम्रपान को बनाये रखने की अपरोक्ष कारस्तानी जान इसे स्वीकार नहीं कर रहे हैं।

परन्तु, दक्षिणी एशिया, विशेषकर, भारत, बांग्लादेश और कुछ अन्य पड़ोसी देशों की अधिक बड़ी समस्या चबाने वाली तम्बाकू के विभिन्न प्रकार भी हैं। अतः इस भू-भाग में मात्र धूम्रपान-मुक्त होना पर्याप्त नहीं होता है। संपूर्ण रूप से तम्बाकू-मुक्त हुए बिना हम जनमानस को तम्बाकू के हानिकारक प्रभावों के कारण एक निरंतर बढ़ते तम्बाकू के बोझ में कमी नहीं ला सकते हैं।

इसी विचारधारा और देश-प्रदेश में पूर्व में धूम्रपान-मुक्ति और तम्बाकू-मुक्ति के अभियानों की विभिन्न उपलब्धियों (31 मई 2007 में धूम्रपान-मुक्त झुंझुनू शहर से इस वर्ष 6 फरवरी, 2017 में जयपुर-स्थित मीडिया हाउस- समाचार जगत में प्रदेश के स्वास्थ्य मंत्री द्वारा तम्बाकू-मुक्ति हेतु की गई औपचारिक घोषणा तक) का ही प्रभाव है कि राजस्थान सरकार के चिकित्सा एवं स्वास्थ्य विभाग ने प्रदेश की- स्वास्थ्य उप-केन्द्रों से लगा मेडिकल कालेजों के अस्पतालों और समस्त प्राइवेट स्वास्थ्य सुविधाओं को तम्बाकू-मुक्त करने का निर्णय 15 मई 2017 को लिया। निश्चित ही, बिना मजबूत राजनैतिक इच्छाशक्ति और प्रशासनिक समर्थन के यह संभव नहीं था।

यह समूचे देश में लिए जाना वाला एक अनूठा कदम था। इसके अंतर्गत इन सभी स्वास्थ्य सुविधाओं को निर्देशित किया गया कि वे राष्ट्रीय तम्बाकू नियंत्रण कानून (कोटपा अधिनियम, 2003) के नियम 4 के अंतर्गत धूम्रपान नहीं होने देंगी; और, साथ ही, नियम 6

(ब) के अनुसार, शिक्षण संस्था के बतौर, अपने 100 गज की परिधि में तम्बाकू पदार्थों के विक्रय पर भी रोक लगायेंगी। इनके अतिरिक्त ये सुविधाएँ, अपने तम्बाकू-मुक्त होने के सूचनापट्ट, अपने प्रवेश और बहिर्गमन के द्वारों, सीढ़ियों, लिफ्ट, इत्यादि, पर भी लगायेंगी।

एक तम्बाकू नियंत्रण विशेषज्ञ के तौर पर इस सरकारी आदेश को पढ़ यह लगता है कि सरकार का ध्येय तो अतिश्रेष्ठ है किन्तु स्वास्थ्य सुविधाओं को हर स्तर पर तम्बाकू-मुक्त करने हेतु इसे मात्र आरम्भ के अंत की तरह ही देखा जाना चाहिए।

एक स्वास्थ्य सुविधा प्रमाणीकृत रूप से तम्बाकू-मुक्त हो जाये, इस हेतु आवश्यक हैं, निम्न प्रक्रियायें और क्रमानुसार तरीकों से ही:

1. स्वास्थ्य सुविधा का प्रशासन अपने विस्तार आकार से यह निश्चित करे कि निम्न पैमानों को प्राप्त करने में उसे तम्बाकू-मुक्त होने में कितना समय लगेगा अर्थात उसे किस दिनांक को औपचारिक रूप से तम्बाकू-मुक्त घोषित होना है, इसका निर्णय सर्वप्रथम और प्रारम्भ में ही करना चाहिए: उसे बिना परिवर्तित किये पा लेना ही सफलता की कुंजी है;

2. दूसरा कदम है, प्रभारी/प्राचार्य का संबोधन: वह समस्त फैकल्टी या/और सेक्शन हेड्स को निम्न कार्यवाहियों को चरणबद्ध तरीके से संपन्न कराने हेतु संबोधित करें; उन्हें इस सम्पूर्ण प्रक्रिया हेतु सशक्तिकरण प्रदान करते हुए प्रमाणिक तम्बाकू मुक्ति के मानकों की जानकारी दें: (1) औपचारिक घोषणा की दिनांक; (2) प्रारम्भ के स्तर से सक्रिय तम्बाकू उपभोग में 90% से अधिक कमी; (3) तम्बाकू-उपभोग को बढ़ावा देने वाले मापदंडों में 90% से अधिक कमी इस लेख में नीचे दिए गए हैं; (4) 90% से अधिक सक्रिय तम्बाकू उपभोक्ताओं द्वारा तम्बाकू छोड़ने हेतु प्रयास; (5) कार्यस्थल/स्वास्थ्य केन्द्र के परिसर के तम्बाकू-मुक्त होने का सन्देश- प्रवेश- और निकास- द्वारों के अतिरिक्त भवन के व्यस्ततम क्षेत्रों में, सीढ़ियों, लिफ्ट, छतों,

इत्यादि पर; और, (6) तम्बाकू-मुक्त वातावरण की पालना न कर पाने पर दंड की प्रक्रिया और उस हेतु मनोनीत अधिकारी की सूचना।

3. **कोर-ग्रुप की स्थापना:** संस्थानिक, विभागीय अथवा/और सेक्शन के स्तर पर कोर-ग्रुप की स्थापना- सतत निगरानी; और, प्रभारी/प्राचार्य के ऑफिस को सासाहिक प्रगति रिपोर्ट प्रेषित करने का निर्देश;

4. **समस्त कर्मचारियों व अन्य को तम्बाकू-मुक्ति की जानकारी:** कोर ग्रुप सदस्यों द्वारा प्रत्येक कर्मचारी, छात्र, ठेका-कर्मी, रोगी, उनके साथी व अन्य आगन्तुक कोई जो कि इस ग्रुप से किसी भी रूप से सम्बंधित हो, उन्हें तम्बाकू-मुक्ति के बारे में सूचना, निर्देश व अन्य सम्बंधित जानकारियाँ;

5. **तम्बाकू उपभोग पर निगरानी व मूल्यांकन:** कोर ग्रुपों द्वारा सेक्शन-, विभागीय- व संस्थानिक- स्तर पर (अ) सक्रिय तम्बाकू उपभोग सक्रिय धूम्रपान, अथवा तम्बाकू चबाते लोग और, (ब) उसके उपभोग को बढ़ावा देने वाले सूचकों कचरे में तम्बाकू पदार्थों के पैकेट्स, बीड़ी के ठूँठ, पीक के दाग, इत्यादि के प्रभावी नियंत्रण का सतत निगरानी और मूल्यांकन (तम्बाकू-मुक्ति प्रासि के बाद कम से कम 3 सालों तक);

6. **वर्तमान में तम्बाकू-उपभोग करने वाले कर्मचारियों, छात्रों, रोगियों और उनके साथ वालों की पहचान और उनका प्राथमिकता से उपचार:** कोर ग्रुप सदस्यों द्वारा वर्तमान में उपरोक्त किसी भी सक्रिय तम्बाकू-उपभोगी को उपचार पाने हेतु प्रेरित करना; और, यदि वे स्वयं ऐसा ना कर पाये तो उसे इस हेतु स्थानिक तम्बाकू उपचार क्लिनिक (समस्त केन्द्रीय स्वास्थ्य केन्द्रों, जिला अथवा मेडिकल कॉलेज में तम्बाकू उपचार क्लिनिक की स्थापना व इसका नियमित संचालन किया जाये)

स्टेट मेडिकल हेल्पलाइन 104 से नि:शुल्क परामर्श सुविधा दिलायें; इसकी सासाहिक रिपोर्ट प्रभारी/प्राचार्य को प्रेषित करें;

7. **सेक्शन- प्रभारी/विभागाध्यक्ष द्वारा निरीक्षण:** अपने कोर ग्रुप से संतोषजनक तम्बाकू-मुक्ति का प्रमाणपत्र लिखित में प्रास होने के बाद संस्था-प्रभारी/विभागाध्यक्ष द्वारा सम्पूर्ण तम्बाकू-मुक्ति के मानकों की प्रासि हेतु भेदभाव-रहित निरीक्षण, उनके अन्य सभी निरीक्षणों के अलावा;

8. **सामाजिक स्वीकृति हेतु प्रमाणीकरण की प्रक्रिया:** सेक्शन- प्रभारी/विभागाध्यक्षों द्वारा संस्था-प्रभारी/प्राचार्य को अनुमोदित प्रमाणपत्र प्रेषित करना; प्रभारी/प्राचार्य का परिसर के हर सेक्शन/विभाग का भेदभाव रहित निरीक्षण; और, प्रभारी/प्राचार्य द्वारा प्रमुख चिकित्सा एवं स्वास्थ्य सचिव/ सचिव मेडिकल शिक्षा/ निदेशक, जनस्वास्थ्य/ नोडल प्रभारी- प्रादेशिक तम्बाकू नियंत्रण प्रकोष्ठ से स्वीकृति के पश्चात् स्थानीय जनप्रतिनिधि/उच्चतम जिला/ब्लाक अधिकारी द्वारा पूर्व-घोषित दिनांक पर तम्बाकू-मुक्ति की औपचारिक घोषणा;

9. **तम्बाकू मुक्त वातावरण बनाए रखना:** संस्था द्वारा इस हेतु नियमित रूप से तम्बाकू-मुक्त बने रहने हेतु उपरोक्त कार्यवाहियाँ तब तक जारी रखना (कम-से-कम 3 से 5 वर्ष तक) जब तक कि सम्पूर्ण परिसर स्वत: ही पूर्णतया तम्बाकू-मुक्त न रह सके।

तम्बाकू-मुक्त स्वास्थ्य सुविधाओं को पाना थोड़ा पेचीदा तो है, परन्तु असंभव नहीं यदि सुविधा-प्रभारी कर्मठता से काम कर सके! प्रादेशिक तम्बाकू नियंत्रण प्रकोष्ठ को भी मुस्तैद होना होगा, इसकी पालना करवाने हेतु। आशावान रहिये, देर सवेर यह हो कर ही रहेगा!

नोट : प्राप्त जानकारी के अनुसार राजस्थान में 70% स्वास्थ्य सेवाएं, तम्बाकू मुक्ति की नीति की पालना कर रही हैं। यह आवश्यक है कि इस नीति को प्राइवेट स्वास्थ्य सेवाओं से भी लागू करवाया जाये।

राजस्थान में तम्बाकू नियंत्रण

राजस्थान, भारत में अब तक के हुए तम्बाकू नियंत्रण प्रयासों में एक अग्रणी स्थान पर रहा है। जहाँ **वर्ष 2013 के विश्व तम्बाकू निषेध दिवस पर इस उपलब्धि हेतु प्रदेश के मेडिकल और चिकित्सा विभाग** को और स्वयं लेखक को (डॉ. राकेश गुप्ता) को विश्व स्वास्थ्य संगठन की महानिदेशका ने दक्षिण-पूर्वी एशिया क्षेत्र के वर्ग में क्रमशः **सरकारी उपलब्धि और व्यक्तिगत कार्य हेतु पुरस्कृत किया, वर्ष 2014** के विश्व तम्बाकू निषेध दिवस पर **प्रदेश के वित विभाग को** समूचे देश में सभी तम्बाकू पदार्थों पर समान रूप से अधिकतम वेट टैक्स-दर (65%) **इसी वर्ग के पुरस्कार से सम्मानित किया गया।**

देश में तम्बाकू नियंत्रण के प्रभावी प्रयास, कोटपा अधिनियम, 2003 के अधिघोषित नियमों के वर्ष 2004 से लागू होने के साथ मजबूत होते गए हैं। राजस्थान में कोटपा उल्लंघन के अंतर्गत 2 लाख 38 हजार से अधिक मामले दर्ज किये गए। इनसे राज्य को रु. 68 लाख की आय भी हुई। पिछले वर्ष प्रदेश तम्बाकू नियंत्रण प्रकोष्ठ ने खाद्य एवं औषधि नियंत्रकों के साथ मिल, तम्बाकू उद्योग द्वारा सभी खुदरा तम्बाकू पदार्थों पर सचित्र चेतावनियों को समय पर ना ला पाने के लिए, विशेषकर अग्रणी सिगरेट कंपनियों द्वारा ऐसा ना कर पाने के लिए, एक ही दिन में प्रवर्तन कार्यवाही कर **42 करोड़ का माल जब्त** कर भारत में महाराष्ट्र के पश्चात दूसरे प्रदेश होने का स्थान भी प्राप्त किया। विशिष्ट उपलब्धि के तौर पर प्रदेश ने, एक पखवाड़े की प्रदेशव्यापी जागरुकता के पश्चात, इस वर्ष- 28 फरवरी को, **एक ही दिन में 1 लाख 78 हजार प्रवर्तन कार्यवाहियाँ** कर नया आयाम भी स्थापित किया। साथ ही वर्ष 2016-17 में देश भर में जो 3.69 लाख कोटपा प्रवर्तन कार्यवाहियाँ की गयी, उनमें से 2 लाख कार्यवाहियाँ अकेले राजस्थान में संपन्न हुई।

यह इसलिए भी हो पाया क्योंकि जहाँ वर्ष 2008 में मात्र जयपुर और झुंझुनु जिलों में ही राष्ट्रीय तम्बाकू नियंत्रण कार्यक्रम (एन.टी.सी.पी.) कार्यरत था, वर्ष 2015-16 में इसके अंतर्गत अन्य 15 जिले जोड़े गए। वर्ष 2016-17 में शेष 16 जिलों को जोड़ने से अब सभी 33 जिला मुख्यालयों पर एक चार सदस्यीय दल इस राष्ट्रीय कार्यक्रम को सफलतम बनाने हेतु तत्परता से कार्यरत है। यह संयोग ही है कि **वर्तमान में प्रदेश में तम्बाकू नियंत्रण को** सजगता से लागू करने हेतु चिकित्सा एवं स्वास्थ्य विभाग में एक **सक्रिय और समर्पित टीम उपलब्ध है।**

इन सभी के संयुक्त प्रयासों से **जनजागृति को बढ़ाने हेतु** 485 आई.ई.सी. की संरचना कर, 54 हजार से भी अधिक फ्लेक्स/बोर्डों सहित 11 लाख 33 हजार से भी अधिक पोस्टर इत्यादि, प्रदेश के 17 जिलों की पी.एच.सी., सी.एच.सी. के अतिरिक्त शिक्षण संस्थाओं, कार्यालयों, आदि, को वितरित किये गए हैं।

जहाँ अब तक **साढ़े 12 हजार से भी अधिक स्कूल प्रादेशिक-** और सी.बी.एस.ई.- की नीति के अंतर्गत **तम्बाकू-मुक्त घोषित हो** गए हैं, लगभग 12 हजार से अधिक तम्बाकू उपभोगी तम्बाकू छोड़ने हेतु उपचार पा चुके हैं। **राष्ट्रीय परिवार स्वास्थ्य सर्वेक्षण** के आँकड़ों के आधार पर **वर्ष 2015-16 में** 25.8% पुरुषों और 37% महिलाओं ने तम्बाकू छोड़ने का प्रयास किया। साथ ही इस सर्वेक्षण से यह भी जानकारी मिली कि **प्रदेश के पुरुषों में तम्बाकू उपभोग 13.5%** (60.4% से घट 46.9%) **और महिलाओं में 1.5%** (7.8% से घट 6.3%) **घटा है।**

एक प्रादेशिक एन.जी.ओ. (राजस्थान केन्सर फाउंडेशन) के अनुभव का लाभ उठा, समूचे देश में सर्वप्रथम, **प्रदेश की निःशुल्क मेडिकल हेल्पलाइन सेवा** ने लगभग **साढ़े 4 हजार से भी अधिक तम्बाकू उपभोगियों को** मुफ्त तम्बाकू उपचार परामर्श **(क्विटलाइन) का लाभ दिया।** इसके वर्ष 2013 के आँकड़ों से प्राप्त जानकारी के अनुसार इस सेवा के द्वारा **तम्बाकू छोड़ने की सफलता की दर 18%** रही जो कि आम तम्बाकू की छोड़ने की दर से 9 गुना अधिक थी।

आने वाले निकट **भविष्य में प्रादेशिक** तम्बाकू नियंत्रण प्रकोष्ठ की अगुवाई में निम्न **उद्देश्यों** पर कार्यशील होने की रुपरेखा तैयार है:

1) राज्य टी.बी. नियंत्रण प्रकोष्ठ की सहभागिता से इसके रोगियों को तम्बाकू, विशेषकर धूम्रपान छोड़ने हेतु योजनाबद्ध तरीके प्रेरित और उपचारित करना ;

2) ग्राम पंचायतों को प्रादेशिक पंचायती राज्य विभाग से सहभागिता कर, राष्ट्रीय तम्बाकू नियंत्रण कार्यक्रम, विशेषकर कोटपा प्रवर्तन और तम्बाकू-मुक्त स्थान विकसित करने से, जोड़ना;

3) अटल सेवा केन्द्रों को तम्बाकू नियंत्रण की जनजाग्रति हेतु जोड़ना;

4) स्थानीय स्वयं सेवी दलों/ संस्थानों को स्कूलों में तम्बाकू-मुक्ति के कार्य से जोड़ना; और,

5) प्रदेशव्यापी कोटपा प्रवर्तन को ऑनलाइन करना ताकि इसमें एक सजगता, तत्परता के साथ पारदर्शिता भी लायी जा सके।

कुछ और आवश्यकताएँ भी हैं जैसे:

1) मजबूत तम्बाकू नियंत्रण हेतु उच्चतम - स्तर पर समयबद्ध और उत्पादकता से जुड़ी **अंतरविभागीय सहभागिता** को नीतिगत तरीके से स्थापित करना;

2) खुदरा तम्बाकू के **विक्रयकर्ताओं को लाइसेंस युक्त बनाना** ताकि न केवल अल्पव्यस्कों को तम्बाकू बेचने पर प्रभावी रोक लगाई जा सके अपितु कोटपा की सम्पूर्ण प्रवर्तन कार्यवाही को व्यावहारिक और प्रमाणिक भी किया जा सके;

3) **चबाने वाली तम्बाकू की पाउचों में बिक्री पर रोक-** इसके स्थान पर 50 या 100 ग्राम के डब्बों में केवल वयस्कों को विक्रय;

4) प्रदेश की सभी सरकारी **तम्बाकू नियंत्रण कार्यवाहियों की सतत और निष्पक्ष निगरानी और आकलन;**

5) **सभी सरकारी संस्थानों,** विशेषकर सभी चिकित्सा और स्वास्थ्य संस्थानों, अस्पतालों, डेन्टल व अन्य वैकल्पिक मेडिकल इकाइयों (आयुर्वेदिक, यूनानी, आदि) **को एक निश्चित समयावधि में** समुचित रूप से तम्बाकू -मुक्त करना;

6) प्रादेशिक तम्बाकू नियंत्रण में, अंतर्राष्ट्रीय नीति **(एफ.सी.टी.सी.)** पर भारत से हुई स्वीकृति **के आधार पर,** तम्बाकू उद्योग द्वारा अवांछित हस्तक्षेप पर सम्पूर्ण रोक- सरकारी प्रतिनिधियों, अधिकारियों व अन्य से निर्धारित मार्गदर्शन के अलावा मेलमिलाप पर रोक;

7) **तम्बाकू उद्योग के सी.एस.आर.** से आयोजित सभी सांस्कृतिक, सामाजिक, खेलकूद, इत्यादि, कार्यक्रमों **पर प्रभावी रोक**; और,

8) प्रदेश में **कोटपा प्रवर्तन से प्राप्त धनराशि को मात्र तम्बाकू नियंत्रण हेतु काम लेने की नीति** का विकास, विशेषकर अन्य विभागों, जैसे पुलिस, कर विभाग, इत्यादि, से स्वास्थ्य भवन में उचित मानवीय संसाधन की उपस्थिति ताकि इन विभागों से एक तत्पर और जिम्मेदार सहभागिता प्राप्त हो सके।

अंत में, प्रादेशिक उपलब्धियाँ निश्चित ही प्रोत्साहित करती रहेंगी परन्तु अभी बहुत सारा कार्य किया जाना शेष है। अत: इसे शीघ्रता से कार्यान्वित किया जाना भी चाहिए। तब ही, राजस्थान में प्रतिदिन होती ~200 तम्बाकूजनित मृत्युओं में कमी लायी जा सकेगी।

नोट- राज्य में तम्बाकू नियंत्रण गतिविधियों सम्बन्धी जानकारी उपलब्ध कराने हेतु प्रादेशिक तम्बाकू नियंत्रण प्रकोष्ठ का आभार।

राजस्थान में तम्बाकू नियंत्रण की उपलब्धियाँ

तम्बाकू नियंत्रण में राजस्थान का समूचे भारत में एक अग्रणी स्थान रहा है। जब देश में कोटपा कानून नहीं आया था, तब भी इस प्रदेश की सरकार ने लोकस्थानों पर **धूम्रपान पर क़ानूनी रोक वर्ष 2000 में लागू कर दी थी। वर्ष 2013 में राजस्थान को विश्व स्वास्थ्य संगठन के महानिदेशक से विश्व तम्बाकू निषेध दिवस पर दक्षिणपूर्वी एशिया के वर्ग में तम्बाकू नियंत्रण पुरस्कारों से अलंकृत किया गया**- सरकारी स्तर पर चिकित्सा एवं स्वास्थ्य विभाग को और व्यक्तिगत स्तर पर राजस्थान केन्सर फाउन्डेशन के अध्यक्ष, डॉ. राकेश गुप्ता (स्वयं लेखक) को। यह एक विशिष्ट उल्लेखनीय उपलब्धि रही कि **वर्ष 2014 में राजस्थान सरकार के वित्त विभाग को भी यह अनूठा पुरूस्कार दिया गया** क्योंकि इसने समूचे भारत में सभी खुदरा तम्बाकू पदार्थों पर एक समान व सबसे अधिक कर (टैक्स)-65% लगाया (नोट- अब वर्ष 2019 में पुनः यह पुरस्कार राजस्थान सरकार के चिकित्सा एवं स्वास्थ्य विभाग को तम्बाकू नियंत्रण के क्षेत्र में विशिष्ट योगदान के लिए दिया गया)।

राष्ट्रीय तम्बाकू नियंत्रण कार्यक्रम के अंतर्गत वर्ष 2016- 17 व वर्ष 2017-18 में **अब तक की राजस्थान प्रदेश की उपलब्धियाँ** निम्न हैं:

1. प्रदेश के 16 जिलों में, जिला तम्बाकू नियंत्रण प्रकोष्ठ, **उचित मानविक संसाधन के साथ उपलब्ध** हैं जबकि अन्य 17 जिले इस स्तर को शीघ्र ही प्राप्त कर लेंगे;

2. प्रदेश के **सभी 33 जिलों में जिला तम्बाकू नियंत्रण कोआर्डिनेशन कमेटियों को स्थापित** किया जा चुका है; इसी तरह इस वर्ष के अंत तक ब्लाक- व गाँवों- के स्तर पर क्रमशः कुल 373 व 958 कमेटियों को स्थापित करने का लक्ष्य है जबकि अब तक इन्हें केवल 50% (187) ब्लाकों में ही स्थापित कर पाए हैं;

3. पिछले वर्ष इन कमेटियों ने 46 गोष्ठियों आयोजित की जबकि इस वर्ष 136 गोष्ठियों का लक्ष्य निर्धारित किया गया है- इनमें से 33

गोष्ठियाँ अब तक संपन्न की जा चुकी हैं;

4. इन **79 गोष्ठियों में 34,584 सहभागियों** को संबोधित कर तम्बाकू नियंत्रण के विभिन्न आयामों में **प्रशिक्षित किया** जा चुका है;

5. वर्ष 2016-17 में प्रादेशिक तम्बाकू नियंत्रण प्रकोष्ठ के नेतृत्व में **कोटपा के नियम 4 व 6 के उल्लंघनकर्ताओं पर** 2,38,703 **चालान** कर 28.48 लाख रु. राज्य के वित कोष में जमा करवा एक अतिविशिष्ट उपलब्धि प्रास की; इस वितीय वर्ष में अब तक 10,987 चालान कर 5.91 लाख रु. जुर्माना राशि उगायी है; **कोटपा के नियम 5 के** अंतर्गत पिछले वर्ष 5,078 **विज्ञापनों** और इस वर्ष 1,286 विज्ञापनों को, मुख्यतः **खुदरा बिक्री-केन्द्रों से हटाया गया;**

6. प्रदेश ने आई.ई.सी. के अंतर्गत 485 प्रकार की **सूचना सामग्रियों का निर्माण कर** 14,878 सी.एच.सी., पी,एच.सी., इत्यादि के अंतर्गत 11,33,687 सूचना सामग्रियों को **वितरित किया है;** इसी प्रकार, इस वर्ष 13,980 स्वास्थ्य केन्द्रों से यह कार्य किया जा चुका है;

7. तम्बाकू छोड़ने हेतु प्रदेश में संचालित **15 तम्बाकू उपचार क्लीनिकों से** वर्ष 2016-17 में 12,282 व वर्ष 2017-18 में **6,285 तम्बाकू-उपभोगी रोगियों को उपचार प्रदान किया जा** चुका है; इस वर्ष, ऐसी 17 अतिरिक्त क्लीनिकों की स्थापना का लक्ष्य है; और,

8. **स्कूली कार्यक्रम के अंतर्गत इन दोनों वर्षों** (2016-17 व 2017-18) में 2,188 स्कूलों में **3,17,249 छात्र-छात्राओं को तम्बाकू-मुक्त जीवन, तम्बाकू प्रतिरोध व नियंत्रण हेतु सजग और सशक्त किया गया।**

चिकित्सा मंत्री के नेतृत्व में चिकित्सा एवं स्वास्थ्य विभाग ने इस

वर्ष (2017-18) में जो विशिष्ट उपलब्धियाँ प्राप्त की, वे नीचे दी जा रही हैं:

(1) **15 मई 2017 को सभी चिकित्सा व स्वास्थ्य सेवा-केन्द्रों को तम्बाकू-मुक्त होने हेतु निर्देशित किया;** अब तक 3,188 केन्द्रों ने यह स्तर प्राप्त कर लिया है; 2,440 कर्मचारी और 86,491 रोगी-रिश्तेदार तम्बाकू उपभोगी पाए गए; इनमें से 67,232 को तम्बाकू छोड़ने हेतु जानकारी प्रदान की गयी; और, जिन 14,524 को इसे छोड़ने हेतु रेफर किया उनमें से 6,405 (44.09%) ने तम्बाकू छोड़ दिया है;

(2) राज्य की भावी पीढ़ियों को तम्बाकू से बचाए रखने के लिए **प्रदेश के समस्त 68,000 आंगनबाड़ी केन्द्रों को तम्बाकू-मुक्त करने के आदेश** राष्ट्रीय स्वास्थ्य मिशन कार्यालय ने दिए;

इन सभी स्वास्थ्य केन्द्रों पर किसी भी प्रकार के तम्बाकू पदार्थों को लाने पर प्रतिषेध के **दो सूचनापट्ट** लगाना अनिवार्य किया गया है- (1) एक तम्बाकू-मुक्ति की सूचना हेतु एक 30×60 से.मी. व (2) दूसरा इनके 100 गज की परिधि में तम्बाकू विक्रय के प्रतिषेध हेतु।

आइये जानें, क्या हैं चुनौतियाँ:

(1) सबसे महती और प्राथमिक आवश्यकता है, 33 में से **17 जिलों में तम्बाकू नियंत्रण प्रकोष्ठ** हेतु मानव संसाधन को चयनित, प्रक्षिशित कर कार्यरत करने की ताकि इनमें भी वर्ष 2015-16 में 16 जिलों में स्थापित किये गए प्रकोष्ठों के समान तम्बाकू नियंत्रण को लागू किया जा सके;

(2) दूसरी आवश्यकता है, केंद्र सरकार से **राष्ट्रीय तम्बाकू नियंत्रण कार्यक्रम हेतु प्राप्त धनराशी को निर्धारित समयावधि में काम में ले पाने की।** जहाँ वर्ष 2015-16 व 2016-17 में क्रमश: 30.93% (8 करोड़ में से) और 71.24% (7 करोड़ में से) राशि का ही उपयोग कर पाया था, इस चालू वर्ष (2017-18) में प्रदेश अब तक 16.60% (5.8 करोड़ में से) भाग ही उपयोग में ले पाया है;

(3) तीसरी महत्वपूर्ण आवश्यकता है, जी.एस.टी. के अंतर्गत **खुदरा तम्बाकू पदार्थों पर लगी टैक्स राशि में कमी** (65% से कम हो 28%) **की राजस्व हेतु उचित भरपाई;** और, साथ ही इन पदार्थों की दरों में आयी कमी से इनके बढ़ते उपभोग को रोकने की;

(4) इलेक्ट्रॉनिक सिगरेट को, पंजाब, महाराष्ट्र, इत्यादि, राज्यों की तर्ज पर इसकी बिक्री को सभी बिक्री माध्यमों, इन्टरनेट सहित, प्रतिषेधित करने की सरकारी कार्यवाही काफी सीमा तक हो चुकी है (नोट- राज्य सरकार ने विश्व तम्बाकू निषेध दिवस 2019 पर प्रदेश में ई-सिगरेट को पूरी तरह से प्रतिषेधित कर दिया है);

(5) और भी हैं कई अन्य **महत्वपूर्ण कदम,** जिन्हें लिया जाना सामयिक भी है और आवश्यक भी: (अ) स्वास्थ्य निदेशालय में **तम्बाकू नियंत्रण हेतु थाना** स्थापित हो जैसा कि महिला भ्रूण हत्या हेतु उपलब्ध है; (ब) **कोटपा प्रवर्तन को डिजिटाइज़ किया जाना** ताकि इसको प्रभाविकता व पारदर्शिता से समूचा प्रदेश लाभान्वित हो; (स) **कोटपा के नियम 5 और 7 पर प्रवर्तन** के अंतर्गत निर्धारित कार्यवाही में जुड़े विभागों में समन्वयता; (द) कोटपा प्रवर्तन में नियमितता व कड़ाई; (य) **जुवेनाइल जस्टिस अधिनियम को भी लागू किया जाये** परन्तु इसमें केवल गरीब खुदरा व्यापारियों को न फाँसा जाये; (र) **खुली सिगरेटें बेचने पर प्रभावी रोक लगे;** (ल) **तम्बाकू पदार्थों की बिक्री लाइसेंसधारियों के द्वारा ही हो,** इत्यादि।

लगता है यह सूची कभी समाप्त नहीं होगी। और, तम्बाकू का प्रकोप और इससे उत्पन्न निराशा-हताशा यूँ ही बनी रहेगी। इसीलिए यह अत्यंत आवश्यक होगा कि निकट भविष्य में पूरी तरह से **तम्बाकू-मुक्त हुआ जाये। मजबूत राजनीतिक इच्छाशक्ति से सब संभव है।** यह हम देख चुके हैं, विमुद्रीकरण, जी.एस.टी., इत्यादि, के साथ-साथ ई-सिगरेट को प्रतिषेधित कर और हुक्का बारों पर रोक लगने के संदर्भ में। आप भी निष्क्रिय ना रहें, जोड़ें अपने को तम्बाकू-मुक्ति अभियान से, इसे और मज़बूत करने में।

राजस्थानियों ने घटाया तम्बाकू खाना-पीना

गेट्स-2 के परिणाम और आगे की दिशा

भारत में वैश्विक व्यस्क तम्बाकू सर्वेक्षण (गेट्स) का पहला चक्र (राउंड) आठ वर्ष पहले 2009-10 में संपन्न हुआ था। जब जून 2017 में दिल्ली में भारत के लिए किये गए गेट्स-2 (2016-17) की प्रमुखताओं को उजागर किया गया था, तब से ही यह उत्सुकता थी कि क्या देश में घटे तम्बाकू उपभोग के स्तर को राजस्थान प्रदेश में भी प्राप्त किया गया है। अतः जब 11 दिसम्बर को जयपुर में राजस्थान के गेट्स-2 सर्वेक्षण के आँकड़ों में आशा अनुरूप जानकारियाँ सामने आयी तो हर्षित होना स्वभाविक था। आइये, आपके साथ साझा करें इनको और निर्धारित करें, आगे की दिशा:

1) **प्रदेश में तम्बाकू उपभोग और, परिणामस्वरूप, तम्बाकू उपभोगियों में भी 7.6% की कमी आयी।** इसी अंतराल में देश में घटे तम्बाकू उपभोग से यह दर 1.6% अधिक रही। इसका प्रभाव तम्बाकू खाने-पीने की सभी श्रेणियों में भी दिखा- धूम्रपान, तम्बाकू चबाने, दोनों प्रकार की तम्बाकूओं का उपभोग क्रमश: 2.8%, 2% और 2.8% कम हुआ है।

पुरुषों और महिलाओं में भी, अलग-अलग, तम्बाकू उपभोग में 10.9% और 3.9% की कमी आयी है। धूम्रपान, तम्बाकू चबाने और दोनों प्रकार की तम्बाकूओं के उपभोग में प्राप्त प्रतिशत-कमी में जहाँ महिलाओं में यह कमी स्पष्ट दिखाई देती है (क्रमश: 0.8%, 1.8% और 0.2%), पुरुषों में धूम्रपान और तम्बाकू चबाने यह बढ़ी हुई दिखी (0.5% और 3.0% से) जबकि दोनों प्रकार की तम्बाकूओं का उपभोग 5.1% घटा। हालाँकि तुलनात्मक (सापेक्ष) बदलाव के मापदण्ड पर पुरुषों द्वारा तम्बाकू उपभोग में पायी गयी कमी भी महती ही है, **राज्य को पुरुषों द्वारा वर्तमान में हो रहे तम्बाकू उपभोग में कमी करने हेतु अपेक्षाकृत अधिक ध्यान देना होगा।**

2) **दूसरा सुखद बदलाव** आया है, **अल्पव्यस्कों द्वारा तम्बाकू उपभोग को आरम्भ करने की दर में 16.5% की कमी।** निश्चित ही इसका प्रभाव तम्बाकू उपभोग आरम्भ करने की औसत आयु पर भी हुआ है। जहाँ गेट्स-1 में यह 17 वर्ष थी, अब गेट्स-2 में यह

बढ़कर 18.7 वर्ष हो गयी है- देश में बढ़ी औसत आयु से 7 माह अधिक। स्पष्ट रूप से राज्य द्वारा **तम्बाकू-मुक्त शिक्षण संस्थाओं की नीति** को अपेक्षाकृत पहले लागू करने से यह संभव हो पाया है।

परन्तु, **20 से 34 वर्षों के वर्ग में तम्बाकू उपभोग 18.4% बढ़ा है**- यह संख्या राष्ट्रीय स्तर (8.9%) की अपेक्षा दोगुनी से भी अधिक है! इस पर प्रभावी रूप से काबू पाना ही होगा- इस हेतु आवश्यक है प्रदेश के स्नातकोतर शिक्षण संस्थाओं के परिसरों और सभी कार्यस्थलों को भी प्रदेश की चिकित्सा एवं स्वास्थ्य इकाइयों के समान प्रभावी रूप से नीतिगत तरीके से तम्बाकू-मुक्त किया जाये। और, साथ ही राज्य की रोजगार नीति के समरूप परन्तु कड़ाई से, औपचारिक या अनौपचारिक प्राइवेट सेक्टर में भी, **केवल तम्बाकू-मुक्त युवाओं को ही रोजगार दिया जाये।** इसके अतिरिक्त, युवाओं से तम्बाकू छुड़वाने हेतु विशिष्ट प्रयास किये जाएँ, जैसे उन्हें विशिष्ट सुविधाएँ और प्रोत्साहन भी मिले, उनके लिए अलग से क्विटलाइन- टेलिफोन द्वारा इसे छोड़ने हेतु परामर्श, मुफ्त औषधि व्यवस्था, इत्यादि।

3) **तीसरी सुखद जानकारी मिली, राजस्थान में तम्बाकू व्यसनियों की संख्या में 22.9% की कमी।** तम्बाकू व्यसन को आँकने का एक आसान तरीका है- सवेरे उठने के पहले 30 मिनटों में तम्बाकू उपभोग, हर दिन में 10 बार से अधिक उपभोग, ना मिलने पर बैचेनी, इत्यादि, जैसे प्रतिकार लक्षण या किसी बीमारी से अत्यधिक पीड़ित होने पर इसे खाना-पीना और छोड़ नहीं पाना। यह एक सकारात्मक जानकारी है क्योंकि इससे तम्बाकू उपभोगियों को तम्बाकू छोड़ने व छुड़वाने में आसानी होगी। **प्रादेशिक मेडिकल हेल्पलाइन** (टोल-फ्री कॉल सेवा न. 104) में वर्ष 2013 से अब तक उपलब्ध परामर्श सेवा (अनौपचारिक क्विटलाइन) का लाभ बहुत कम तम्बाकू उपभोगी ही उठा पायें हैं, जब कि इसके द्वारा इसे छोड़ पाने की दर एक वर्ष के बाद भी राष्ट्रीय स्तर से 9 गुना से भी अधिक है।

इस नि:शुल्क सरकारी सेवा का अधिकतम लाभ प्रदेश की जनता समुचित रूप से उठा पाए इस हेतु चिकित्सा एवं स्वास्थ्य विभाग की आई.ई.सी. ईकाई को इसका व्यापक प्रचार-प्रसार करना चाहिए; और, साथ-साथ इस सेवा पर बढ़ते अपेक्षित कार्यभार के साथ इसमें कार्यरत परामर्शदाताओं की संख्या और उनके वेतन में भी अनुपातिक बढ़ोतरी की जानी चाहिए।

4) गेट्स-2 से यह भी जाना गया है कि विगत सात वर्षों में धूम्रपायियों और तम्बाकू चबाने वालों द्वारा इन्हें छोड़ने के प्रयासों में क्रमश: 7.5% और 5.6% की बढ़ोतरी हुई है। तम्बाकू छोड़ने के लाभों की व्यापकता से जागरुकता बढ़ाना सामयिक आवश्यकता है। यह सुखद है कि पहले से 10%-15% अधिक चिकित्सक तम्बाकू उपभोग के बारे में पूछ भी रहे हैं और इसे छोड़ने हेतु कह भी रहे हैं। फिर भी, उपभोगियों द्वारा इसे छुड़वा पाने हेतु, धूम्रपान ही नहीं, चबाने वाली तम्बाकू के लिये भी, यह नितान्त आवश्यक है कि सभी चिकित्साकर्मियों की भागीदारिता सम्पूर्ण हो। प्रत्येक अस्पताल प्रशासन यह सुनिश्चित करे कि हर तम्बाकू उपभोगी-रोगी को इसे छोड़ने की जानकारी, प्रोत्साहन और सम्पूर्ण सेवा प्राथमिकता, तत्परता और प्रमुखता से मिल रही है।

उपरोक्त सुझाव इसलिए भी नितान्त आवश्यक है और सामयिक भी क्योंकि राज्य में तम्बाकू छोड़ने की दरों में कोई महत्वपूर्ण बदलाव नहीं देखा जा सका है- जहाँ धूम्रपान छोड़ने की दर 0.5% बढ़ी, चबाने वाली तम्बाकू की दर 0.2% घट गयी है। यह इसलिए भी आवश्यक है क्योंकि न केवल अगले एक वर्ष में तम्बाकू उपभोगियों में इसे छोड़ने के प्रति रुझान में कमी आयी है- 2.7%, अतिरिक्त 13.3% उपभोगी इसे एक साल से पहले इसे छोड़ने के बारे में सोच भी नहीं रहे हैं। अतः इस हेतु राज्य सरकार निम्न कदम प्राथमिकता से उठाये:

(1) नि:शुल्क प्रादेशिक मेडिकल हेल्पलाइन (टोल-फ्री कॉल सेवा नं. 104) के अन्तर्गत क्विटलाइन सेवा को एक औपचारिक सेवा का स्तर दिया जाये;

(2) राज्य की सरकारी, प्राइवेट और गैर-सरकारी चिकित्सा एवं स्वास्थ्य सेवाओं में हर स्तर पर तम्बाकू उपचार की गुणवतापूर्ण सुविधा शीघ्रातिशीघ्र और व्यापकता से उपलब्ध करवायी जाये। इन सभी स्थानों पर यह स्पष्टता से दर्शाया जाये कि तम्बाकू उपभोग एक रोग है और प्रत्येक तम्बाकू उपभोगी एक रोगी है; और, इसके उपचार की सुविधा यहाँ उपलब्ध है।

(3) खुदरा तम्बाकू बिक्री केवल लाइसेंसधारियों द्वारा ही की जा सके;

(4) तम्बाकू बिक्री हेतु अल्पव्यस्कों की आयु बढ़ा दी जाये- 25 वर्ष नहीं तो कम से कम इसे 21 वर्ष तो कर ही दिया जाये; और,

(5) राज्य में बीड़ी और चबाने वाली तम्बाकू में कमी लाने हेतु इनकी बिक्री की मूल्य-सीमा, सिगरेट के समतुल्य की जाये- जी.एस.टी. में इन दोनों तम्बाकूओं पर सेस में भी सिगरेट के समान ही वृद्धि की जाये।

उपरोक्त वर्णित समाधानों को जोड़कर ही राजस्थान प्रदेश तम्बाकू नियंत्रण की वर्तमान स्थिति में सुधार ला सकेगा। क्योंकि प्रदेश का सर्वोच्च नेतृत्व इस हेतु कटिबद्ध है, इन समाधानों के शीघ्रातिशीघ्र लागू हो पाने की आशा तो है, एक उत्कृष्ट प्रतीक्षा भी रहेगी।

भारत में प्रतिवर्ष ~1.5 लाख मृत्युएँ तम्बाकू महामारी से होती हैं (प्रतिदिन ~4,000) क्योंकि तम्बाकू खाना–पीना एक रोग है और इसका उपभोगी एक रोगी! आप आश्चर्य करें किंतु यह एक प्रमाण–आधारित व स्थापित सत्य भी है कि इन्हें पूर्णतया रोका भी जा सकता है।

यह पुस्तक पाठकों को तम्बाकू के बोझ, उससे हर आयु में होती शारीरिक हानियाँ, छोड़ने के लाभों, उपचार प्रणालियों के विवरण व परिणामों के अतिरिक्त कार्यस्थल पर तम्बाकू–मुक्त बनने के तरीक़ों से परिचित करा सशक्त बनाती है।

यद्यपि इसके लेखों को मुख्य रूप से आमजन को ध्यान में रख में लिखा गया है, इनकी उपयोगिता समाज के प्रत्येक वर्ग के लिए है– विशेषकर शिक्षा व स्वास्थ्य प्रबंधकों के अतिरिक्त चिकित्सकों, परिचरिकाओं, परामर्शदाताओं, शिक्षकों, विद्यार्थियों, इत्यादि के साथ–साथ हर परिवार के पुरुष–महिला या युवा तम्बाकू–उपभोगी सदस्य, सम्बंधी, मित्रों और अभिभावकों के लिए भी।

तो पढ़ें इस पुस्तक को और कहें तम्बाकू को 'ना'। और, यदि आप या आपका कोई भी जानकार या अपरिचित भी इसे खाता–पीता है याने धूम्रपायी है या इसे चबाता है, तो उसे इस मारक तम्बाकू को शीघ्रतिशीघ्र छोड़ने के लिए यह पुस्तक भेंट करें।